U0110396

古典文獻研究輯刊

二四編

潘美月・杜潔祥 主編

第 13 冊

先唐雜傳地記輯校
——地記輯校甲編
（第八冊）

王琳主編　江永紅、王琳輯校

國家圖書館出版品預行編目資料

先唐雜傳地記輯校——地記輯校甲編（第八冊）／王琳主編
江永紅、王琳輯校 -- 初版 -- 新北市：花木蘭文化出版社，
2017〔民106〕
目 2+ 面 310；19×26 公分
（古典文獻研究輯刊 二四編：第 13 冊）
ISBN 978-986-485-000-6（精裝）
1. 藝文志 2. 唐代
011.08   106001871

ISBN-978-986-485-000-6

9 789864 850006

古典文獻研究輯刊
二四編　第十三冊　　　　　ISBN：978-986-485-000-6

先唐雜傳地記輯校——地記輯校甲編（第八冊）

編 校 者　王琳主編　　江永紅、王琳輯校
主　　編　潘美月　杜潔祥
總 編 輯　杜潔祥
副總編輯　楊嘉樂
編　　輯　許郁翎、王筑　美術編輯　陳逸婷
企劃出版　北京大學文化資源研究中心
出　　版　花木蘭文化出版社
社　　長　高小娟
聯絡地址　235 新北市中和區中安街七二號十三樓
　　　　　電話：02-2923-1455／傳真：02-2923-1452
網　　址　http://www.huamulan.tw 信箱 hml810518@gmail.com
印　　刷　普羅文化出版廣告事業
初　　版　2017 年 3 月
全書字數　451053 字
定　　價　二四編 32 冊（精裝）新台幣 62,000 元
版權所有・請勿翻印

先唐雜傳地記輯校

——地記輯校甲編

（第八冊）

王琳主編　江永紅、王琳輯校

目次

《三輔舊事》 晉佚名

　　《三輔舊事》，佚名。《隋書・經籍志》未著錄。《後漢書・韋彪傳》載：「數召入問以三輔舊事、禮儀、風俗。」《舊唐書・經籍志》或據此謂韋氏撰。佚文內容大多涉及漢代建制、事蹟，也涉及三國事，較早爲《三輔黃圖》徵引，其成書或在魏晉之際。《舊唐書・經籍志》著錄：「《三輔舊事》一卷，韋氏撰」。《新唐書・藝文志》著錄：「《三輔舊事》三卷」，不錄撰人。以後史志無著錄，則應在宋元之際亡佚。

柏梁臺

　　以香栢爲梁也，帝嘗置酒其上，詔群臣和詩，能七言詩者乃得上。太初中臺災。（《三輔黃圖》卷五）

　　另存文字簡潔者，附於下：
　　以香柏爲之。（《漢書・武帝紀》顏師古注。又見《冊府元龜》卷十三、《類編長安志》卷三）
　　以香栢爲之，香聞數十里。（《雍錄》卷三）
　　用香柏爲殿梁，香聞十里。（《通鑒綱目》卷四下）

石渠閣

　　石渠閣在未央大殿北，以臧祕書。（《漢書・楚元王傳》顏師古注。又見《山堂考索》前集卷三十八、續集卷三十五）

江充

　　充使胡巫作而埋之。（《漢書・蒯伍江息夫傳》顏師古注。又見《事類備要》前集卷五十五、《事文類聚》前集卷三十八）

　　另存文字差異較大者，錄於下：
　　江充爲桐人，長尺，以針刺其腹，埋太子宮中。充曉醫術，因言其事。（《太平御覽》卷八百三十）

爨

爨切千段。（《漢書·王莽傳》顏師古注。又見《後漢書·蘇竟楊厚列傳》李賢等注、《冊府元龜》卷九百一十三）

十二銅人

聚天下兵器，鑄銅人十二，各重二十四萬斤。漢世在長樂宮門。（《史記·秦始皇本紀》司馬貞索隱、張守節正義，文字稍異。首句，索隱無。）

另存文字有異者，錄於下：

秦王立二十六年，初定天下，稱皇帝。大人見臨洮，身長五丈，跡長六尺，作銅人以厭之，立在阿房殿前，漢徙長樂宮中大夏殿前。（《後漢書·董卓列傳》李賢等注）

秦作銅人，立在阿房殿前，漢徙，著長樂宮大夏殿前。（《長安志》卷三）

婦人

始皇表河以爲秦東門，表汧以爲秦西門，表中外殿觀百四十五〔一〕，後宮列女萬餘人，氣上衝於天〔二〕。（《史記·秦始皇本紀》張守節正義。又見於《太平寰宇記》卷二十六、《長安志》卷三，文字稍異。）

〔校記〕

〔一〕表，《太平寰宇記》、《長安志》卷二十六無。

〔二〕「氣」上，《太平寰宇記》、《長安志》卷二十六有「婦人之」三字。

另存文字差異較大者，錄於下：

秦時奢泰，渭水貫都，以象天河，橫橋南渡，以象牽牛，後宮列女，萬有餘人，婦人之氣，上衝於天，縑帳綺帷，木衣綈繡，土被朱紫。（《藝文類聚》卷六十九）

初，秦都渭北，渭南作長樂宮，橋通二宮間。表河以爲秦東門，表汧以爲秦西門，二門相去八百里。渭水貫都，以象天河；橋橫南渡，以象牽牛。漢都渭南，開北闕以臨渭。渭北則陵廟所在。（《初學記》卷六。本卷又存一則，文字稍異。首三句，其作「始皇帝即位，在渭南作長樂宮」。「表汧以爲秦西門」以下，無。）

阿房宮

阿房宮，東西三里，南北五百步，庭中可受萬人。又鑄銅人十二於宮前。阿房宮以慈石爲門，阿房宮之北闕門也。（《史記·秦始皇本紀》張守節正義）

另存文字有異者，錄於下：

阿房宮，東西三里，南北五百步。庭中可受十萬人，車行酒，騎行炙，千人唱，萬人和。置銅人十二於宮前。（《長安志》卷三）

關中

西以散關爲界，東以函谷爲界，二關之中，謂之關中。（《史記·高祖本紀》司馬貞索隱。又見《通鑑地理通釋》卷七）

另存文字有異者，錄於下：

東有函谷關，南有嶢關、武關，西有散關，北有蕭關，居四關之中，故名關中。（《通鑑綱目》卷二下。又見《通鑑綱目》卷十七，文字稍異。）

渭城

扶風渭城，本咸陽地，高帝爲新城，七年屬長安也。（《史記·高祖本紀》司馬貞索隱）

長安城

（長安）城，形似北斗也。（《史記·呂太后本紀》司馬貞索隱）

另存文字有異者，錄於下：

長安城似北斗。（《長安志》卷五）

長安城形象北斗。（《玉海》卷一百七十三）

長安城南爲南斗形，北爲北斗形。（《長安志圖》卷中）

橫橋

秦於渭南有興樂宮，渭北有咸陽宮。〔一〕秦昭王欲通二宮，之間造長橫橋〔二〕，三百八十步〔三〕。橋北壘石水中，舊有忖留神像。此神曾與魯班語，班令其出，留曰：「我貌醜，卿善圖物容，不出」。班於是拱手與語曰：「出頭見我」。留乃出首。班以腳畫地，忖留覺之，便沒水。故置其像於水上，唯有腰以上。魏太祖馬見而驚，命移下之。（《史記·孝文本紀》張守節正義。又見《通鑑綱目》卷三上，文字稍異。）

〔校記〕

〔一〕以上二句，《通鑑綱目》作「咸陽宮在渭北，興樂宮在渭南」。

〔二〕長橫橋，《通鑑綱目》作「橫長橋」。此句下，《通鑑綱目》有「跨渭水上」句。

〔三〕此句，《通鑑綱目》作「長三百八十步」。此句下，《通鑑綱目》無。

另存文字有異者，錄於下：

秦造橫橋，漢承秦制，廣六丈三百八十步〔一〕，置都水令以掌之，號爲石柱橋〔二〕。（《三輔黃圖》卷六。又見《太平寰宇記》卷二十五、《玉海》卷一百七十二，文字稍異。）

〔校記〕

〔一〕此句，《太平寰宇記》作「橋廣六丈，南北三百八十步」。

〔二〕此句下，《太平寰宇記》有「橋南屬京兆，以北屬扶風」二句。

初，秦都渭北，渭南作長樂宮，橋通二宮間，表河以爲秦東門，表汧以爲秦西門，二門相去八百里。渭水貫都以象天河，橋橫南渡，以象牽牛。（《初學記》卷六）

始皇帝即位，在渭南作長樂宮，橋通二宮間，表河以爲秦東門，表汧以爲秦西門。（《初學記》卷六）

漢承秦制，造橫橋，置都水令以掌之，號石柱橋。（《長安志》卷十三）

石柱以南屬京兆，北屬扶風。（《初學記》卷八）

樂遊原

樂遊原，在北。（《史記·司馬相如列傳》司馬貞索隱）

通天臺

起甘泉通天臺，高五十丈。（《史記·酷吏列傳》張守節正義）

章門

章門亦曰光畢門，又曰便門。（《三輔黃圖》卷一。又見《玉海》卷一百六十九）

八街九陌

長安城中八街九陌。（《三輔黃圖》卷二。又見《太平寰宇記》卷二十五、《玉海》卷十六、《西漢會要》卷六十六、《事文類聚》續集卷三、《類編長安志》卷四）

興樂宮

興樂宮，秦始皇造，漢修飾之〔一〕，周迴二十里〔二〕。（《三輔黃圖》卷二。又見《事類備要》別集卷十三、《西漢會要》卷六十五，文字稍異。）

〔校記〕

〔一〕之，《西漢會要》無。

〔二〕此句下，《事類備要》作「前殿東西四十九丈七尺，兩杼中三十五丈，深十二丈」，《西

漢會要》作「前殿東西二十九丈，兩棟中二十五丈，深十二丈」。

高門、武臺

武帝於未央宮起高門、武臺殿〔一〕。(《三輔黃圖》卷二。又見《玉海》卷一百五十九、《事類備要》別集卷十三、《類編長安志》卷二，文字稍異。)

〔校記〕

〔一〕武臺殿，《類編長安志》作「神明殿」。

建章宮

建章〔一〕，周回三十里〔二〕。東起別風闕〔三〕，高二十五丈〔四〕，乘高以望遠〔五〕。又於宮門北起圓闕，高二十五丈，上有銅鳳凰，赤眉賊壞之。(《三輔黃圖》卷二。又見《太平寰宇記》卷二十五、《類編長安志》卷二、《事類備要》別集卷十三，文字稍異。)

〔校記〕

〔一〕此句，《太平寰宇記》、《類編長安志》作「建章宮」。

〔二〕此句，《太平寰宇記》作「周迴數里」。

〔三〕此句，《太平寰宇記》作「殿東起別鳳闕」，《事類備要》作「東起別風閣」。

〔四〕此句，《類編長安志》無。

〔五〕望遠，《事類備要》作「遠望」。

另存文字簡潔者，附於下：

建章，周回二十餘里，在長安城西者，上林之地也。(《雍錄》卷二)

建章宮，周圍數十里，殿東別起閣，高二十五丈，憑高以望。(《長安志》卷三)

鳳凰闕

鳳凰闕，武帝造，高二十五丈五尺〔一〕，一名別風闕，又曰嶕嶢闕〔二〕，門內二百步〔三〕。(《玉海》卷一百五十六。又見《事類備要》別集卷十三，文字稍異。)

〔校記〕

〔一〕此句，《事類備要》作「高七十丈五尺」。

〔二〕此句，《事類備要》作「又嶕嶢闕」。

〔三〕此句，《事類備要》作「在圓闕門內二百步」。

成仙

昔有《太元真人茅盈內記》：「始皇三十一年九月庚子，盈曾祖父濛，於

華山乘雲駕龍，白日昇天。先是邑人謠曰：『神仙得者茅初成，駕龍上昇入太清，時下玄州戲赤城，繼世而往在我盈，帝若學之臘嘉平。』」（《三輔黃圖》卷三）

昆明池

昆明池地三百三十二頃，中有戈船各數十，樓船百艘，船上建戈矛，四角悉垂幡旄葆麾蓋，照燭涯涘。（《三輔黃圖》卷四）

另存文字有異者，錄於下：

（昆明）池地三百三十二頃，有百艘樓船，上建樓櫓、戈船各數十，上建戈矛，四角悉垂幡葆麾蓋，照燭涯涘。池中有豫章臺及石鯨。（《玉海》卷一百七十）

昆明池地三百二十頃，中有戈舟各數十，樓船百艘，船上建戈矛，四角垂幡旄麾蓋。池中作豫章大船，可載萬人，上起宮室，以爲遊戲。養魚以給諸陵祭祀，餘付長安廚。又刻鯨魚，長三丈，每風雷，常鳴吼，鬐尾皆動，立石牽牛、織女於池之東西，以象天漢。池中有龍首船，帝御張鳳蓋，建華旗，作櫂歌，雜以鼓吹。宮女泛舟，初穿池得灰。上問，西域胡人曰：「乃劫燒餘之灰也。」（《類編長安志》卷三）

昆明池中刻石鯨魚十數枚，各長三丈。每遇風雷，水漲，常鳴吼，鬐尾皆動。（《類編長安志》卷八）

咸池

日出暘谷，浴於咸池，至虞淵即暮，此池象之也。（《三輔黃圖》卷四。又見《太平寰宇記》卷二十五、《長安志》卷三、《玉海》卷一百七十，文字稍異。虞淵，《太平寰宇記》作「虞泉」。）

漢太學

漢太學中有市有獄。（《三輔黃圖》卷五。又見《長安志》卷五）

另存文字有異者，錄於下：

漢太子在長安門東書社門，五經博士，貟弟子萬餘人。（《藝文類聚》卷三十八）

漢太學在長安門東書社門，立五經博士，貟弟子萬餘人。學中有市有獄。光武東遷學乃廢。（《太平御覽》卷五百三十四）

漢太學中有市有獻，在長安門東書社門，立五經博士，員弟子萬餘人。（《玉

海》卷一百一十一）

高廟

高廟鐘重十二萬斤。（《三輔黃圖》卷五。又見《玉海》卷一〇九）

另存文字有異者，錄於下：

光武之興宗廟爲墟，乃聚十二廟合於高廟，作十二室，太常卿一人，別治長安，主知高廟事則。是西都十二帝始各有廟，至此合爲一廟，仍在長安，不在洛陽也。（《雍錄》卷八）

細柳

漢文帝大將軍周亞夫軍於細柳，今呼古徼是也。（《三輔黃圖》卷五）

茂陵

武帝於槐里茂鄉，徙戶一萬六千置茂陵，高一十四丈一百步。茂陵園有白鶴觀。（《三輔黃圖》卷六）

另存文字有異者，錄於下：

武帝於槐里茂鄉，徙戶六萬一千置茂陵縣，屬右扶風。（《長安志》卷十四。又見《類編長安志》卷七）

槀街

長安城中有槀街。（《後漢書·劉玄劉盆子列傳》李賢等注）

明光殿

桂宮內有明光殿。（《文選·西都賦》李善注。又見《長安志》卷四、《玉海》卷一百五十六）

鯨魚

清淵北有鯨魚，刻石爲之，長三丈。（《文選·西京賦》李善注。又見《玉海》卷一百七十，文字稍異。）

〔校記〕

〔一〕長三丈，《玉海》無。

建章宮北作清淵，北有鯨魚刻石爲之〔一〕。（《長安志》卷三。又見《玉海》卷一百七十，文字稍異。）

〔校記〕

〔一〕此句，《玉海》無。

新豐

太上皇不樂關中〔一〕，思慕鄉里〔二〕，高祖徙豐沛屠兒酤酒煮餅商人〔三〕，立爲新豐〔四〕。（《文選·西征賦》李善注。又見《藝文類聚》卷七十二、《太平御覽》卷八百二十八、《太平御覽》卷八百六十、《長安志》卷十五，文字稍異。）

〔校記〕

〔一〕太上皇，《藝文類聚》，作「太上」。

〔二〕此句，《藝文類聚》、《太平御覽》卷八百六十無。

〔三〕煮餅，《藝文類聚》、《太平御覽》作「賣餅」。

〔四〕新豐，《藝文類聚》、《太平御覽》作「新豐縣」。此句下，《藝文類聚》、《太平御覽》有「故一縣多小人」句。

另存文字簡潔者，附於下：

太上皇思慕鄉里，高祖徙豐沛商人，立爲新豐也。（《文選·數詩》李善注）

太上皇不樂關中，思慕鄉里，高祖徙豐沛，立爲新豐縣。（《事類備要》別集卷十一。又見《事文類聚》續集卷四）

玄武闕

未央宮北有玄武闕。（《文選·答東阿王書》李善注）

蒼龍闕、玄武闕

未央宮東有蒼龍闕，北有玄武闕〔一〕。魏文帝歌曰：「長安城西有雙圓闕，上有一雙銅爵，一鳴五穀生，再鳴五穀熟。」（《文選·石闕銘》李善注。又見《藝文類聚》卷六十二，文字稍異。）

〔校記〕

〔一〕此句下，《藝文類聚》無。

松柏

漢諸陵皆屬太常，有人盜松栢者棄市〔一〕。（《藝文類聚》卷八十八。又見《全芳備祖》後集卷十五、《太平御覽》卷九百五十四、《事類備要》別集卷四十九，文字稍異。）

〔校記〕

〔一〕此句，《太平御覽》作「又有盜栢者棄市」。

另存文字有異者，錄於下：

漢諸陵皆屬太常，不屬郡縣。其入盜柏者棄市。（《初學記》卷二十八。又見《事文類聚》後集卷二十三）

青竹田

成帝作延陵〔一〕，及起廟〔二〕。竇將軍有青竹田〔三〕，在廟南〔四〕，恐犯蹈之。言「作陵不便」〔五〕。乃徙作昌陵〔六〕，取土十餘里〔七〕，土與粟同價。（《太平御覽》卷三十七。又見《太平御覽》卷九百六十二、《長安志》卷十三，文字稍異。）

〔校記〕

〔一〕成帝，《太平御覽》卷九百六十二作「武帝」。

〔二〕此句，《太平御覽》卷九百六十二作「及廟」。

〔三〕青竹田，《長安志》作「青苗地」。

〔四〕南，《長安志》作「角」。

〔五〕言，《長安志》作「故言」。《太平御覽》卷九百六十二引至此句。

〔六〕作，《長安志》無。

〔七〕此句，《長安志》作「取土東山下」。

另存文字簡潔者，附於下：

竇將軍有青竹田。（《藝文類聚》卷八十九）

九市

長安有九市。（《初學記》卷二十四）

大鐘

青城門內大鐘二枚，枚重百鈞三十斤。（《北堂書鈔》卷一〇八）

銅簨

秦始皇斂天下金〔一〕，皆著咸陽，鑄作銅簨〔二〕。（《北堂書鈔》卷一百一十二。又見《太平御覽》卷五百八十二，文字稍異。）

〔校記〕

〔一〕金，《太平御覽》作「銅鐵」。

〔二〕此句下，《太平御覽》有「高廟簨二枚，魏明帝徙詣洛陽，尚在」。

四皓碑

漢惠帝爲四皓作碑於其所隱處。此神坐及胙几，豈亦當時所立邪。(《寶刻叢編》卷十)

漢惠帝爲四皓作碑於隱所，則知神胙機俱當時所刻者。(《路史》卷三十五)

秦始皇

鑄金狄立阿房殿前。(《雍錄》卷十)

洛女陂

洛女冢南有洛波，俗號爲洛女陂〔一〕。(《太平寰宇記》卷二十五。又見《長安志》卷十一、《類編長安志》卷六，文字稍異。)

〔校記〕

〔一〕爲，《長安志》、《類編長安志》無。

鳴犢泉

昔有犢失母，哀鳴甚苦，地爲發泉〔一〕，今大旱〔二〕，祭之降雨〔三〕。(《太平寰宇記》卷二十五。又見《太平御覽》卷七十，文字稍異。)

〔校記〕

〔一〕此句下，《太平御覽》有「因名鳴犢泉」句。

〔二〕大旱，《太平御覽》作「天旱」。

〔三〕此句下，《太平御覽》有「在馮翊」句。

靈臺

漢作靈臺，以四孟月登而觀〔一〕，黃氣爲疾病，赤，兵，黑，水。〔二〕(《太平御覽》卷十五。又見《太平御覽》卷八百七十七，文字稍異。)

〔校記〕

〔一〕此句，《太平御覽》卷八百七十七作「以四孟之月登臺而觀」。

〔二〕以上四句，《太平御覽》卷八百七十七作「赤氣爲兵，黑氣爲水也」。

鄧禹

鄧禹敗於潼關，後大破赤眉於崤。(《太平御覽》卷四十二)

凌雲閣

秦二世欲起凌雲閣〔一〕，與南山齊。(《太平御覽》卷一百八十四。又見《長安志》卷三，文字稍異。)

〔校記〕
〔一〕欲起，《長安志》作「造」。

武帝攻太子

武帝發兵攻衛太子〔一〕，連鬭五日。白虎門前溝中血流沒足〔二〕。（《太平御覽》卷三百一十三。又見《太平御覽》卷三百七十二、《太平御覽》卷三百七十五，文字稍異。）

〔校記〕
〔一〕衛太子，《太平御覽》卷三百七十五作「太子」。
〔二〕此句，《太平御覽》卷三百七十二、《太平御覽》卷三百七十五作「白虎闕前溝中血沒足」。

堯母

堯母，字慶都，配高辛氏而生堯。因主人伊長孺，爲姓謂之伊。（《太平御覽》卷三百六十二）

靈星祠

漢靈星祠在長安城東十里。（《太平御覽》卷五百三十二）

五銅人

王莽夢大夏殿前五銅人語莽，惡之，斧斫開銅人腹。（《太平御覽》卷七百六十三）

杜虞

更始遣將軍李松攻王莽，屠兒賣餅者皆從之。屠兒杜虞手殺莽。（《太平御覽》卷八百二十八）

白虎闕

未央有白虎闕。（《玉海》卷一百六十九）

流言飛文

流言飛文，譁於民間。（《海錄碎事》卷八上）

高靈館

上自封禪後，夢高祖坐明堂，羣臣亦夢想，於是祀高祖於明堂，以配天，還作高靈館。（宛委山堂本《說郛》卷六十）

複道

桂宮周回十里，內有複道，橫渡西至神明臺。（宛委山堂本《説郛》卷六十）

甘、陳上疏

甘延壽、陳湯上疏云：「斬郅支首及名王以下，宜縣頭槁街蠻夷邸間。」九逵，長安城面三門四面十二門皆通達。（宛委山堂本《説郛》卷六十）

九逵

以相經緯，衢路平正，可並列車軌，十二門。三塗洞闢，隱以金椎，周以林木，左右出入，爲往來之徑行者，升降有上下之別。（宛委山堂本《説郛》卷六十）

存疑

豐潤陂

後周太祖名爲中都陂，隋文帝改。（《長安志》卷十一》。又見《類編長安志》卷六。按：此則內容應爲後世增補。）

《三輔故事》　晉佚名

《三輔故事》，佚名。《隋書·經籍志》著錄：「《三輔故事》二卷，晉世撰」。則其成書於晉代。兩《唐志》皆不錄，則應在宋代亡佚。

昆明池

池中有豫章臺及石鯨，刻石爲鯨魚，長三丈，每至雷雨，常鳴吼，鬐尾皆動。一説，甘泉宮南有昆明池，池中有靈波殿，皆以桂爲殿柱，風來自香。（《三輔黃圖》卷四）

龍首船

池中有龍首船，常令宮女泛舟池中，張鳳蓋，繡鳳爲飾。建華旗，作櫂歌，櫂歌，櫂發歌也。又曰櫂歌謳，舟人歌也。雜以鼓吹，帝御豫章觀臨觀焉。（《三輔黃圖》卷四）

柏梁臺

　　臺高二十丈，用香柏爲殿梁，香聞十里。（《史記‧孝武本紀》司馬貞索隱）

　　建章宮承露盤高三十丈〔一〕，大七圍，以銅爲之。上有仙人掌承露，和玉屑飲之。（《史記‧孝武本紀》司馬貞索隱。又見於《漢書‧郊祀志》顏師古注、《後漢書‧班彪列傳》李賢等注，文字稍異。）

　　〔校記〕

　　〔一〕三十，《漢書‧郊祀志》、《後漢書‧班彪列傳》作「二十」。

　　另存文字略有差異者，錄於下：

　　武帝作銅露盤，承天露，和玉屑飲之，欲以求仙。（《文選‧西京賦》李善注）

　　漢武以銅作承露盤，高二十丈，七圍，上有仙人掌，承露，和玉屑，欲以求仙也。（《藝文類聚》卷九十八）

衛太子

　　衛太子大鼻，武帝病，太子來省疾，江充曰：「上惡大鼻，當持紙蔽其鼻而入。」帝怒。（《北堂書鈔》卷一〇四）

　　另存記述差別較大者，錄於下：

　　衛太子嶽鼻，武帝疾，避暑甘泉宮。江充謂太子曰：「陛下惡太子鼻，當持紙蔽其鼻。」及入，充言曰：「太子不欲聞陛下膿臭，蔽鼻而入。」帝大怒。（《太平御覽》卷七百四十二）

石魚

　　殿北海池北岸有石魚〔一〕，長二丈，廣五尺〔二〕，西岸有石龜二枚〔三〕，各長六尺〔四〕。（《史記‧孝武本紀》司馬貞索隱。又見於《漢書‧郊祀志》顏師古注，文字稍異。）

　　〔校記〕

　　〔一〕殿北海，《漢書‧郊祀志》無。

　　〔二〕廣，《漢書‧郊祀志》作「高」。

　　〔三〕石龜二枚，《漢書‧郊祀志》作「石鱉三枚」。

　　〔四〕各，《漢書‧郊祀志》無。

石渠閣

石渠閣在未央殿北〔一〕，藏秘書之所〔二〕。（《三輔黃圖》卷六。又見《後漢書·肅宗孝章帝記》李賢等注、《文選·兩都賦序》李善注、《海錄碎事》卷十一下，文字稍異。）

〔校記〕

〔一〕未央，《文選》作「大祕」，《海錄碎事》作「大秘」。

〔二〕此句，《文選》作「以閣祕書」，《海錄碎事》作「以閣秘書」。

銅鳳凰

建章宮闕上〔一〕，有銅鳳皇〔二〕。（《後漢書·班彪列傳》李賢等注。又見《文選·西都賦》李善注、《海錄碎事》卷四下，文字稍異。）

〔校記〕

〔一〕此句，《海錄碎事》作「建章宮鳳門上」。

〔二〕皇，《海錄碎事》作「凰」。

折風闕

建章宮東有折風闕。（《後漢書·班彪列傳》李賢等注。又見於《文選·東都賦》李善注）

細柳

漢文時大將軍周亞夫軍於細柳〔一〕，今呼石碻是也〔二〕。碻西細柳倉〔三〕，東有嘉倉〔四〕。（《編珠》卷二。又見於《太平御覽》卷一百九十，文字稍異。）

〔校記〕

〔一〕文時，《太平御覽》無。

〔二〕石碻，《太平御覽》作「石激」。呼，《太平御覽》無。

〔三〕碻，《太平御覽》作「石激」。「細柳」上，《太平御覽》有「有」字。

〔四〕此句，《太平御覽》作「城東嘉禾倉」。

另存記述內容差異較大者：

細柳，在直城門外，阿房宮西北維。（《資治通鑒》卷十五）

秦始皇陵

秦始皇葬驪山，起墳高五十丈，下周三泉，周回七百步。〔一〕以明月珠為日月〔二〕，人魚膏為燈燭〔三〕，水銀為大海，金銀為鳧雁〔四〕。（《初學記》卷十四。又見於《北堂書鈔》卷九十四，文字稍異。）

〔校記〕

〔一〕「起墳」三句，《北堂書鈔》無。

〔二〕以，《北堂書鈔》無。

〔三〕此句，《北堂書鈔》無。

〔四〕此句下，《北堂書鈔》作「又刻石爲松栢」。

另存文字差異較大者，錄於下：

秦始皇葬驪山，起陵高五十丈，下以水銀爲泉，以明月珠爲日月。（《藝文類聚》卷八十四）

始皇葬驪山，起陵高五十丈，下錮三泉，周回七百步，以明珠爲日月，魚膏爲脂燭，金銀爲鳧雁，金蠶三十箱，四門施徼，奢侈太過。六年之間，爲項籍所發。放羊兒墮羊冢中，燃火求羊，燒其槨藏。（《太平御覽》卷四十四）

婁敬

婁敬曰：「臣願爲高車使者，持節往匈奴庭。與其分土。」敬至曰：「自海以南，冠蓋之士處焉；自海以北，控弦之士處焉。」割土盟子，然後求還。（《北堂書鈔》卷四十）

另存文字差異較大者，錄於下：

婁敬爲高車使者，持節至匈奴，與其分土界，作丹書鐵券曰：「自海以南，冠蓋之士虜焉；自海以北，豐強之士處焉。」（《北堂書鈔》卷一〇四）

婁敬過洛陽曰：臣之策能不血刃坐羈匈奴頭著陛下前。（《記纂淵海》卷四十九）

金日磾

金日磾，字翁叔，封府侯〔一〕，有忠勤之節，七葉侍中。（《初學記》卷十二。又見於《太平御覽》卷二百一十九，文字稍異。）

〔校記〕

〔一〕府侯，《太平御覽》作「秺侯」。

另存記述簡潔者：

金日磾忠勤之節，七葉侍中。（《記纂淵海》卷三十六）

桂宮

桂宮周匝十里，內有光明殿、走狗臺〔一〕，土山縈複道〔二〕，橫北度〔三〕，從宮中西上城，至神明臺。（《藝文類聚》卷六十二。又見於《太平御覽》卷一

百七十三）

〔校記〕

〔一〕內，《太平御覽》無。

〔二〕縈，《太平御覽》無。

〔三〕度，《太平御覽》作「庭」。

另有文字簡潔者：

桂宮周匝十里，內有複道，橫北渡，西至神明臺。（《藝文類聚》卷六十四）

昆明池

武帝作昆明池〔一〕，學水戰法。〔二〕帝崩，昭帝小，不能征討，於池中養魚，〔三〕以給諸陵祠，餘給長安市〔四〕，市魚乃賤〔五〕。（《藝文類聚》卷九十六。又見於《事類賦》卷二十九，文字稍異。）

〔校記〕

〔一〕武，《事類賦》無。

〔二〕此句，《事類賦》作「以習水戰」。

〔三〕以上四句，《事類賦》作「後昭帝於池中養魚」。

〔四〕給，《事類賦》作「付」。

〔五〕市，《事類賦》無。

另存文字差異較大者：

漢武帝作昆明池，武帝崩後，於池中養魚以給諸陵祠，餘付長安市。池有二石人，如牽牛、織女像。（《太平御覽》卷六十七）

夏侯嬰墓

漢丞相夏侯嬰墓，在飲馬橋東入道南〔一〕。今俗人謂之馬冢也。〔二〕（《初學記》卷七。又見於《太平御覽》卷七十三，文字稍異。）

〔校記〕

〔一〕入，《太平御覽》作「大」。

〔二〕此句，《太平御覽》作「人謂之馬冢」。

天祿閣、石渠閣

天祿、石渠，並閣名，在未央宮北，以閣秘書。（《後漢書·班彪列傳》李賢等注）

另存文字差異較大者，錄於下：

天祿閣、石渠閣在大殿北，以閣秘書。又畫賢臣象凡十一人，霍光第一，蘇武第十二。（《太平御覽》卷一百八十四）

漢王

楚漢相拒於京索間六年，身被大創十二，矢石通中過者有四。（《史記·高祖本紀》司馬貞索隱）

渭橋

咸陽宮在渭北，興樂宮在渭南，秦昭王通兩宮之間，作渭橋，長三百八十步。（《史記·孝文本紀》司馬貞索隱）

鳳闕

北有圓闕，高二十丈，上有銅鳳凰，故鳳闕也。（《史記·孝武本紀》司馬貞索隱）

神明臺

胡巫事九天於神明臺。（《史記·封禪書》司馬貞索隱）

上林苑

上林連縣，四百餘里。（《文選·西都賦》李善注）

另存文字差異較大者，錄於下：

北有甘泉、九嵕，南至長楊、五柞，連縣四百餘里也。（《文選·西京賦》李善注）

秦殿

秦時殿觀，百四十五所。（《文選·西京賦》李善注）

阿房宮

秦始皇上林苑中作離宮別觀一百四十六所〔一〕，不足以爲大會羣臣。二世胡亥起阿房殿，東西三里，南北三百步，下可建五丈旗。在山之阿，故號阿房也。（《文選·東京賦》李善注。又見《類要》卷十三，文字有異。）

〔校記〕

〔一〕此句下，《類要》無。

雲閣

秦二世胡亥起雲閣，欲與山齊。（《文選·東京賦》李善注）

龍臺

龍臺高六丈，去豐水縣五里。（《藝文類聚》卷六十二）

銅凰凰

其闕圜上，有銅凰凰。（《漢書·郊祀志》顏師古注）

橫橋

秦造作橫橋，漢承，後置承令，石柱以南屬京兆，北屬右扶風，各分其半。（《初學記》卷五）

石像

（楊）震改葬華陰潼亭，先葬十餘日，有鳥高丈餘，集震喪前悲鳴，葬畢，始飛去。時人刻石象鳥立於墓前。（《太平寰宇記》卷二十九）

銅鑄櫨

王莽起九廟，爲銅鑄櫨。（《太平御覽》卷一百八十八）

畢陌

文王、武王、周公、召公皆葬畢陌南北。（《太平御覽》卷一百九十五）

高廟

太上皇在長安香街南，高廟在長安城門街東、太常街南。（《太平御覽》卷一百九十五）

光武至長安，宮闕燒盡，徙都洛陽，取十二陵合爲高廟，作十二室。太常卿一人，別治長安，主知齋祠事，謂之高廟。（《太平御覽》卷五百三十一）

師子圈

師子圈，在建章宮西南。（《太平御覽》卷一百九十七）

靈臺

漢作靈臺於城東，周作靈臺在灃水永東。常以四孟之月，登臺而觀。（《太平御覽》卷五百三十四）

銅人

董卓壞銅人十杖，爲小錢、熨斗。（《太平御覽》卷七百一十二）

石魚、石鱉

池北面有石魚，長三丈，高五尺。南岸有石鱉三枚，長六尺。（《資治通鑑》卷二十一）

未央宮

未央宮前有東山臺、釣臺，倉池中有漸臺。（《太平御覽》卷一百七十七）

祭

祭於圜丘，上帝、后土，位皆南面。則漢嘗合祭也。時皆以曾言爲然。（《資治通鑑》卷二百一十）

神明臺、涼風臺

長安有神明臺，西南師子圈有涼風臺。（《編珠》卷二）

周梁

臺高三十丈，又用百頭。（《類要》卷十三）

《晉太康地理志》　　晉佚名

《晉太康地理志》，佚名，約成書於西晉太康年間。史志無著錄。

阪泉

涿鹿城東一里有阪泉，上有黃帝祠。（《史記・五帝本紀》張守節正義）

碣石山

樂浪遂城縣有碣石山，長城所起。（《史記・夏本紀》司馬貞索隱）

畦畤

畤在櫟陽故城內。其畤若畦，故曰畦畤。（《史記・高祖本紀》司馬貞索隱）

敖倉

秦健敖倉於成皋。(《史記‧高祖本紀》張守節正義)

睢陽城

城方十三里，梁孝王築之。鼓倡節枌而後下和之者，稱《睢陽曲》。今踵以爲故，所以樂家有《睢陽曲》，蓋采其遺音也。(《史記‧梁孝王世家》司馬貞索隱)

都沃縣

都沃縣，屬九德郡。(《初學記》卷八。按：此則內容冠以「《晉太康地志》」，當爲《晉太康地理志》別稱。)

閩縣

漢武帝名爲東冶，後改爲東候官，今泉州閩縣是。(《後漢書‧朱馮虞鄭周列傳》李賢等注。又見《資治通鑒》卷四十六)

當塗山

其山在壽春東北。(《太平寰宇記》卷一百二十八)

西曲陽縣

東海復有曲陽，故此爲西曲陽縣。(《太平寰宇記》卷一百二十九)

孫叔敖

孫叔敖，本期思城人，爲楚令尹。(《太平寰宇記》卷一百二十七，此則冠作「《太康地志》」當是省稱。)

塗山

塗山，古當塗國，夏禹所娶也。山西又有禹村，蓋禹會諸侯之地。(《太平寰宇記》卷一百二十八，此則內容冠以「《太康地志》」，當是省稱。)

另存文字簡潔者，錄於下：

塗山，古當塗。自夏禹所聚也。(《類要》卷六。按：聚，當爲「娶」之形訛。)

松滋縣

咸康三年，以松滋流戶在荆土者立松滋縣，以隸河東郡邑也。（《太平寰宇記》卷一百四十六）

清水縣

清水屬略陽郡。（《太平寰宇記》卷一百五十）

蒲谷鄉

汧縣有蒲谷鄉弦中谷，乃雍州之蒲也。（《太平寰宇記》卷三十二）

五原塞、造陽

自北地郡北行九百里，得五原塞，又北九百里，得造陽〔一〕。（《太平寰宇記》卷三十八。又見《資治通鑒》卷六）

〔校記〕

〔一〕此句下，《資治通鑒》有「即麟州銀城縣」。麟州，爲唐代置，《資治通鑒》此句當是後人摻入。

潘縣

潘縣，更屬廣寧郡。（《太平御覽》卷一百六十二）

《晉太康地記》　晉佚名

《晉太康地記》，又作《晉太康土地記》、《太康地記》、《太康記》、《太康地志》、《晉太康三年地記》，佚名。清畢沅考證此書成於太康三年。《隋書·經籍志》不著錄，《舊唐書·經籍志》著錄：「《地記》，太康三年撰」，《新唐書·藝文志》著錄：「《晉太康土地記》，十卷」。元代諸書無著錄，則應亡佚於元代。

中陽城

西河有中陽城，舊縣也。（《水經注》卷六）

受陽縣

樂平郡有受陽縣。（《水經注》卷六）

雍縣

虢叔之國矣。(《水經注》卷十八)

五色土

城陽姑幕有五色土〔一〕，封諸侯，錫之茅土，用爲社。此土即《禹貢》徐州土也。今屬密州莒縣也。(《史記·夏本紀》張守節正義。又見《太平御覽》卷三十七，文字稍異。)

〔校記〕

〔一〕「姑幕」下，《太平御覽》有「縣」字。此句以下，《太平御覽》無。

尸鄉

尸鄉南有亳阪，東有城，太甲所放處也。(《史記·殷本紀》張守節正義)

少陽

東方少陽，其氣青，其色清，歲之首，事之始也。(《類要》卷三)

芮城

虞西百四十里，有芮城。(《史記·周本紀》張守節正義。又見《詩地理考》卷四)

空青

梅根山鐵冶出空青，其色特妙，勝於廣州。(《類要》卷一)

石雉

秦文公時，陳倉人獵得獸，若彘，不知名〔一〕，牽以獻之〔二〕。逢二童子，童子曰：「此名爲媦，常在地中，食死人腦。」〔三〕即欲殺之，拍捶其首。〔四〕媦亦語曰〔五〕：「二童子名陳寶〔六〕，得雄者王，得雌者霸。」陳倉人乃逐二童子〔七〕，化爲雉，雌上陳倉北阪，爲石，〔八〕秦祠之〔九〕。(《史記·秦本紀》張守節正義。又見《文選·羽獵賦》李善注，文字稍異。)

〔校記〕

〔一〕此句，《文選》作「而不知其名」。

〔二〕此句，《文選》無。

〔三〕「逢二童子」五句，《文選》作「道逢二童子，曰：『此名爲屍弗述』。」

〔四〕以上二句，《文選》無。

〔五〕媦，《文選》作「屍弗述」。

〔六〕此句，《文選》作「彼二童子名爲寶雞」。

〔七〕此句，《文選》作「陳倉人捨屁弗逐二童子」。

〔八〕以上二句，《文選》作「雄止陳倉化爲石」。

〔九〕此句，《文選》作「雌如楚，止南陽也」。

另有文字簡略者，附於下：

即陳倉人所逐二童子名寶雞者，雄止陳倉爲石，雌止此縣，故名雉縣。（漢書·地理地）顏師古注）

壇、墠

爲壇於太山以祭天〔一〕，示增高也。爲墠於梁父以祭地，示增廣也〔二〕。祭尚玄酒而俎魚。墠皆廣長十二丈。壇高二尺，階三等。而樹石太山之上，高二丈一尺，廣三尺，秦之刻石云。（《史記·秦始皇本紀》張守節正義。又見《資治通鑒》卷七，文字稍異。）

〔校記〕

〔一〕太山：《資治通鑒》作「泰山」。

〔二〕「廣」上，《資治通鑒》無「增」字。

太壇

奉高者以事五嶽，帝王禪代之處也。故有明堂在縣西南四里。漢武立太壇於東山以祭天，示增高也。（《太平御覽》卷五百三十六）

南梁

戰國謂梁爲南梁者，別之於大梁、少梁也。（《史記·田敬仲完世家》司馬貞索隱、張守節正義。「戰國」下，正義有「時」。）

丹徒

吳王濞反，走丹徒，越人殺之於此城南。（《史記·絳侯周勃世家》張守節正義）

瀨鄉祠

苦縣城東有瀨鄉祠〔一〕，老子所生地也〔二〕。（《史記·老子韓非列傳》張守節正義。又見《漢書·地理志》顏師古注，文字稍異。）

〔校記〕

〔一〕《漢書·地理志》無「苦縣」二字。

〔二〕《漢書·地理志》無「也」字。

阿

阿，即東阿也。（《史記‧司馬穰苴列傳》司馬貞索隱）

并州

并州，不以衛水爲號，又不以恒山爲名〔一〕，而言并者〔二〕，以其在兩谷之間乎〔三〕？（《太平寰宇記》卷四十。又見《元和郡縣志》卷十六、《藝文類聚》卷六、《太平御覽》卷一百六十三、涵芬樓本《說郛》卷四、宛委山堂本《說郛》卷六十，文字稍異。）

〔校記〕

〔一〕此句，《太平御覽》作「不以恒山爲稱」。

〔二〕言，《藝文類聚》、《太平御覽》、涵芬樓本《說郛》作「云」。

〔三〕「以」上，《元和郡縣志》、《藝文類聚》，涵芬樓本《說郛》有「蓋」字。此句，《太平御覽》作「蓋以在兩谷之間乎？」。此句以下，《藝文類聚》有「韓魏趙謂之三晉，即並冀二州是其地也」，涵芬樓本《說郛》、宛委山堂本《說郛》皆有「韓魏趙謂之三晉，並冀二州是其地也」二句。

另存有關並州的記述，文字差異較大，錄於下：

並州部太原六郡，又有護匈奴中郎，左部、右部、中部、南部、北部五都尉。（《初學記》卷八）

仙人岩

行唐縣西北，有仙人岩。（《初學記》卷八）

如夫城

行唐縣北二十里，有如夫城。（《初學記》卷八）

行唐縣北二十里，有夫人城，即王神女所築。（《太平寰宇記》卷六十一）

宜禾縣

宜禾縣，屬敦煌郡。（《初學記》卷八）

墊江縣

李雄亂，復於陽關更置墊江縣，亦屬巴郡。（《初學記》卷八）

十六州

司、冀、兗、豫、荊、揚、徐、青、幽、並、雍、涼、梁、益、交、廣，是也。（《初學記》卷八。按：此則內容，冠以「《太康地記》」，應是《晉太

康地記》省稱。）

永石郡

西河國，惠帝末陷於劉元海，至石勒時，置永石郡。（《初學記》卷八）

睢陽城

梁孝王築睢陽城，方十二里，〔一〕以鼓唱節杵而後下〔二〕，和之者稱睢陽〔三〕，因以爲名〔四〕。（《藝文類聚》卷六十三。又見《太平御覽》卷一百九十三，文字稍異。）

〔校記〕

〔一〕「梁孝王」二句，《太平御覽》作「梁孝王築睢陽城十二里」。

〔二〕後，《太平御覽》無。

〔三〕此句，《太平御覽》作「和者稱睢陽」。

〔四〕名，《太平御覽》作「縣」。

另存文字有差異者，錄於下：

睢陽，方十三里，梁孝王築之。〔一〕鼓倡節杵而後下和之者，稱《睢陽曲》。今踵以爲故。今之樂家《睢陽曲》，是其遺音。（《海錄碎事》卷十六。又見《漢書·文三王傳》顏師古注、《古今合璧事類備要》別集卷四、宛委山堂本《說郛》第二種卷六十，文字稍異。）

〔校記〕

〔一〕「睢陽」三句，《漢書》、《古今合璧事類備要》作「城方十三里，梁孝王築之」，《說郛》作「梁孝王築睢陽城，方十三里」。此三句下，《漢書》無。

龍泉水

縣有龍泉水〔一〕，可以砥礪刀劍〔二〕，特堅利〔三〕。故有堅白之論矣〔四〕。是以龍泉之劍，爲楚寶也。縣出名金，古有鐵官。（《水經注》卷三十一。又見《後漢書·袁張韓周列傳》李賢等注、《資治通鑑》卷三，文字有異。）

〔校記〕

〔一〕「縣」上，《後漢書·袁張韓周列傳》、《資治通鑑》有「汝南西平」四字。龍泉水：《資治通鑑》作「龍淵」。

〔二〕此句，《後漢書·袁張韓周列傳》作「可淬刀劍」，《資治通鑑》作「水可用淬刀劍」。

〔三〕特：《資治通鑑》作「極」。此句以下，《後漢書·袁張韓周列傳》無。

〔四〕矣：《資治通鑑》作「云」。此句以下，二者文字差異較大，《資治通鑑》作「黃，所以爲堅也；白，所以爲利也。或曰：黃所以爲不堅，白所以爲不利。二說未知孰是。」

曲阿

曲阿，本名雲陽，秦始皇以有王氣〔一〕，鑿北阬山以敗其勢〔二〕，截其直道，使其阿曲〔三〕，故曰曲阿也〔四〕。吳還爲雲陽，今復名曲阿。（《世說新語·言語》劉孝標註。又見《輿地紀勝》卷五，文字稍異。）

〔校記〕

〔一〕此句，《輿地紀勝》作「始皇以其地有王氣」。

〔二〕鑿北阬山：《輿地紀勝》作「鑿地堙山」。

〔三〕其：《輿地紀勝》作「之」。

〔四〕此句，《輿地紀勝》作「故名曲阿」。此句下，《輿地紀勝》無。

都沃縣

都沃縣，屬九德郡。（《初學記》卷八。又見《錦繡萬花谷》後集卷六）

廬江郡

廬江郡徙皖，更移居於舒。（《太平寰宇記》卷一百二十五）

蘄春縣

（蘄春縣）改屬弋陽郡。（《太平寰宇記》卷一百二十七）

安定郡

安定郡，領臨涇、朝那、烏氏、鶉觚、陰密、西川六縣，屬雍州。（《太平寰宇記》卷三十二）

西川

西川屬安定郡。（《太平寰宇記》卷三十二）

介山

晉文公臣介之推從文公逃難，返國，賞不及，怨而匿此山。文公求之推不出，乃封三百里之地，又號爲介山。（《太平寰宇記》卷四十六）

安邑

安邑有司鹽都尉，別領兵五千。（《太平御覽》卷一百六十三）

舜

舜都安邑是也。（《初學記》卷八）

另存記述有異者，錄於下：

舜受禪安邑。(《太平寰宇記》卷四十六)

銅鞮

銅鞮，故晉大夫羊舌赤邑，時號赤爲「銅鞮伯華」。〔一〕(《太平寰宇記》卷五十。又見《太平御覽》卷一百六十三，文字稍異。)

〔校記〕

〔一〕此句下，《太平御覽》有「漢以爲縣」。

陽城縣

河南陽城縣，是爲土中，夏至之景，尺有五寸，所以爲候。(《太平御覽》卷四)

常山

常山曲陽縣有恒山阪，號飛狐口。上壺關縣，有羊腸阪。(《太平御覽》卷五十三)

塞上嶺

嶺峻阻〔一〕，螺轉上〔二〕，逾九磴〔三〕，二里至頂〔四〕，下七里〔五〕，平行十里至亭〔六〕，一名橫亭，一名塞上嶺。(《太平御覽》卷五十四。又見《類要》卷一，文字稍異。)

〔校記〕

〔一〕此句，《類要》作「嶺跖峻阻」。

〔二〕此句，《類要》作「累轉而上」。

〔三〕磴，《類要》無。

〔四〕「二里」上，《類要》有「去」字。

〔五〕下，《類要》作「上」。

〔六〕此句下，《類要》無。

汧澤

汧澤有蒲谷鄉弦中谷，乃雍州之弦蒲也。按《漢書地理志》取蒲藪即弦蒲藪是焉。(《太平御覽》卷七十二)

馬邑

秦時建此城〔一〕，輒崩不成〔二〕，有馬周旋馳走反覆，父老異之，因依以

築城〔三〕，遂爲馬邑〔四〕。(《太平御覽》卷一百六十三。又見《太平御覽》卷一百九十三、《古今合璧事類備要》別集卷三、《資治通鑒》卷十一，文字稍異。)

〔校記〕

〔一〕「秦時」句上，《太平御覽》卷一百九十三有「雁門馬邑縣」句，《古今合璧事類備要》有「馬邑，屬鴈門郡」二句。《古今合璧事類備要》無「城」字。

〔二〕「輒」上，《古今合璧事類備要》有「時」字。

〔三〕依，《太平御覽》卷一百九十三無。

〔四〕此句，《太平御覽》卷一百九十三作「遂名馬邑云」，《古今合璧事類備要》作「遂名爲馬邑」，《資治通鑒》作「遂名馬邑」。

雍州

雍州，〔一〕西北之地，陽所不及，陰氣壅遏，故以爲名。(《太平御覽》卷一百六十四。又見涵芬樓本《說郛》卷四，文字稍異。)

〔校記〕

〔一〕「雍州」句下，《說郛》有「兼得梁州之地」。

五原塞

自北地郡北行九百里，得五原塞即此地。後漢光祿徐自爲出五原塞數百里，築城鄣，列亭至盧山。即今縣北光祿塞是也。(《太平御覽》卷一百六十四)

長城

自華至沘陽，南北連百里，號爲方城，亦曰長城。(《太平御覽》卷一百六十八)

鳥鼠山

鳥鼠山，西隴西首陽。鼠尾短，如常，穴入三四尺，鼠在內，鳥在外。(《白孔六帖》卷九十八)

臨海縣

吳分章安，立臨海〔一〕。(《輿地紀勝》卷十二。又見《輿地紀勝》同卷，文字有異。)

〔校記〕

〔一〕此句，《輿地紀勝》作「置臨海縣」。此句下，《輿地紀勝》又有「屬會稽郡。少帝時，置臨海郡，縣屬焉。」

大庾嶺

（大庾）嶺路峻阻，螺轉而上，踰九蹬二里，至頂下七里，平行十里，至平亭。（《輿地紀勝》卷三十六）

松滋縣

咸康三年，以松滋流戶在荊土者，立松滋縣，以隸河東郡。（《輿地紀勝》卷六十四）

寧浦郡

武帝太康七年，改合浦屬國都尉，立寧浦郡。（《輿地紀勝》卷一百十三。又見《資治通鑒》卷九十二）

太初宮

吳有太初宮，方三百丈。（《資治通鑒》卷七十五）

另存記述詳盡者，錄於下：

吳有太初宮，方三百丈，權所起也，昭明宮，方五百丈，皓所作也。（宛委山堂本《說郛》卷六十）

武昌南湖

武昌南湖，通江夏，有水。多則涸，於時靡所產植。陶太尉立塘以遏水於此，常自不竭，因取瑯琊郡。隔湖魚菱以著湖內，菱甚甘美，異於他。故所產鮒魚乃長三尺。（宛委山堂本《說郛》卷六十）

丹徒

秦王東遊，觀地勢，云：「此有天子氣。」使赭衣徒鑿，湖中長流使斷，因改名爲丹徒。今水北注江也。（宛委山堂本《說郛》卷六十）

回浦鄉

本鄞縣南之回浦鄉，章帝立。（《資治通鑒》卷六十二）

章安

章安，本鄞縣南之回浦鄉。（《資治通鑒》卷七十六）

昭明宮

昭明宮方五百丈。（《資治通鑒》卷七十九）

九江

九江，劉歆以爲湖。漢，九水入彭蠡澤也。（《資治通鑒》卷一百三十一）

上饒縣

鄱陽郡有上饒縣，而晉書無之，當是吳立。（《資治通鑒》卷一百三十一）

居延縣

西海居延縣，流沙形，如月初生五六日也。（《編珠》卷一）

桃林

桃林在閿鄉南谷中。（《水經注》卷四）

澤

澤在酸棗之東南，昔曹太祖納許攸之策，破袁紹運處也。（《水經注》卷七）

樂陵國

樂陵國有新樂縣。（《水經注》卷九）

樂平縣

樂平縣，舊名沾縣。（《水經注》卷十）

奚仲冢

奚仲冢在城南二十五里山上，百姓謂之神靈也。（《水經注》卷二十五）

奚仲

奚仲遷於邳，仲虺居之以爲湯左相，其後當周爵稱侯，後見侵削，霸者所絀爲伯，任姓也。（《水經注》卷二十五）

磬石

水出磬石，《書》所謂泗濱浮磬者也。（《水經注》卷二十五）

藍田

藍田出美玉，故曰藍田。（《長安志》卷十六）

鬼谷先生

扶風池陽縣，有鬼谷先生所居。（《長安志》卷十九。又見《類編長安志》卷六）

上虞縣

舜避丹朱於此。(《太平寰宇記》卷九十六。又見《會稽三賦·會稽風俗賦》、《輿地紀勝》卷十)

揚州

揚州東漸，太陽之位，履正含文，天氣奮揚，故取史焉。(《咸淳臨安志》卷五十八)

王城

王城，去洛城四十里。城內南北九里七十步，東西六里十步，爲地三百頃一十二畝三十二步。(《河南志》卷二)

鹽池

鹽池，在河東安邑縣，有司鹽都尉。(《北堂書鈔》卷一百四十六)

塗山

塗山，古當塗國，夏禹所娶也。山西南又有禹村，蓋禹會諸侯於塗山，在《禹貢》揚州之域。今九江當塗縣有禹娶之地，今邑界有當塗故城存焉，即漢爲縣，後廢。(《太平御覽》卷四十三)

豫州

豫州之分，其人得中和之气，性安舒，其俗阜，其人和。今俗多寬慢。(《太平寰宇記》卷十二。又見《太平御覽》卷一百五十八)

贛縣

屬南康郡，因水以爲名。(《類要》卷一)

青州

青州，東方少陽，其色青，其气清，歲之首，事之始也，故以爲名〔一〕。周之建國，表齊東海，居於青州，故吳季札觀樂於魯，聞齊之《詩》，云：「泱泱乎大國之風也，其表東海者乎？」(《藝文類聚》卷六。又見涵芬樓本《說郛》卷四，文字稍異。)

〔校記〕

〔一〕此句下，《說郛》無。

東獄

奉高者，以事東獄，帝王禪代之處也，故明堂在縣南四里。漢武立大壇於東山，以登天下示增高。（涵芬樓本《說郛》卷四）

蓼國

蓼國先在南陽故縣，今豫州鄲縣界故胡城是，後徙於此（六城）。（《史記‧夏本紀》張守節正義）

京邑

鄭太叔段所居邑。（《史記‧項羽本紀》張守節正義）

畤

畤在櫟陽故城內，其畤若畦，故曰畦。（《史記‧高祖本紀》司馬貞索隱）

阪泉

涿鹿城東一里有阪泉，上有黃帝祠。（《史記‧五帝本紀》張守節正義。又見《通鑑地理通釋》卷四）

故延陵邑

故延陵邑，季札所居，粟頭有季札祠。（《史記‧吳太伯世家》司馬貞索隱）

延州

吳封季札州來而居延陵，故曰延州。（《太平寰宇記》卷八十九。又見《路史》卷二十六）

鄧

周宣王舅所封。（《史記‧楚世家》張守節正義。又見《通鑑綱目》卷一下）

順陽郡

魏武帝建安中分南陽立南鄉郡，晉武帝改曰順陽郡是也。（《史記‧蕭相國世家》司馬貞索隱）

漊中縣

天門郡有漊中縣。（《資治通鑑》卷一百二十三胡三省注）

陶朱冢

在（華容）縣之西南。(《水經注》卷三十二)

鄂縣

東鄂矣。(《水經注》卷三十五)

長鄉縣

涿有長鄉（縣）。(《水經注》卷十二)

義陽郡

義陽郡，以南陽屬縣爲名。(《水經注》卷三十)

酒官水

水味甘美。(《輿地紀勝》卷五十九)

武寧縣

（武寧）縣屬交趾。越遣太子名始，降服安陽王，稱臣事之。(《水經注》卷三十七)

平道縣

（平道）縣屬交趾，越遂服諸雒將。馬援以西南治遠，路逕千里，分置斯縣治。城郭穿渠，通導溉灌，以利其民。(《水經注》卷三十七)

碣石山

樂浪遂城縣有碣石山，長城所起。(《史記·夏本紀》司馬貞索隱)

碣石

秦築長城起自碣石，在今高麗舊界，非碣石也。(《太平寰宇記》卷七十)

鹽官縣

吳有鹽官縣。(《水經注》卷二十九)

都盧國

都盧國，其人善緣高。(《文選·西京賦》李善注)

十六州

司、冀、兗、豫、荊、揚、徐、青、幽、并、雍、涼、梁、益、交、廣
是也。(《初學記》卷八)

晉戶

晉戶有三百七十七萬〔一〕，吳蜀戶不能居半。(《三國志‧陳群傳》裴松之注。
又見《玉海》卷二、《通鑑地理通釋》卷三，文字稍異。)

〔校記〕

〔一〕七十七，《玉海》作「七十」。《通鑑地理通釋》引至此句。

冷石

鬱林布山縣多虺〔一〕，其毒殺人，有冷石可以解之。石色赤黑，味苦。屑
此石著創〔二〕，並以切齒，立蘇。一名切齒石。(《太平御覽》卷九百八十八。又
見《證類本草》修政和經史證類備用本草卷三，文字稍異。)

〔校記〕

〔一〕「鬱林」下，《證類本草》有「州」字。

〔二〕此句，《證類本草》作「屑之著瘡中」。焙

武關、嶢關

武關當冠軍縣西，嶢關在武關之西。(《史記‧高祖本紀》司馬貞索隱。又見
《玉海》卷二十四)

別縣

河陽別縣非溫邑也。(《水經注》卷五)

虞城

所謂北虞也。城東有山，世謂之五家冢，冢上有虞公廟。(《水經注》卷四)

皮氏縣介山

子推所逃隱於是山。(《水經注》卷六)

陰安

屬頓丘。(《宋書‧州郡志》)

陸渾

屬河南郡。(《宋書・州郡志》)

新安

屬河南郡。(《宋書・州郡志》)

朝歌

屬汲郡，晉武太康元年始立。(《宋書・州郡志》)

浦阪

屬河東。(《宋書・州郡志》)

盧氏

屬上洛。(《宋書・州郡志》)

章安

本鄞縣南之迴浦鄉，章帝章和元年立〔一〕。(《後漢書・郡國志》李賢等注。又見《宋書・州郡志》、《資治通鑑》卷六十二，文字稍異。)

〔校記〕

〔一〕此句，《宋書・州郡志》作「漢章帝章和中立」，《資治通鑑》作「章帝立」。

另存文字簡潔者，附於下：

章安，本鄞縣南之回浦鄉。(《資治通鑑》卷七十六)

淮浦

屬廣陵（郡）。(《宋書・州郡志》)

淮陰

屬廣陵（郡）。(《宋書・州郡志》)

東陽

屬臨淮（郡）。(《宋書・州郡志》)

淮陵

屬臨淮（郡）。(《宋書・州郡志》)

司吾

屬臨淮（郡）。（《宋書・州郡志》）

徐

屬臨淮（郡）。（《宋書・州郡志》）

北淩

屬下邳（郡），本名淩。（《宋書・州郡志》）

（北陵）屬下邳。晉武帝以南有廣陵，故曰北陵。（《太平寰宇記》卷十七）

祝其城

在郯東九十里，《春秋》定公十八年，會齊侯於祝其，實夾谷地。漢以爲祝其縣。（《太平寰宇記》卷二十二）

揚州

以揚州漸太陽位，天氣奮揚，履正含文，故取名焉。（《爾雅疏》卷七）

太初宮、顯明宮

吳有太初宮，方三百丈〔一〕，權所起也。昭明宮，方五百丈，晧所作也。避晉諱，故曰顯明。（《三國志・孫皓傳》裴松之注）

另存文字差異較大者，錄於下：

吳太初宮，方才三百尺。孫皓窮極功費，作昭明宮，方才五百丈。（《（寶祐）壽昌乘》）

毗陵郡

毗陵郡統縣七，戶一萬二千。（《（咸淳）重修毗陵志》卷十三）

陽羨縣

陽羨縣，本名荊溪。（《史記・高祖本紀》司馬貞索隱。又見《資治通鑑補》卷十一）

厭桑

諸暨境土諸山出第一厭桑。文采如博棋，方正騈次有如畫作，可爲屐鵑。上品者一兩至數十萬。（《會稽三賦・會稽風俗賦》）

南濮陽

屬濮陽（郡）也。（《宋書・州郡志》）

稟丘縣

（濮陽郡）有稟丘縣。（《宋書・州郡志》）

南泰山

屬廣平（郡）。（《宋書・州郡志》）

曲周縣

屬廣平（郡）。（《宋書・州郡志》）

廣平縣

屬廣平（郡）。（《宋書・州郡志》）

南魯郡

屬任城也。（《宋書・州郡志》）

下邳縣

屬下邳（郡）。（《宋書・州郡志》）

良成縣

屬下邳（郡）。（《宋書・州郡志》）

僮線

屬下邳（郡）。（《宋書・州郡志》）

諸縣

屬城陽（郡）。（《宋書・州郡志》）

東安

屬東莞（郡）。（《宋書・州郡志》）

蓋

屬樂安（郡）。（《宋書・州郡志》）

費
　　屬琅邪（郡）。(《宋書・州郡志》)

即丘
　　屬琅邪（郡）。(《宋書・州郡志》)

城武
　　屬濟陰（郡）。(《宋書・州郡志》)

離狐
　　屬濟陰（郡）。(《宋書・州郡志》)

燕縣
　　屬濮陽（郡）。(《宋書・州郡志》)

廣武
　　屬雁門（郡）。(《宋書・州郡志》)

須昌
　　屬東平（郡）。(《宋書・州郡志》)

臨邑
　　屬濟北（郡）。(《宋書・州郡志》)

蛇丘
　　屬濟北（國）。(《宋書・州郡志》)

盧
　　屬濟北（國）。(《宋書・州郡志》)

穀城
　　屬濟北（國）。(《宋書・州郡志》)

烏江
　　屬淮南（郡）。(《宋書・州郡志》)

龍亢

　　屬譙（郡）。(《宋書·州郡志》)

酇

　　屬譙（郡）。(《宋書·州郡志》)

山桑

　　屬譙（郡）。(《宋書·州郡志》)

譙

　　屬譙（郡）。(《宋書·州郡志》)

銍

　　屬譙（郡）。(《宋書·州郡志》)

城父

　　屬譙（郡）。(《宋書·州郡志》)

慎

　　屬汝陰（郡）。(《宋書·州郡志》)

陳

　　屬梁（國）。(《宋書·州郡志》)

陰安

　　屬頓丘（郡）。(《宋書·州郡志》)

雩婁

　　屬安豐（郡）。(《宋書·州郡志》)

苞信

　　屬汝陰（郡）。(《宋書·州郡志》)

寧陵

　　屬梁（郡）。(《宋書·州郡志》)

扶溝

屬陳留（郡）。（《宋書·州郡志》）

項城

屬陳（郡）。（《宋書·州郡志》）

谷陽

屬梁。（《宋書·州郡志》）

長平

屬潁川（郡）。（《宋書·州郡志》）

邵陵

屬潁川（郡）。（《宋書·州郡志》）

白馬

屬濮陽（郡）。（《宋書·州郡志》）

彭澤

屬豫章（郡）。（《宋書·州郡志》）

松滋

屬安豐（郡）。（《宋書·州郡志》）

安成郡

屬荊州。（《宋書·州郡志》）

般陽

屬齊（郡）。（《宋書·州郡志》）

朝陽

屬樂安（郡）。（《宋書·州郡志》）

黔陬

屬城陽（郡）。（《宋書·州郡志》）

淳于

　　屬城陽（郡）。（《宋書‧州郡志》）

高密

　　屬城陽（郡）。（《宋書‧州郡志》）

夷安

　　屬城陽（郡）。（《宋書‧州郡志》）

營陵

　　屬城陽（郡）。（《宋書‧州郡志》）

昌安

　　屬城陽（郡）。（《宋書‧州郡志》）

安丘

　　屬琅邪（郡）。（《宋書‧州郡志》）

平昌

　　屬城陽（郡）。（《宋書‧州郡志》）

東武

　　屬東莞（郡）。（《宋書‧州郡志》）

朱虛

　　屬城陽（郡）。（《宋書‧州郡志》）

膠東

　　屬北海（郡）。（《宋書‧州郡志》）

劇

　　屬琅邪（郡）。（《宋書‧州郡志》）

即墨

　　屬北海（郡）。（《宋書‧州郡志》）

下密

屬北海（郡）。（《宋書·州郡志》）

長廣

故屬東萊。（《宋書·州郡志》）

不其

屬長廣（郡）。（《宋書·州郡志》）

長廣

屬長廣（郡）。（《宋書·州郡志》）

挺

屬長廣（郡）。（《宋書·州郡志》）

中水

屬河間（郡）。（《宋書·州郡志》）

廣宗

屬安平（郡）。（《宋書·州郡志》）

平昌

曰西平昌。（《宋書·州郡志》）

茌平

屬平原（郡）。（《宋書·州郡志》）

安次

屬燕國。（《宋書·州郡志》）

陽信

屬樂陵（郡）。（《宋書·州郡志》）

厭次

屬樂陵（郡）。（《宋書·州郡志》）

濕沃

屬樂陵（郡）。(《宋書・州郡志》)

肥鄉

屬廣平（郡）。(《宋書・州郡志》)

蠡吾

屬高陽（郡）。(《宋書・州郡志》)

城平

屬河間（郡）。(《宋書・州郡志》)

武垣

屬河間（郡）。(《宋書・州郡志》)

章武

屬章武（郡）。(《宋書・州郡志》)

安平

屬博陵（郡）。(《宋書・州郡志》)

新城

屬高陽（郡）。(《宋書・州郡志》)

義陽

屬荊州。(《宋書・州郡志》)

平陽

屬義陽（郡）。(《宋書・州郡志》)

鄖

屬義陽（郡）。(《宋書・州郡志》)

隨陽

屬義陽（郡）。(《宋書・州郡志》)

孱陵

屬南平（郡）。(《宋書·州郡志》)

作唐

屬南平（郡）。(《宋書·州郡志》)

宜都

吳分南郡立。(《宋書·州郡志》)

巴東

巴東屬梁州。(《宋書·州郡志》)

漢昌縣

巴東有漢昌縣。(《宋書·州郡志》)

厥西

屬義陽（郡）。(《宋書·州郡志》)

南河東

屬彭城（郡）。(《宋書·州郡志》)

歸鄉

秭歸有歸鄉，故夔子國，楚滅之。(《宋書·州郡志》)

龍陽

吳立。(《宋書·州郡志》)

臨烝

屬湘東（郡）。(《宋書·州郡志》)

臨賀

屬南海（郡）。(《宋書·州郡志》)

山都

屬襄陽（郡）。(《宋書·州郡志》)

池陽

屬京兆（郡）。（《宋書・州郡志》）

臨沮

屬襄陽（郡）。（《宋書・州郡志》）

槐里

屬始平（郡）。（《宋書・州郡志》）

清水

屬略陽（郡）。（《宋書・州郡志》）

南霸城

《太康地志》曰霸城。（《宋書・州郡志》）

武功

屬始平（郡）。（《宋書・州郡志》）

郿縣

屬秦國。（《宋書・州郡志》）

棘陽

屬義陽（郡）。（《宋書・州郡志》）

下蔡、平阿縣

屬淮南（郡）。（《宋書・州郡志》）

高陸

屬京兆（郡）。（《宋書・州郡志》）

白水

屬梓潼（郡）。（《宋書・州郡志》）

故廣漢

故廣漢屬國都尉。（《宋書・州郡志》）

陰平

陰平郡陰平縣注云，宙底。（《宋書·州郡志》）

上洛郡

分京兆立上洛郡，屬司隸。（《宋書·州郡志》）

陳倉

屬秦國。（《宋書·州郡志》）

略陽

屬天水（郡）。（《宋書·州郡志》）

上邽

屬天水（郡）。（《宋書·州郡志》）

鄠

屬始平（郡）。（《宋書·州郡志》）

高陸

屬京兆（郡）。（《宋書·州郡志》）

河關

屬隴西（郡）。（《宋書·州郡志》）

牛鞞

屬犍爲（郡）。（《宋書·州郡志》）

廣漢郡

屬梁州。（《宋書·州郡志》）

西南二充國

西南二充國，屬巴西（郡）。（《宋書·州郡志》）

梓潼郡

劉氏分廣漢立。（《宋書·州郡志》）

德陽

屬廣漢（郡）。(《宋書·州郡志》)

升遷

屬汶山（郡）。(《宋書·州郡志》)

汶山郡

漢武帝立，孝宣地節三年合蜀郡，劉氏又立。(《宋書·州郡志》。又見《資治通鑒》卷一〇五胡三省注)

徙陽縣

徙陽縣，屬漢嘉（郡）。(《宋書·州郡志》)

臨渭

屬略陽（郡）。(《宋書·州郡志》)

興樂

元年更名。本曰白馬，屬汶山（郡）。(《宋書·州郡志》)

宕渠

屬巴郡。(《宋書·州郡志》)

漢興

屬興古郡。(《宋書·州郡志》)

漢安

屬江陽（郡）。(《宋書·州郡志》)

旄牛

屬漢嘉（郡）。(《宋書·州郡志》)

毋單

屬建寧（郡）。(《宋書·州郡志》)

建伶

屬建寧（郡）。(《宋書·州郡志》)

連然

　　屬建寧（郡）。(《宋書・州郡志》)

滇池

　　屬建寧（郡）。(《宋書・州郡志》)

穀昌

　　屬建寧（郡）。(《宋書・州郡志》)

秦臧

　　屬建寧（郡）。(《宋書・州郡志》)

俞元

　　屬建寧（郡）。(《宋書・州郡志》)

雙柏

　　屬建寧（郡）。(《宋書・州郡志》)

廣談

　　屬牂牁（郡）。(《宋書・州郡志》)

堂狼

　　屬朱提（郡）。(《宋書・州郡志》)

漢陽

　　屬朱提（郡）。(《宋書・州郡志》)

南廣

　　屬朱提（郡）。(《宋書・州郡志》)

芘蘇

　　屬永昌（郡）。(《宋書・州郡志》)

楪榆

　　屬雲南（郡）。(《宋書・州郡志》)

雲南

屬雲南（郡）。（《宋書・州郡志》）

東古復

屬雲南（郡）。（《宋書・州郡志》）

楠棟

屬雲南（郡）。（《宋書・州郡志》）

青蛉

屬雲南（郡）。（《宋書・州郡志》）

興古

故牂牁（郡）。（《宋書・州郡志》）

騰休

屬興古（郡）。（《宋書・州郡志》）

西隋

屬興古（郡）。（《宋書・州郡志》）

毋掇

屬興古（郡）。（《宋書・州郡志》）

鐔封

屬興古（郡）。（《宋書・州郡志》）

元溪

屬蒼梧（郡）。（《宋書・州郡志》）

臨允

屬蒼梧（郡）。（《宋書・州郡志》）

海安

屬高興（郡）。（《宋書・州郡志》）

寧浦

本名昌平，武帝太康元年更名。(《宋書・州郡志》。又見《輿地紀勝》卷一百一十三)

寧浦太守

武帝太康七年，改合浦屬國都尉立〔一〕。(《宋書・州郡志》。又見《輿地紀勝》卷一百一十三，文字稍異。)

〔校記〕

〔一〕「立」下，《輿地紀勝》有「寧浦郡」。

軍都縣

軍都縣屬燕國。(《太平寰宇記》卷六十九)

都安

都安屬汶山郡。(《太平寰宇記》卷七十三)

潘縣

潘縣（由上谷郡）更屬廣寧郡。(《太平寰宇記》卷七十一。又見《太平御覽》卷一百六十二)

盧龍

漢肥如縣有碣石山，碣然而立，在海旁故名之。(《通典》卷一百七十八)

臨濟縣

管叔後又封於此城，齊滅管，故其子孫仕齊。(《太平寰宇記》卷十九)

涪陵郡

（蜀後主）省丹興縣，（涪陵）郡移理漢復，領漢葭、涪陵、漢平、萬寧等五縣。(《太平寰宇記》卷一百二十)

興古郡

蜀劉氏分建寧、牂牁里興古郡。(《資治通鑑》卷九十五胡三省注)

邾

楚滅邾，遷其人於江南，因名縣。(《史記・高祖本紀》司馬貞索隱)

河北、塞外

河北得水爲河，塞外得水爲海也。（《史記·大宛列傳》司馬貞索隱）

造陽

秦塞自五原北九里〔一〕，謂之造陽〔二〕。東行終利賁山南，漢陽西是也。
（《史記·匈奴列傳》司馬貞索隱。又見《太平寰宇記》卷七十一、《通鑑綱目》卷二
上，文字稍異。）

〔校記〕

〔一〕秦塞，《太平寰宇記》無。「五原」下，《通鑑綱目》有「郡」。

〔二〕謂之，《通鑑綱目》作「地名」。二者引至此句。

懷戎

在五原塞之北。（《通典》卷一百七十八）

東冶縣

漢武帝名爲東冶，後改爲東候官。今泉州閩縣是。（《後漢書·朱馮虞鄭周
列傳》李賢等注。又見《資治通鑑補》卷四十六）

廢上邽縣

屬天水郡，後魏以避太武諱改爲上封。（《太平寰宇記》卷一百五十）

雍縣

虢叔之國矣有虢宮平王東遷叔自此之上陽爲南虢矣。（《水經注》卷十八）

敖倉

秦建敖倉於成臯。（《史記·高祖本紀》張守節正義。又見《史記·黥布列傳》
司馬貞索隱、《玉海》卷一百八十四、《詩地理考》卷七）

烏縣

梁國有烏縣。（《太平寰宇記》卷十二。又見《路史》卷二十九，文字略異。有，
《路史》無。）

孫叔敖

孫叔敖，本期思城人，爲楚令尹。（《太平寰宇記》卷一百二十七）

曲陽

東海復有曲陽，故此爲西曲陽縣。(《太平寰宇記》卷一百二十九)

大瓠、藤斷

朱崖、儋耳無水，唯種大瓠、藤斷，其汁用之亦足。(《太平御覽》卷九百七十九)

另存文字差異較大者，錄於下：

朱崖、儋耳無水處，種用此藤， 取汁用之。(《證類本草》卷八。又見《樹藝篇·草部中品》卷上)

交州

交州，本屬揚州，取交阯以爲名。虞之南極也。周有天下，越裳氏慕聖人之德，重九譯，貢白雉。秦滅六國，南開百越，置桂林、象郡，以趙佗爲龍川令。因秦之末，自擅南裔。漢高革命，加以王爵。始變椎髻，襲冠冕焉。(《藝文類聚》卷六)

梓潼縣

梓潼縣出纖子鹽。(《太平御覽》卷八百六十五。又見《御定淵鑒類函》卷三百九十一)

存疑

以下數則內容，皆不見於明代之前諸書徵引，姑且存疑。

大瓠藤

朱崖、儋耳無水，唯種大瓠藤，斷其汁，用之，亦足。(《天中記》卷四十六)

猿與獼猴

猿與獼猴不共山〔一〕，宿臨，且相呼〔二〕。(《天中記》卷五十九。又見《格致鏡原》卷八十七、《御定淵鑒類函》卷四百三十二，文字稍異。)

〔校記〕

〔一〕猿：《御定淵鑒類函》作「猨」。

〔二〕且：《格致鏡原》、《御定淵鑒類函》作「且」。

十六州

凡州十六，司、冀、兗、豫、荆、揚、徐、青、幽、并、雍、涼、梁、益、交、廣是也。（《御定淵鑒類函》卷三百三十四）

荆州

荆州，於古蠻服之地也。秦滅，楚置郡縣。漢武分爲交州，至魏晉，而荆州所部郡國二十。（《御定淵鑒類函》卷三百三十四）

青州

青州，東方少陽，其色青，其氣清，歲之首，事之始也，故以爲名。周之建國，表齊東海，居於青州，故吳季札觀樂於魯，聞齊之詩云：「泱泱乎大國之風也！其表東海者乎？」（《御定淵鑒類函》卷三百三十四）

交州

交州，本屬揚州，取交阯以爲名。虞之南極也。周有天下，越裳氏慕聖人之德，重九譯，貢白雉。秦滅六國，南開百越，置桂林、象郡，以趙佗爲龍川令。因秦之末，自擅南裔。漢高革命，加以王爵，始變椎髻，襲冠冕焉。

（《御定淵鑒類函》卷三百三十四）

靁首山

靁首山，一名滌山。（《御定淵鑒類函》卷三百三十五）

離石郡

西河國，惠帝末陷於劉元海。至石勒時，置永石郡。後魏改爲離石郡。

（《御定淵鑒類函》卷三百三十五。按：「至石勒」三句，涉及後代之事，應爲後世摻入。）

偃人巖

行唐縣西北，有偃人巖。（《御定淵鑒類函》卷三百三十五）

如夫城

行唐縣北二十里，有如夫城。（《御定淵鑒類函》卷三百三十五）

宜禾縣

宜禾縣屬燉煌郡。（《御定淵鑒類函》卷三百三十五）

陽闕

李雄亂，復於陽闕，更置墊江縣，亦屬巴郡。(《御定淵鑒類函》卷三百三十五)

范文

范文，本日南西捲縣雅夷奴也。爲奴時，牧羊山澗，得兩鱧魚，化爲兩石，石有鐵文。入山中就冶鐵，成兩刀，斫石障如切泥。由是人情漸附，後爲日南王。子孫世寶鱧刀，爲斬蛇劍也，一曰雅奴魚刀。(《格致鏡原》卷四十二)

《太康郡國志》　　晉佚名

《太康郡國志》，佚名。《隋志》及兩《唐志》皆不著錄。《通典》卷五十四徵引《太康郡國志》三則，《通志》亦引，皆同。

立石頌德

（秦始皇）立石頌德文曰：事天以禮，立身以義，事父以孝，成人以仁。四守之內，莫不郡縣，四屬八蠻，咸來貢職，人庶蕃息，天祿永得，刻石改號。(《通典》卷五十四。又見《通志》卷四十三)

奉高

奉高，戶千五百六戶。此爲奉高者，以事東嶽帝王禪代之處，是以殊之也，故有明堂，在縣西南四里。又有奉高宮。(《通典》卷五十四。又見《通志》卷四十三)

漢武封泰山禪

漢武封泰山禪，梁父參諸家所說，宜肅然爲定也。(《通典》卷五十四)

《元康三年地記》　　晉佚名

《元康三年地記》，一作《晉元康地道記》、《元康地記》，佚名。《隋書‧經籍志》著錄：「《元康三年地記》六卷。」

成周王城

城內南北九里七十步〔一〕，東西六里十步，爲地三百頃一十二畝有三十六步〔二〕。城東北隅周威烈王冢〔三〕。（《後漢書·郡國志》李賢等注。又見《玉海》卷一百七十三、《河南志》卷二，文字有異。）

〔校記〕

〔一〕此句上，《玉海》、《河南志》有「王城去洛城四十里」句。

〔二〕有，《玉海》、《河南志》無。

〔三〕此句，《玉海》、《河南志》無。

章安

（章安）本鄞縣南之迴浦鄉，章帝章和元年立。（《後漢書·郡國志》李賢等注）

猿與獼猴

猿與獼猴不共山宿，臨旦相呼。（《文選·從斤竹澗越嶺溪行》李善注）

荊州

荊州於古，蠻服之地也。秦滅楚，置郡縣。漢武分爲交州。至魏晉而荊州所部郡國二十。（《藝文類聚》卷六）

另存文字簡潔者，錄於下：

荊州，於古蠻服之地〔一〕。（《太平御覽》卷一百六十七。又見《類要》卷三，文字稍異。）

〔校記〕

〔一〕「古」下，《類要》有「爲」字。

《永寧地志》　晉佚名

《永寧地志》，佚名。永寧爲西晉惠帝年號，永寧元年（301）編纂而成。《隋志》及兩《唐志》皆不著錄。丁國均、文廷式、秦榮光諸《補晉書藝文志》皆著錄。今其佚文僅見於《宋書·州郡志》。

臨沮伯相

屬襄陽，後度。（《宋書·州郡志》）

《風土記》 晉周處

　　《風土記》，又作《陽羨風土記》，西晉周處撰。周處（238-297），字子隱，義興陽羨（今江蘇宜興）人，少年縱情，不修細行，爲人所惡，後立志改過，終成大器。歷仕吳晉，任新平太守、廣漢太守、御史中丞等。事跡見《晉書‧周處傳》。《隋書‧經籍志》著錄：「《風土記》三卷，晉平西將軍周處撰」，《舊唐書‧經籍志》著錄：「《風土記》十卷，周處撰」，《新唐書‧藝文志》著錄：「周處《風土記》十卷」，《冊府元龜》載：「周處，義興陽羨人，著《風土記》三卷」，《通志‧藝文略》載：「《風土記》三卷，晉周處撰」。元代諸書無著錄，則應在宋元之際亡佚。

舜

　　舜，東夷之人〔一〕，生於桃丘嬀水之汭〔二〕，損石之東〔三〕。舊說言舜上虞人也。虞即會稽縣，距餘姚七十里。如寧上虞，南鄉也，後爲縣。桃丘，即姚丘，方相近也。今吳北亭虞濱，在小江里，縣復五十里對小江北岸。臨江山上有立石，所謂「損石」者也。斜角西南皆俗呼爲「蔦公嶄」，高石也。（《太平御覽》卷八十一。又見《史記‧五帝本紀》張守節正義、《太平寰宇記》卷九十六，文字有異。）

　　〔校記〕
　　〔一〕《太平寰宇記》無此句。
　　〔二〕此句，《史記》作「生姚丘」，《太平寰宇記》作「生於姚丘，嬀水之內」。此句以下，《史記》無。
　　　　　《史記》無。
　　〔三〕此句，《太平寰宇記》作「今上虞縣東也」。此句以下，《太平寰宇記》無。

包山

　　陽羨縣東〔一〕，有太湖〔二〕。中有包山，〔三〕山下有洞穴〔四〕，潛行地中〔五〕，云無所不通〔六〕，謂之洞庭地脈也〔七〕。（《藝文類聚》卷九。又見《文選‧吳都賦》李善注、《編珠》卷一、涵芬樓本《說郛》卷四、宛委山堂本《說郛》卷六十，文字有異。）

　　〔校記〕
　　〔一〕此句，涵芬樓本《說郛》作「陽羨縣河東」。《編珠》無此句。
　　〔二〕太湖：涵芬樓本《說郛》作「大湖」。

　　〔三〕「有太湖」二句，《編珠》作「太湖中有山」。「陽羨」三句，《文選》作「陽羨太湖中
　　　　　有包山」，三句下，《文選》無。

　　〔四〕洞穴：《編珠》作「穴」。

　　〔五〕潛行：《編珠》作「潛行」。

　　〔六〕《編珠》無「云」。

　　〔七〕《編珠》、《說郛》無「也」字。

雷澤

　　太湖中有大雷，小雷二山〔一〕，山之中有雷澤〔二〕，即舜漁之所也〔三〕。
蓋浙東有餘姚縣上虞江，是舜本土。（《太平寰宇記》卷九十四、同卷、《類要》卷
一、《輿地紀勝》卷四。）

　　〔校記〕

　　〔一〕此句下，《太平寰宇記》同卷有「相距六十里」句。

　　〔二〕此句，《太平寰宇記》同卷作「其間即雷澤」，《類要》作「之間曰雷澤」，《輿地紀勝》
　　　　　作「之中曰雷澤」。

　　〔三〕此句，《太平寰宇記》同卷作「舜所漁處也」，《類要》、《輿地紀勝》作「即舜漁於雷
　　　　　澤是也」。此句下，三者皆無。

石髮

　　石髮，水衣也〔一〕，青綠色，皆生於石〔二〕。（《藝文類聚》卷八十二。又見《文
選·江賦》李善注、《太平御覽》卷一千、宛委山堂本《說郛》卷六十，文字稍異。）

　　〔校記〕

　　〔一〕水衣：《文選》、《說郛》作「水苔」。

　　〔二〕「石」下，《太平御覽》、《說郛》有「也」字。

洮湖

　　陽羨縣西有洮湖〔一〕。（《文選·江賦》李善注。又見《資治通鑒》卷一百一十，
文字稍異。）

　　〔校記〕

　　〔一〕「縣」下，《資治通鑒》有「西」字。此句下，《資治通鑒》有「別名長塘湖」句。

擊壤

　　擊壤者，以木作之〔一〕，前廣後銳，長四尺三寸〔二〕，其形如履〔三〕。將戲，
先側一壤於地，遙於三四十步，〔四〕以手中壤擊之，中者為上部〔五〕。（《文選·
初去郡》李善注。又見《太平御覽》卷七百五十五、《海錄碎事》卷十六，文字稍異。）

〔校記〕

〔一〕作：《海錄碎事》作「爲」。

〔二〕此句，《太平御覽》作「長可尺三四寸」。

〔三〕此句以下五句，《太平御覽》作「臘節，僅少以爲戲，分部如摛博也。」

〔四〕「先側」二句，《海錄碎事》作「先側一壞於三四十步外」。

〔五〕《海錄碎事》無此句。

另存文字差異較大者，錄於下：

壞者，以木作，前廣後銳，長尺三四寸。其形如履節，僅少以爲戲也。堯時有八九十老人，擊而歌曰：「日出而作，日入而息，鑿井而飲，耕田而食，帝何力於我哉？」（《太平御覽》卷五百八十四）

元日

月正元日〔一〕，五薰鍊形〔二〕。注云：五辛所以發五藏氣。〔三〕（《初學記》卷四。又見《白孔六帖》卷四、宛委山堂本《說郛》卷六十，文字稍異。）

〔校記〕

〔一〕月正：《白孔六帖》作「正月」。

〔二〕此句，《白孔六帖》作「食五辛練形」，《說郛》作「五薰鍊形」。

〔三〕「注云」二句，《白孔六帖》作「注云：辛菜所以助發五藏也」，《說郛》有「注曰：
　　　五辛所以發五藏氣」。

另存文字差異較大者，錄於下：

元日造五辛盤，正元日五薰煉形。注曰：五辛所以發五藏氣。（《太平御覽》卷二十九）

乃有雞子，五辛練形。祁農歡高堂之穆穆，未期顧之雍雍。注曰：正旦吞生雞子，人一枚，謂之練形。又晨噉五辛菜，以助發五臟之氣也。（《北堂書鈔》卷一百五十五）

正旦當生吞雞子一枚，謂之練形。又啖五辛菜以助發五藏氣，則行之久矣。膠牙者，蓋以使其牢固不動，今北人亦如之，熬麻子大豆兼糖散之。（《太平御覽》卷二十九）

乃有雞子，五薰練形。正旦皆會，生吞雞子一個，謂之練形。又晨噉五辛，以助五藏氣。（《太平御覽》卷九百一十八）

角黍

仲夏端午進角黍，端始也。（《白孔六帖》卷四）

浦

大水小口〔一〕，別通爲浦〔二〕。(《藝文類聚》卷九。又見《白孔六帖》卷七，文字稍異。)

〔校記〕

〔一〕此句，《白孔六帖》作「大水有小口」。

〔二〕「浦」下，《白孔六帖》有「也」字。

鼓盤爲樂

越俗：飲宴即鼓盤以爲樂〔一〕，取大素圓盤〔二〕，以廣尺六者〔三〕，抱以著腹〔四〕，以右手五指更彈之〔五〕，以爲節，舞者應節而舉〔六〕。(《藝文類聚》卷七十三。又見《太平御覽》卷五百六十七、七百五十八，文字稍異。)

〔校記〕

〔一〕此句，《太平御覽》卷五百六十七作「飲燕即皷拌以爲樂」，《太平御覽》卷七百五十八作「飲宴即懿盤爲樂」。

〔二〕圓盤：《太平御覽》卷五百六十七作「圓柈」，《太平御覽》卷七百五十八作「圓槃」。

〔三〕六尺：《太平御覽》卷五百六十七作「五六尺」。《太平御覽》卷七百五十八無此句。

〔四〕此句，《太平御覽》卷七百五十八作「抱以著腹上」。

〔五〕《太平御覽》卷七百五十八無「更」字。

〔六〕此句，《太平御覽》卷五百六十七作「舞者蹀地擊掌，以應柈節而舞」，《太平御覽》卷七百五十八作「舞者應盤節而作舞」。

闔閭女

吳王闔閭女嬌恣〔一〕，嘗與王爭食魚炙，怨恚而死。(《白孔六帖》卷十六。又見《古今合璧事類備要》外集卷四十八)

戟

戟，長一丈三尺。奮揚俯仰，乍跪乍立，兼五兵而能，乃謂名人。(《太平御覽》卷三百五十三)

另存文字差異較大者，錄於下：

戟爲五兵雄也。(《史記・司馬相如列傳》司馬貞索隱)

戟爲五兵雄，蓋取於威奮。(《北堂書鈔》卷一百二十四)

教學講武

教學講武，戒遠慮戒。首玄戈奮長雄，迎來送往，斫截橫從。扶強頓弱，惟敵所從。首，先也。玄戈，北斗杓端招搖之內、貫索之外，獨星也。戟爲

五兵之雄，蓋取威奮振也。凡用戟法必先小振動之，陵上攝下，收功於中，恒在首頰之間來迎去送，順而不逆也。植則虎龍交牙，神變無常。去者厚餞，來者不攘。言用雙戟之法，交戟相向，左手爲龍，右手爲虎，更出更入，更上更下，上下無常，隨變而改。顛倒入懷，轉如回風，敵斃孤勝，攝戟徐反，可謂上下無常，非爲邪也，進退無恒，非離群也。蓋乃進足奮手欲及機也。如敵來輕去，疾進而送之；來重進疾，開而待之。（《太平御覽》卷三百五十三。又見《北堂書鈔》卷一百二十四，文字簡潔，其云：「植則龍虎交牙，神變無常。」）

璿衡

璿衡〔一〕，即今之渾儀也〔二〕。古者以玉爲之，轉運者爲機，持正者爲衡。一說，言以良玉爲管，中有光，蓋取明以助遠察也〔三〕。（《北堂書鈔》卷一百三十。又見《太平御覽》卷二、《記纂淵海》卷二，文字稍異。）

〔校記〕

〔一〕璿衡：《記纂淵海》作「璣衡」。

〔二〕此句，《太平御覽》、《記纂淵海》作「即今渾儀」。

〔三〕《記纂淵海》引至此句。

舟、船

小曰舟〔一〕，大曰船。溫麻五會者〔二〕，永寧縣出豫章材〔三〕，合五板以爲大船，因以「五會」爲名也。「晨梟」，〔四〕即青桐大船名〔五〕，諸葛恪所造鴨頭船也。魏樟、枏、栿諸木〔六〕，皆以多曲理盤節爲堅勁也。〔七〕漂汎者〔八〕，言船之在水，如蓮花散落，浮於川也。（《北堂書鈔》卷一百三十七。又見《北堂書鈔》同卷、《編珠》卷四、《太平御覽》卷七百七十、《事類賦》卷十六，文字稍異。）

〔校記〕

〔一〕此句以上，《北堂書鈔》同卷有「若乃越騰百川，濟江泛海。其舟則溫麻五會，東甄晨梟，青桐梧樟，航疾乘風，輕帆驅電」，且獨立成文。

〔二〕麻：《太平御覽》、《事類賦》誤作「蔴」。

〔三〕豫章材：《太平御覽》作「豫林」。

〔四〕首句至此，《編珠》無。

〔五〕此句，《編珠》作「青大船」，《事類賦》無「即」字。

〔六〕此句，《編珠》作「樟枏諸木」，《太平御覽》作「預章栿諸木」。

〔七〕《編珠》無「以」、「也」二字。「魏樟」二句，《事類賦》無。

〔八〕此句，《太平御覽》、《事類賦》作「浩漂者」。此句上，《編珠》有「漂汎如散蓮花注曰」句。

船舸

船舸單乘載數百斛。（《北堂書鈔》卷一百三十八）

帆

帆，所以總取從風之幔也。〔一〕施於船前，各隨宜。大小爲制，大者布一百二十幅，高九尺也。（《北堂書鈔》卷一百三十八。又見《編珠》卷四，文字稍異。）

〔校記〕

〔一〕所以總取，《編珠》無。此句以下，《編珠》無。

拂拭車

《周禮》以拂拭車爲幒〔一〕，一義謂施嚴帷幰〔二〕。（《北堂書鈔》卷一百四十一。又見《太平御覽》卷七百七十六，文字稍異。）

〔校記〕

〔一〕爲幒，《太平御覽》無。。

〔二〕帷，《太平御覽》作「惟」。

天正日南

天正日南，黃鍾踐長〔一〕，粥饘追萌，微納休昌。〔二〕是以陽始牙動〔三〕，爲饘粥以養幼扶微〔四〕。俗尚以赤豆爲糜，所以象色也〔五〕。（《太平御覽》卷八百五十九。又見《北堂書鈔》卷一百四十四、《初學記》卷二十六、《海錄碎事》卷一，文字稍異。）

〔校記〕

〔一〕踐：《北堂書鈔》作「漸」。

〔二〕「粥饘」二句，《北堂書鈔》、《初學記》皆無。此二句下，《海錄碎事》無。

〔三〕此句，《初學記》作「是日始牙動」。《北堂書鈔》作「是日陽動」。

〔四〕《北堂書鈔》、《初學記》無「扶微」二字。

〔五〕此句，《初學記》作「以象色也」。

酒

酒則元端水齊，春醞夏成。（《北堂書鈔》卷一百四十八）

另存文字差異較大者，錄於下：

酒則五餅贊夏〔一〕，蕤賓顯名〔二〕。（《初學記》卷二十六。又見《編珠》卷三，文字稍異。）

〔校記〕

〔一〕餅：《編珠》作「麫」。

〔二〕蕤：《編珠》作「□」。

黃雀風

南中六月〔一〕，則有東南長風〔二〕，俗號「黃雀風」〔三〕。時海魚變爲黃雀〔四〕，因爲名〔五〕。（《北堂書鈔》卷一百五十一。又見《藝文類聚》卷一、《太平御覽》卷九、九百二十二、《事類賦》卷二，文字稍異。按：此則，《太平御覽》卷九百二十二冠作《風俗記》，當是訛誤。）

〔校記〕

〔一〕《藝文類聚》、《太平御覽》卷九百二十二無「南中」二字。

〔二〕《太平御覽》卷九百二十二無「則有」二字。此句下，《太平御覽》卷九有「風六月止」句。

〔三〕此句，《藝文類聚》作「俗名黃雀」，《太平御覽》卷九作「俗號黃雀長風」，《太平御覽》卷九百二十二作「俗名黃雀風」。

〔四〕「時」上，《藝文類聚》有「長風」二字。變：《太平御覽》卷九百二十二作「化」。

〔五〕此句，《藝文類聚》、《太平御覽》卷九、《事類賦》作「因爲名也」，《太平御覽》卷九百二十二作「因以爲名」。

另存文字簡潔者，附於下：

六月東南長風，海魚化爲黃雀。（《海錄碎事》卷二十二上。又見《格致鏡原》卷七十八）

濯枝雨

六月大雨〔一〕，名爲濯枝〔二〕。（《北堂書鈔》卷一百五十一。又見《藝文類聚》卷二、《初學記》卷二、《太平御覽》卷十，文字稍異。）

〔校記〕

〔一〕「六月」下，《藝文類聚》、《初學記》、《太平御覽》有「有」字。

〔二〕此句，《藝文類聚》、《初學記》、《太平御覽》作「名濯枝雨」。

另存文字差異較大者，錄於下：

仲夏濯枝盪川〔一〕，長風扇暑。註曰：此節常暑，天雨濯枝。（《北堂書鈔》卷一百五十四。又見《初學記》卷三、《太平御覽》卷二十二，文字稍異。）

〔校記〕

〔一〕此句，《太平御覽》作「仲夏雨濯枝盪川」。此句下，《初學記》、《太平御覽》無。

榆莢雨，春雨。黃雀風，濯枝雨。六月之風雨也。(《太平御覽》卷十)

鳴鶴

鳴鶴戒露，白鶴也。〔一〕此鳥性徼〔二〕。至八月，白露降，即高鳴相徼〔三〕。(《北堂書鈔》卷一百五十四。又見《藝文類聚》卷三、《初學記》卷三、《錦繡萬花谷》後集卷三，文字稍異。)

〔校記〕

〔一〕《錦繡萬花谷》無「也」字。

〔二〕徼：《初學記》作「警」。《錦繡萬花谷》無此句。

〔三〕此句，《初學記》、《錦繡萬花谷》作「即鳴而相警」。

另存文字差異較大者，錄於下：

鳴鶴戒露。此鳥性警，至八月白露降，流於草上，滴滴有聲，因即高鳴相警。移徙所宿處，慮有變害也。(《藝文類聚》卷九十。又見《玉燭寶典》卷八，文略異。)

雲開節

岳州自元正獻歲，鄰里以飲宴相慶。至十二日罷，謂其日爲「雲開節」。(《北堂書鈔》卷一百五十五。又見《御定淵鑒類函》卷十七)

郭虞三女

漢末郭虞者〔一〕，有三女，一以三月上辰〔二〕，一以上巳〔三〕，一以上巳二日〔四〕。三女乳時並亡〔五〕。迄今，時俗以爲大忌。故到是月是日，婦人忌諱〔六〕，不復止家，皆適東流水上，就通遠地祈祓，自潔濯也。(《北堂書鈔》卷一百五十五。又見《太平御覽》卷三十，文字稍異。)

〔校記〕

〔一〕「漢末」下，《太平御覽》有「有」字。

〔二〕「一」下，《太平御覽》有「女」字。

〔三〕此句，《太平御覽》無。

〔四〕「一」下，《太平御覽》有「女」字。

〔五〕此句，《太平御覽》作「而三女產乳並亡」。

〔六〕婦人：《太平御覽》作「婦女」。

端午

仲夏端午〔一〕，謂五月五日也〔二〕。俗重是日〔三〕，與夏至同。先節一日，

以菰葉裹粘米、粟、棗〔四〕，以灰汁煮〔五〕，令熟。節日〔六〕，又煮肥龜〔七〕，令極熟，去骨，加鹽、豉、蒜、蓼〔八〕，名曰葅龜，節日啖之〔九〕。粘米〔十〕，一名角黍〔十一〕。蓋取陰陽包裹之象也〔十二〕。龜，甲表肉裹〔十三〕，陽外陰內之形〔十四〕，所以贊時也。（《北堂書鈔》卷一百五十五。又見《太平御覽》卷三十一，文字稍異。）

〔校記〕

〔一〕端午：《太平御覽》作「端五」。

〔二〕此句，《太平御覽》作「端，初也」。

〔三〕是日：《太平御覽》作「此日」。

〔四〕「以」上，《太平御覽》有「又」字。《太平御覽》無「粟、棗」二字。

〔五〕「灰汁」上，《太平御覽》有「粟棗」二字。

〔六〕「節日」下，《太平御覽》有「啖」字。

〔七〕《太平御覽》無「又」字。

〔八〕蒜：《太平御覽》作「麻」。

〔九〕此句，《太平御覽》無。

〔十〕粘米：《太平御覽》作「黏米」。此句下，《太平御覽》有「一名粳」句。

〔十一〕名：《太平御覽》作「曰」。

〔十二〕此句，《太平御覽》作「蓋取陰尙陽包裹未之象也」。

〔十三〕《太平御覽》無「甲」字。

〔十四〕陽外陰內：《太平御覽》作「陽內陰外」。

另存文字或簡潔，或差異較大者，錄於下：

俗先以二節一日，用菰葉裹黍米，以淳濃灰汁煮之，令爛熟，於五月五日、夏至啖之。黏黍一名「膧」，一曰「角黍」，蓋取陰陽尙相裹未分散之時象也。（《齊民要術》卷九）

仲夏端五，烹鶩角黍。端，始也，謂五月初五日也。又以菰葉裹黏米煮熟，謂之角黍。（《藝文類聚》卷四）

仲夏端午，烹鶩角黍，進筒粽，一名角黍，一名糭；造百索繫臂，一名長命縷，一名續命縷，一名辟兵繒，一名五色縷，一名五色絲，一名朱索。又有條達等織組雜物，以相贈遺。探艾懸於戶上，蹋百草，競渡。是月俗多禁忌蓋屋及暴薦席。（《初學記》卷四）

俗以菰葉裹黍米，以淳濃灰汁煮之，令爛熟，於五月五日及夏至啖之。一名糭，一名角黍，蓋取陰陽尙相裹未分散之時像也。（《太平御覽》卷八百五十一）

仲夏端午，方伯協極享，鷙用角黍、龜鱗順德。注云：端，始也，謂五月初五也。四仲爲方伯，俗重五月五日，与夏至同。鴨，春孚雛到夏至月，皆任啖也。先此二節一日，又以菰葉裏黏米雜以粟，以淳濃灰汁煮之令熟。二節日所尙啖也。又煮肥龜，令極熟，擘擇去骨，加鹽豉、苦酒、蘸蓼，名爲葅龜，並以薤薺用爲朝食，所以應節氣。裏黏米，一名粽，一名角黍。蓋取陰陽尙相苞裏未分散之像也。龜骨表肉裏，外陽內陰之形。鱔魚又夏出冬蟄，皆所以因像而放，將氣養和輔替時節者也。（《玉燭寶典》卷五）

七月初七

俗重七月初七〔一〕，是夜灑掃於庭〔二〕，露施几筵，設酒脯時果，散香粉於筵上，以祈河鼓、織女，〔三〕言此二星辰當會〔四〕。守夜者咸懷私願，或云〔五〕，見天漢中有奕奕白氣〔六〕，有光耀五色〔七〕，有此爲徵應〔八〕。見者便拜，而願乞富乞壽，無子乞子。惟得乞一，不得兼求。三年乃得言之，頗有受其祚者。（《北堂書鈔》卷一百五十五。又見《初學記》卷四、《太平御覽》卷三十一、宛委山堂本《說郛》卷六十，文字稍異。）

〔校記〕

〔一〕此句，《初學記》、《說郛》作「七月七日」，《太平御覽》作「七月初七日」。

〔二〕是夜：《初學記》、《太平御覽》、《說郛》作「其夜」。

〔三〕「散香粉」二句，《初學記》、《說郛》作「散香粉於河鼓、織女」。

〔四〕辰：《初學記》、《說郛》作「神」。

〔五〕或：《太平御覽》作「咸」。

〔六〕「白氣」上，《初學記》、《說郛》有「正」字。

〔七〕《初學記》、《說郛》無「光」字。

〔八〕有：《初學記》、《太平御覽》、《說郛》作「以」。

另存文字簡潔者，錄於下：

七月初七日，重此日，其夜灑掃中庭。然則中庭乞願，其舊俗乎？（《太平御覽》卷三十一）

另存文字詳細者，錄於下：

夷則應履曲，七齊河皷禮，元吉。注云：七月俗重是，其夜洒掃於庭，露施几筵，設酒脯時菓，散香粉於筵上，熒重爲稻祈，請於河鼓、織女。言此二星神當會。守夜者咸懷私愿，或云，見天漢中有弃弃正白氣如地，河之波漾而輝輝有光耀五色，以此爲徵應。見者便拜，而愿乞富乞壽，無子乞子，唯得乞一，不得兼求，三年乃得言之。或云頗有受其祚者。（《玉燭寶典》卷七）

魏時人或問董勛云：「七月七日爲良日，飲食不同於古，何也？」勛云：「七月黍熟，七日爲陽數，故以糜爲珍。今北人唯設湯餅，無復有糜矣。」（《太平御覽》卷三十一）

九月九日

九月九日，律中無射而數九。俗尚此月〔一〕，折茱萸房以插頭〔二〕，言辟除惡氣而禦初寒〔三〕。（《藝文類聚》卷四。又見《太平御覽》卷三十二、《事文類聚》前集卷十一，文字稍異。）

〔校記〕

〔一〕此句，《太平御覽》作「俗於此日以茱萸氣烈成熟」。

〔二〕「折」上，《太平御覽》有「尚此日」三字。

〔三〕《太平御覽》無「除」字。

另存文字差異較大者，錄於下：

俗上九月九日〔一〕，謂爲上九。茱萸到此日氣烈熟色赤，可折茱萸囊以插頭〔二〕，云辟惡氣禦多。（《太平御覽》卷九百九十一。又見中華道藏本《圖經衍義本草》卷二十二，文字稍異。）

〔校記〕

〔一〕上，《圖經衍義本草》作「尚」。

〔二〕茱萸囊，《圖經衍義本草》作「其房」。

茱萸

茱萸，椒也〔一〕。九月九日熟〔二〕，色赤，可採時也。〔三〕（《藝文類聚》卷八十九。又見《太平御覽》卷九百六十，文字稍異。）

〔校記〕

〔一〕椒：《太平御覽》作「椒」。

〔二〕熟：《太平御覽》作「成熟」。

〔三〕「色赤」二句，《太平御覽》作「色赤可採」。此句以下，《太平御覽》有「世俗亦以此日折茱萸。費長房云：『以插頭髻，云避惡。』」三句。

鮋魚

鮋魚〔一〕，長數千里，穴居海底〔二〕。魚入穴則潮上，出則潮退。〔三〕出入有節，故潮水有期〔四〕。（《北堂書鈔》卷一百五十九。又見《太平御覽》卷六十八、《古今合璧事類備要》卷八，文字稍異。）

〔校記〕

〔一〕此句，《太平御覽》作「俗說鮸，一名海鰡」。

〔二〕穴：《古今合璧事類備要》作「宂」，下同，當是「穴」之形訛。

〔三〕「魚入」二句，《太平御覽》作「入穴則水溢爲潮，出穴則水入潮退」。

〔四〕此句下，《古今合璧事類備要》有「又名鮸魚」句。

靈井

靈井，謂冬溫夏涼，石包也。(《北堂書鈔》卷一百五十九。又見《事類賦》卷八、《御定淵鑒類函》卷三十四)

梅雨

梅熟時雨，謂之梅雨。(《初學記》卷三。又見《太平御覽》卷二十二、《御定淵鑒類函》卷十四)

黃梅雨

夏至之日雨〔一〕，名曰黃梅雨〔二〕。(《太平御覽》卷二十三。又見《太平御覽》卷九百七十、《記纂淵海》卷九十二、《事類賦》卷二十六，文字稍異。)

〔校記〕

〔一〕此句，《太平御覽》卷九百七十、《記纂淵海》、《事類賦》作「夏至之雨」。

〔二〕此句，《太平御覽》卷九百七十、《記纂淵海》、《事類賦》作「名爲黃梅雨」。此句下，《事類賦》有「沾衣服皆敗」句。

長風

仲夏長風扇暑。注云〔一〕：此節東南常有風〔二〕，俗名黃雀長風。(《初學記》卷三。又見《太平御覽》卷二十二、《事類賦》卷四，文字稍異。)

〔校記〕

〔一〕此句，《事類賦》無。

〔二〕「風」下，《事類賦》有「至」字。

百禮兼崇

月正元日，百禮兼崇。毆魅宿，或奉妸送終。乃有鷄子五薰，練刑祈衷。注云：歲名。毆魅之鬼，嚴潔宿爲或明朝新旦也。此旦皆當生吞鷄子，謂之練刑。又當迎晨啖五辛菜，以助發五藏氣而求福之中。(《玉燭寶典》卷一)

另有文字簡潔者，附於下：

月正元日，百禮兼崇。（《初學記》卷四。又見《御定淵鑑類函》卷十七）

陽羨大橋

陽羨縣前有大橋，南北七十二丈。橋中高起，有似虹形。袁君所立〔一〕。（《初學記》卷七。又見宛委山堂本《說郛》卷六十，文字稍異。）

〔校記〕

〔一〕此句，《說郛》無。

白獺

長橋下有白獺〔一〕。若將有兵〔二〕，獺出穴口〔三〕，四望而嘷〔四〕。舊言有神。〔五〕（《初學記》卷八。又見《太平寰宇記》卷九十二、《太平御覽》卷九百一十二、《輿地紀勝》卷六，文字稍異。）

〔校記〕

〔一〕此句，《太平寰宇記》、《輿地紀勝》作「陽羨縣前有長橋跨水，橋下有白獺」，《太平御覽》作「陽羨縣前有大橋，下有白獺」。

〔二〕此句，《太平寰宇記》、《輿地紀勝》作「若歲有兵」，《太平御覽》作「將有兵動」。

〔三〕此句，《太平寰宇記》作「則獺出穴」，《輿地紀勝》作「則獺出」。此句下，《輿地紀勝》無。

〔四〕此句，《太平御覽》作「向嘷也」。此句以下，《太平御覽》無。

〔五〕此句下，《太平寰宇記》有「今獺已無蹤」句。

嶧山

嶧山多縱石，而有大橫峴，以承眾流。（《初學記》卷八。又見《錦繡萬花谷》後集卷六）

餘姚

舜支庶所封〔一〕，舜姓姚〔二〕。（《太平寰宇記》卷九十六。又見《太平御覽》卷一百七十一、《類要》卷一、《方輿勝覽》卷六，文字稍異。）

〔校記〕

〔一〕此句，《類要》作「舜後支庶所封」，《方輿勝覽》作「舜之餘族所封」。

〔二〕此句，《方輿勝覽》作「舜姚姓」。《太平御覽》無此句。此句以下，《太平御覽》、《類要》、《方輿勝覽》有「故曰餘姚」句。

鼎、澧、沅、湘

鼎、澧、沅、湘，合諸蠻黔南之水，匯於洞庭，至巴陵與荊江合。中有金沙堆，高百尺，延袤十里許。〔一〕（《輿地紀勝》卷六十九。又見《方輿勝覽》卷二十九，文字稍異。）

〔校記〕

〔一〕「中有金沙堆」三句，《方輿勝覽》無。

江西沙洲

昔傳有異人讖曰：「江西沙洲過岳陽樓，即出狀元。」（《方輿勝覽》卷二十九。按：此則內容涉及唐代興起的科舉制，應爲後世增補。）

宜男草

宜男，草也，高六尺〔一〕，花如蓮。〔二〕懷姙人帶佩〔三〕，必生男。（《齊民要術》卷十。又見《藝文類聚》卷八十一、《太平御覽》卷九百九十四，文字稍異。）

〔校記〕

〔一〕六尺：《藝文類聚》作「六七尺」。

〔二〕「高六尺」二句，《太平御覽》無。

〔三〕此句，《藝文類聚》作「宜懷姙婦人佩之」，《太平御覽》作「宜懷娠婦人佩之」。姙，同「妊」。

另存文字差異較大者，錄於下：

鹿蔥，宜男草也。宜懷姙，婦人佩之，必生男。（《海錄碎事》卷二十二下。又見《記纂淵海》卷九十三）

另存文字簡潔者，附於下：

懷姙婦人佩其花，生男也。（中華道藏本《圖經衍義本草》卷十九）

甘橘

甘橘之屬，滋味甜美特異者也。有黃者，有賴者，謂之胡甘〔一〕。（《藝文類聚》卷八十六。又見《初學記》卷二十八、《太平御覽》卷九百六十六，文字稍異。）

〔校記〕

〔一〕「謂之」上，《太平御覽》有「賴者」二字。胡，《太平御覽》作「壺」。

另存文字差異較大者，錄於下：

橘柚之甜美，有頹者謂之胡甘。（《海錄碎事》卷二十二下）

柑橘有黃者，有頹者。頹者謂之壺柑。（《記纂淵海》卷九十二）

鷔

鷔，鷔（由鳥）也，以名自呼，大如雞〔一〕，生卵於荷葉上〔二〕。（《後漢書·班彪傳》李賢等注。又見《太平御覽》卷九百二十八，文字稍異。）

〔校記〕

〔一〕雞：《太平御覽》作「小雞」。

〔二〕《太平御覽》無「卵」字。

元日

元日，長幼悉正衣冠，以次拜賀。進椒、酒，飲桃湯及柏葉酒。（《事類賦》卷四）

曹公器物

陸雲《與兄平原書》曰：機為平原相。〔一〕一日按視曹公器物〔二〕，書刀五板硫璃筆一枝〔三〕，景初二年七月七日，劉婕妤云：「見此使人恨然〔四〕。」案魏武帝於漢為相，不得有婕妤。又景初是魏明帝年號〔五〕。如此〔六〕，則文帝物也，與曹公器玩同處，故致舛雜矣〔七〕。（《太平御覽》卷三十一。又見《事類賦》卷五，文字稍異。）

〔校記〕

〔一〕「陸雲」二句，《事類賦》作「陸機書曰在平原」。

〔二〕一日按視：《事類賦》作「嘗按行」。

〔三〕硫璃：《事類賦》作「瑠璃」。

〔四〕《事類賦》無「之」字。

〔五〕《事類賦》無「號」字。

〔六〕如此：《事類賦》作「知此」。

〔七〕矣：《事類賦》作「耳」。

犬

犬則青鷳、白雀〔一〕，飛龍、虎子，馴良捷警〔二〕，難狎易使也〔三〕。（《初學記》卷二十九。又見《太平御覽》卷九〇五、《錦繡萬花谷》後集卷三十九、《事類賦》卷二十三，文字稍異。）

〔校記〕

〔一〕「則」下，《事類賦》有「有」字。

〔二〕捷警：《錦繡萬花谷》作「捷警」，《事類賦》作「警捷」。

〔三〕《太平御覽》、《事類賦》無「也」字。狎：《錦繡萬花谷》作「伸」。

另存文字差異較大者，錄於下：

犬則青鸝、白雀，飛龍、虎子，猲獢、五魚，狼牙、鋸齒〔一〕。（《初學記》卷二十九）

藏鉤之戲

進清醇以告蠟〔一〕，竭恭敬於明祀〔二〕，乃有藏鉤〔三〕。俗呼爲行彄〔四〕，蓋婦人所作金環〔五〕，以錯指而纏者。臘日祭後〔六〕，叟嫗各隨其儕，爲藏鉤之戲〔七〕。分爲二曹〔八〕，以較勝負〔九〕。得一籌者爲勝，其負者起拜謝勝者。（《荊楚歲時記》。又見《北堂書鈔》卷一百五十五、《初學記》卷四、《太平御覽》卷三十三，文字稍異。）

〔校記〕

〔一〕此句，《北堂書鈔》、《太平御覽》作「醇以告蠟」。

〔二〕此句以下，《初學記》無。

〔三〕藏鉤：《北堂書鈔》、《太平御覽》作「藏彄」。此句以下，《北堂書鈔》無。

〔四〕《太平御覽》無此句。

〔五〕「蓋」下，《太平御覽》有「因」字。

〔六〕祭後：《太平御覽》作「之後」。

〔七〕藏鉤之戲：《太平御覽》作「藏彄」。

〔八〕爲，《太平御覽》無。

〔九〕此句以下，《太平御覽》無。

另存文字差異較大者，錄於下：

義陽臘日飲祭之後〔一〕，叟嫗兒童〔二〕，爲藏鉤之戲〔三〕。分爲二曹〔四〕，以效勝負。若人偶即敵對，人奇即人爲遊附〔五〕，或屬上曹，或屬下曹，名爲飛鳥，以齊二曹人數。一鉤藏在數手中〔六〕，曹人當射知所在。一藏爲一籌，三籌爲一都〔七〕。（《藝文類聚》卷七十四。又見《太平御覽》卷七百五十四，文字稍異。）

〔校記〕

〔一〕《太平御覽》無「義陽」二字。

〔二〕叟：《太平御覽》作「嫂」。

〔三〕鉤：《太平御覽》作「彄」。下同。

〔四〕《太平御覽》無「爲」字。

〔五〕此句,《太平御覽》作「人奇即使奇人爲遊附」。

〔六〕「數」下,《太平御覽》有「十」字。

〔七〕此句,《太平御覽》作「五籌爲一賭」。

另存文字差異較大者,錄於下:

進清醇以告蠟,竭敬恭於明祀,乃有明驅。注云:施蓋婦人所作金環,以鐪指而縫者也。臈日祭祀後,優嫗兒僮,各隨其儕爲藏驅之戲。分二曹以傚勝負,以酒餐具。如人偶即敵對,人奇者即使奇人爲遊附,或屬上曹,或屬下曹,名爲飛鳥,以齊二曹人數。一驅藏在數十手中,曹人當射知所在。一藏爲籌,五籌爲一賭。提者捕得推手出驅,五籌盡,尀後矢爲負,賭主部便起拜謝勝朝。(《玉燭寶典》卷十二)

另存文字簡潔者,錄於下:

藏鉤,爲之行弸,蓋婦人所用。(《類要》卷十三)

臘日欲祭之後,叟嫗兒童爲弸之戲。(中華道藏本《列子沖虛至德眞經釋文》卷上)

治曆

自黃帝顓頊〔一〕,下達三王〔二〕,治曆十有一家,考課損益,各有變衰〔三〕,非天運之錯,考察意異故也。(《藝文類聚》卷五。又見《太平御覽》卷十六、《記纂淵海》卷三,文字稍異。)

〔校記〕

〔一〕顓頊:《記纂淵海》作「顓帝」。

〔二〕達:《太平御覽》、《記纂淵海》作「逮」。

〔三〕此句下,《記纂淵海》無。

細李

南居細李,四月先熟。(《初學記》卷二十八。又見《太平御覽》卷九百六十八)

另存文字差異較大者,錄於下:

南郡有細李,有青皮李。(《藝文類聚》卷八十六)

枇杷

枇杷,葉似栗,子似蒡,小而叢生〔一〕,四月熟。(《太平御覽》卷九百七十一。又見《記纂淵海》卷九十二,文字稍異。)

〔校記〕

〔一〕《記纂淵海》無此句。

橙

橙，柚屬也〔一〕，而葉正圓。(《太平御覽》卷九百七十一。又見《記纂淵海》卷九十二，文字稍異。)

〔校記〕

〔一〕柚：《記纂淵海》作「橘」。

柚

柚，大橘也，赤黃而酢也〔一〕。(《太平御覽》卷九百七十三。又見《古今合璧事類備要》別集卷四十六，文字稍異。)

〔校記〕

〔一〕《古今合璧事類備要》無「也」字。

日精

日精、落蘴〔一〕，皆菊華、莖之別名〔二〕。九月，律中無射而數九，俗尚九日，而用候時之草也。(《太平御覽》卷九百九十六。又見《記纂淵海》卷九十三，文字稍異。)

〔校記〕

〔一〕落蘴：《記纂淵海》作「治牆」。

〔二〕菊華：《記纂淵海》作「菊花」。

另存文字差異較大者，錄於下：

日精，治蘴，皆菊之花莖別名也。生依水邊，其華煌煌。霜降之時，唯此草盛茂。九月，律中無射，俗尚九日而用候時之草也。(《初學記》卷二十七)

子午道

王莽以皇后有子，通子午道，從杜陵直抵終南山〔一〕。(《太平寰宇記》卷二十五。又見《太平御覽》卷三十八，文字稍異。)

〔校記〕

〔一〕《太平御覽》無「山」字。

武訖嶺

秦趙戰於長平，趙軍敗退，秦將白起逐至此，因名武訖嶺。（《太平寰宇記》卷四十五）

蟪蛄、寒螿

七月而蟪蛄鳴於朝〔一〕，寒螿鳴於夕〔二〕。（《藝文類聚》卷九十七。又見《太平御覽》卷九百四十九，文字稍異。）

〔校記〕

〔一〕七月：《太平御覽》作「秋」。

〔二〕寒螿：《太平御覽》作「寒蛩」。夕：《太平御覽》作「夜」。

鄭仲師

鄭仲師以爲夏至之日立八尺之表，景尺有五寸，謂之地中。一云陽地城，一云洛陽。（《太平御覽》卷四）

卞山

烏程縣卞山〔一〕，望氣，云有黃氣、紫雲〔二〕，大吳故改葬焉。（《太平御覽》卷八）

另存文字差異較大者，錄於下：

卞山常作冠弁之弁。（《太平寰宇記》卷九十四）

董勳

魏時人或問董勳云〔一〕：「七月七日爲良日，飲食不同於古，何也？」勳云：「七月黍熟，七日爲陽數，故以糜爲珍。今北人唯設湯餅〔二〕，無復有糜矣。」（《太平御覽》卷三十一。又見宛委山堂本《說郛》卷六十，文字稍異。）

〔校記〕

〔一〕董勳：《說郛》作「董勛」勛，同「勳」，下同。

〔二〕此句，《說郛》作「今此日唯設湯餅」。

洞庭

太湖山中有洞穴，傍行地中，無所不通，謂之洞庭。（《太平御覽》卷五十四）

陽羨邑

陽羨邑者，蓋吳郡之名境，原則平坦，高阜岡若伏龍也。（《太平御覽》卷五十七）

易水

南易水，本名漳水，源出三門山。（《太平御覽》卷六十四）

陽羨西南泉

陽羨縣西南有泉，常有紫黃色浮見水上，出金之地也。（《太平御覽》卷七十）

荆溪

本名荆溪，漢永建四年分會稽郡置吳郡，以陽羨屬焉。（《太平寰宇記》卷九十二）

另存文字差異較大者，錄於下：

陽羨本無荆溪。吳郡郡境，震澤之會也，其地理則三江之雄潤，五湖之腴表。（《太平御覽》卷一百七十）

陽羨，本名荆溪。吳郡之境，虞澤之會。（《輿地紀勝》卷六）

周武王封斌

周武王封周章少子斌於無錫安陽鄉〔一〕。（《太平寰宇記》卷九十二。又見《類要》卷一、《輿地紀勝》卷六、同卷，文字稍異。）

〔校記〕

〔一〕「封」上，《輿地紀勝》有「追」字。周章，《類要》作「周璋」。《輿地紀勝》（前則）無「安陽鄉」三字。

另存文字差異較大者，錄於下：

周武王追崇周章於吳〔一〕，又封章小子斌於無錫〔二〕。（《太平寰宇記》卷九十二。又見《太平御覽》卷一百七十，文字稍異。）

〔校記〕

〔一〕追崇：《太平御覽》作「追封」。

〔二〕「無錫」下，《太平御覽》有「也」字。

越俗定交

越俗性率樸，初與人交有禮。〔一〕封土壇〔二〕，祭以犬雞〔三〕，祝曰〔四〕：「卿雖乘車我戴笠〔五〕，後日相逢下車揖〔六〕；我步行，卿乘馬，後日相逢卿當下。」（《初學記》卷十八。又見《太平御覽》卷五百四十三，文字稍異。）

〔校記〕

〔一〕「越俗」二句，《太平御覽》作「越俗定交有禮」。

〔二〕此句，《太平御覽》作「皆於大樹下封壇」。

〔三〕犬雞：《太平御覽》作「白犬」。

〔四〕祝：《太平御覽》作「咒」。

〔五〕戴，《太平御覽》作「載」，當爲形訛。

〔六〕此句以下，《太平御覽》無。

另存文字差異較大者，錄於下：

越俗，性率樸，意親好合，即脫頭上手巾，解腰間五尺刀以與之爲交。拜親跪妻，定交有禮，俗皆當於山間大樹下，封土爲壇，祭以白犬一、丹雞一、雞子三，名曰「木下雞犬五」。其壇也，人畏不敢犯也。祝曰：「卿雖乘車我戴笠，後日相逢下車揖。我雖步行卿乘馬，後日相逢卿當下。」（《太平御覽》卷四〇六）

袁玘

漢時縣令袁玘常言死當爲神〔一〕，一夕與天神飲醉〔二〕，逆知水旱〔三〕，無病而卒〔四〕。風雨失其柩〔五〕，夜聞荊山有數千人嗷聲。人往視之〔六〕，棺已成冢〔七〕，因改爲君山，立祠其下，山上有池，池中有三足鼈〔八〕，六眸龜。（《太平寰宇記》卷九十二。又見《輿地紀勝》卷六，文字稍異。）

〔校記〕

〔一〕此句，《輿地紀勝》作「漢縣令袁玘自言沒當爲神」。

〔二〕此句，《輿地紀勝》作「一夕與天神飲」。

〔三〕《輿地紀勝》無此句。

〔四〕病：《輿地紀勝》作「疾」。

〔五〕風雨：《輿地紀勝》作「夜」。

〔六〕「往」上，《輿地紀勝》有「人」字。

〔七〕棺：《輿地紀勝》作「柩」。

〔八〕《輿地紀勝》無「中」字。

另存文字差異較大者，錄於下：

陽羨縣令袁起生有神異，無病而亡。冢東面有屏風，蓋神之所坐。（《太平御覽》卷七百一）

陽羨縣令袁起生有神靈，無疾暴亡。殯斂已竟，風雷冥晦，失起喪柩。山下居民夜聞，山下有數十人，晨往山上，見起棺柩。俄而潛藏，唯有石冢、石壇今在。（《太平御覽》卷五百五十一）

東漢袁玘爲陽羨長，逆知水旱。每言歿當爲神。後無疾而終，一夕風雨

晦冥，亡其棺。邑人夜聞此山有數千人聲，且衋往視，棺在焉。走白縣吏民群至，則棺已瘞藏，惟見石冢。石檀旁有石板，如馬鬣，搖拂壇冢，遂神之，爲立祠。俗號「銅棺山」。或傳玘之亡，天降銅棺，與叶令事相類。(《咸淳毗陵志》卷十五)

新淦縣

豫章新淦縣令，刻印而誤作塗。(《太平御覽》卷六百八十三)

爽

美朱爽之輕履，蔑龍舃之文章。爽，藤也，赤色，緣木而長，大如箭竿。越人以爲屬，經以青芒，行山草，便於用靴，故越人重之。(《太平御覽》卷六百九十八)

童山

童山〔一〕，芳岩即此山〔二〕。(《太平寰宇記》卷九十二。又見《輿地紀勝》卷六，文字稍異。)

〔校記〕

〔一〕《輿地紀勝》無此句。

〔二〕「山」下，《輿地紀勝》有「也」字。

國山

(國山) 在宜興縣南五十里。(《輿地紀勝》卷六)

巨區

巨區在宜興縣，即太湖也。(《輿地紀勝》卷六)

震澤

震澤在宜興，即太湖也。(《輿地紀勝》卷六)

頤山

頤山在宜興縣，陸相隱跡之所也。(《輿地紀勝》卷六)

九亭

縣有九亭。今三可識，其六不知其所。(《太平寰宇記》卷九十二。又見《輿地紀勝》卷六)

慈湖溪

（慈湖溪）在宜興縣西南八十里。泉出沸泉山，北流入荊溪。（《輿地紀勝》卷六）

王祥

（孝感瀆）在武進，去縣八十里。晉王祥，臨沂人，事後母寓居武進縣尚義鄉。母思魚，祥解衣將剖冰求之，忽雙鯉躍出。即此瀆也。（《輿地紀勝》卷六）

張道陵

漢天師張道陵，駐跡修行之地〔一〕。（《輿地紀勝》卷六。又見《咸淳毗陵志》卷十五，文字稍異。）

〔校記〕

〔一〕此句，《咸淳毗陵志》作「得道之地」。

釣魚臺

姜太公釣魚之所，今呼釣魚村。（《輿地紀勝》卷六）

秦望山

（秦望）山在蜀川。秦始皇驅之以塞東海，至此不肯前。登山四顧，因號曰「秦望山」。（《輿地紀勝》卷九）

洞庭水

今洞庭水會為江，非江流入洞庭也。（《輿地紀勝》卷六十九）

蓴湖

岳陽雖水鄉，絕難得蓴。惟臨湘東湖有之，故名「蓴湖」。（《輿地紀勝》卷六十九）

天池

在平江縣者，爐岩有池，謂之「天池」。（《輿地紀勝》卷六十九）

青草湖

有青草湖，中有青草山，春冬水落皆茂草也。（《輿地紀勝》卷六十九）

酒香山

寺僧云，每春時往往聞香。尋之，莫見其（酒香山）處。（《輿地紀勝》卷六十九）

龍影洞

平江縣西北有龍影洞。（《輿地紀勝》卷六十九）

象骨山

象骨山在平江縣。（《輿地紀勝》卷六十九）

辰溪郡

郡在辰水之陽，取辰溪以爲名。（《輿地紀勝》卷七十五）

西山

刀兵永不見，西山最高現。說者以儂智高、陳進之猖獗至境〔一〕，或自退，或敗亡，土人以爲應讖。（《方輿勝覽》卷四十。又見《輿地紀勝》卷一〇五，文字稍異。）

〔校記〕

〔一〕此句，《輿地紀勝》作「說者以爲州從來無兵亂，雖儂智高、陳進之猖獗，郡人皆慮其侵害至境」三句。

龍舌

西北江心生龍舌，南山不來接。過城五里，龍舌出科名，方始達朝廷。（《輿地紀勝》卷一〇五）

南山石鐘

南山有石鐘，不可輒擊。擊之，風雨立止。（《輿地紀勝》卷一百一十一）

龍影山

（龍影山）石壁上有五色彩畫，出龍影。因名。（《輿地紀勝》卷一百一十一）

金龜

且說賓州一片地，金龜出海，勢正骨乾，來自嶺方，此地稍安康。（《輿地紀勝》卷一百一十五。又見《方輿勝覽》卷四十一）

月山

（月山）東有日山。「西有月，年年征戰無休歇」，謂此也。繼之曰：「賴得西水向東流，世代永無憂」，謂征戰雖時有，而無憂慮也。（《輿地紀勝》卷一百二十二）

另存文字簡潔者，附於下：

東有日山西有月，年年征戰無休歇。（《方輿勝覽》卷四十一）

守歲

蜀之風俗〔一〕，晚歲相與饋問，謂之「饋歲」〔二〕，酒食相邀爲「別歲」。至除夕，達旦不眠，謂之「守歲」。（宛委山堂本《說郛》卷六十。又見《古今合璧事類備要》卷十八，文字稍異。）

〔校記〕

〔一〕《古今合璧事類備要》無「之」字。

〔二〕此句以下，《古今合璧事類備要》無。

宅第

宅亦曰第，言有甲、乙之次第也。一曰出，不由里門面大道者名曰第。（宛委山堂本《說郛》卷六十）

歷山

《史記》曰〔一〕：「舜耕於歷山〔二〕。」而始寧、剡、郯二縣界上〔三〕，舜所耕田，在於山下，多柞樹〔四〕。吳越之間，名柞爲櫟〔五〕，故曰「歷山」。（《齊民要術》卷十。又見《太平御覽》卷九百五十八，文字稍異。）

〔校記〕

〔一〕此句上，《太平御覽》有「舊說舜葬上虞」句。此句，《太平御覽》作「又《記》云」。

〔二〕《太平御覽》無「舜」字。

〔三〕《太平御覽》無「剡」字。

〔四〕「多」上，《太平御覽》有「山」字。

〔五〕櫟：《太平御覽》作「檚」。

藍山

盧縣西三十九里有藍山。（宛委山堂本《說郛》卷六十）

穬

穬〔一〕，稻之青穗〔二〕，米皆青白也〔三〕。(《編珠》卷四。又見《太平御覽》卷八百三十九、宛委山堂本《説郛》卷六十，文字稍異。)

〔校記〕

〔一〕此句上，《太平御覽》有「穰，稻之紫莖」二句。

〔二〕穗：《説郛》。「之」下，《太平御覽》有「有」字。

〔三〕「青白」下，《太平御覽》有「者」字。

七月二十五日

每歲七月二十五日，種類四集於廟，扶老攜幼，環宿其旁。凡五日祠以牛㸅、酒鮓，椎歌歡飲即還。惟不用犬云。(宛委山堂本《説郛》卷六十)

翻雞菱

翠水中，菱如飛雞，故名「翻雞菱」。(《編珠》卷四)

柤

柤，梨屬，內堅而香。(《齊民要術》卷十。又見《御定佩文齋廣群芳譜》卷五十五)

大竹

陽羨縣有袁君家〔一〕，壇邊有數林大竹〔二〕，並高二三丈〔三〕。枝皆兩披，下掃壇上，常潔淨也。〔四〕(《齊民要術》卷十。又見《太平御覽》卷九百六十二，文字稍異。)

〔校記〕

〔一〕家，《太平御覽》作「冢」，家，當是「冢」之形訛。

〔二〕林：《太平御覽》作「枚」。

〔三〕《太平御覽》無「並」字。

〔四〕「枝皆」三句，《太平御覽》作「枝皆兩兩，枝下垂，如有塵穢，則掃拂，壇上恒淨潔」。

鴨

鴨，春季雛，到夏五月則任啖，故俗五六月則烹食之。(《齊民要術》卷六)

薑

薑，蔓生，被樹而升，紫黃色。子大如牛角〔一〕，形如蟦〔二〕，二三同蒂，

長七八寸〔三〕，味甜如蜜。其大者名「柿」〔四〕。（《齊民要術》卷十。又見《太平御覽》卷九百九十八，文字稍異。）

〔校記〕

〔一〕《太平御覽》無「子」字。

〔二〕《太平御覽》無此句。

〔三〕寸：《太平御覽》作「尺」。

〔四〕《太平御覽》無此句。

精折米

精折米〔一〕，十取七八；取淅使青〔二〕，蒸而飯，色乃紫紺。於東流水飯食，與洗而除不祥〔三〕。（《初學記》卷二十六。又見《太平御覽》卷八百五十，文字稍異。）

〔校記〕

〔一〕折：《太平御覽》作「淅」。

〔二〕《太平御覽》無「取」字。青，《太平御覽》作「香」。

〔三〕此句，《太平御覽》作「而洗除不祥」。

合昏

合昏，槿也，葉晨舒而昏合。（《文選·新刻漏銘》李善注）

另存文字差異較大者，錄於下：

夜合，葉晨舒而暮合。一名合昏。（《太平御覽》卷九百五十八）

罾樹

罾樹四植而張網於水，車輓，上下之形如蜘蛛之網，方而不圓。（《太平御覽》卷八百三十四）

石穀

石穀，似貉而形短，常捕取猴猨。（《太平御覽》卷九百一十三）

祝鳩

祝鳩，反舌也。（《太平御覽》卷九百二十三。又見《御定淵鑒類函》卷四百二十七）

白鷖

說《詩》義者，或說雎鳩爲白鷖。白鷖，鶍屬，於義無取。蓋蒼鶍，大

如白鷺而色蒼，其鳴戛戛和順，又遊於水而息於洲，常隻不雙。（《太平御覽》卷九百二十六）

鸛鶨

鸛鶨，鷿屬。飛則鳴，其翅肅肅者也。（《太平御覽》卷九百二十八）

陽羨俗

陽羨俗，五月以薤蒸鮭而食。凡鮭魚夏出冬蟄，亦以將氣養和實時節也。（《太平御覽》卷九百三十七）

三香

三香：椒、欓、薑。（《太平御覽》卷九百五十八。又見《御定淵鑒類函》卷四百一十四）

博士芋

博士芋，蔓生，根如鵞鴨卵。（《太平御覽》卷九百七十五。又見《齊民要术》卷二。鴨，其作「雞」。）

草菌

陽羨袁君廟有祈雨者，則祝稱神命，常賜芝草。草菌也。便以神前酒杯灌地，以大羹杯覆之。有鬚發杯，而菌生。今猶然。（《太平御覽》卷九百九十八）

獲蒲

蒲生於陸，葉如烏扇而紫葩。一曰獲蒲，好草也。（《太平御覽》卷九百九十九）

萍

萍，蘋，芹荣之別名也。（《太平御覽》卷一千）

鱔

夏出冬蟄。（《咸淳毗陵志》卷十三）

金錢

日開而夜落，花時常在於秋。（《山堂考索》卷二〇〇）

武進縣

陽羨之邑。(《太平寰宇記》卷九十二)

陽羨九溪

陽羨縣小溪九所，是爲三湖九溪。今縣內只有六溪在，餘三溪不知其處。
(《太平寰宇記》卷九十二)

另存文字差異較大者，錄於下：

陽羨溪九，僅有六，餘不知其處。子隱時已如此，則川源之湮塞可知。
今波澄可鑒，峰巒如畫，以在荊南山之北，故名。(《咸淳毗陵志》卷十五)

餘漁浦

餘漁浦，一名餘吾溪〔一〕，即陽羨之東鄉也。吳越之間〔二〕，漁吾音同。
舜漁於大小雷。此鄉之人，舜時化之。昔捕魚之人來居此，浦名之。(《太平寰
宇記》卷九十四。又見《嘉泰吳興志》卷五，文字稍異。)

〔校記〕
〔一〕餘吾溪：《嘉泰吳興志》作「餘吾浦溪」。
〔二〕間：《嘉泰吳興志》作「閑」。

貴州

民力耕爲業，不產蠶絲。(《方輿勝覽》卷四十)

嘉魚井

水足嘉魚，臨水觀之，歷歷在目。有亭臺舊基存焉。(《方輿勝覽》卷四十)

儲山

越王供儲在此。(《嘉泰會稽志》卷九)

粟山

張瑤種田，立廥倉於山中，故名之。俗稱「粟山」。(《嘉泰會稽志》卷九)

正旦

正旦，楚人上五辛盤、松栢頌、椒花酒。(《古今合璧事類備要》卷十五)

臘月二十四

陰子，方臘日，晨炊而竈神形見。子方再拜，受慶。家有黃羊，因以祀

之。自是已後，暴至巨富。後漢今吳中，以臘月二十四夜祀竈，共謂「竈神」。翌日，朝天白一歲事，故前期禱之。(《古今合璧事類備要》卷十八)

赤豆粥

吳中，二十五日賣赤豆作糜。暮夜，闔家同享，云能辟瘟氣、雖遠出未歸者。亦留貯口，分至繈褓小兒及僮僕，皆預故名「口數粥」。豆粥本上月望日祭門，故事流傳於此。(《古今合璧事類備要》前集卷十八)

留宿飯

留宿飯棄之街衢，以爲去故納新。(《古今合璧事類備要》卷十八)

迎新年

歲暮，家家具殽萩，備宿歲之儲，以迎新年。(《古今合璧事類備要》卷十八)

分歲

除夜祭其先竣事，長幼聚飲，祝頌而散，謂之分歲。(《古今合璧事類備要》卷十八)

函山

昔山姥於此得道〔一〕。漢建武中，嘗封蔣澄爲函亭鄉侯。(《咸淳毗陵志》卷十五)

大小坯山

陽羨縣西有洮湖〔一〕，中有大小坯山〔二〕。(《太平寰宇記》卷九十二。又見《咸淳毗陵志》卷十五，文字稍異。)

〔校記〕

〔一〕「西」下，《咸淳毗陵志》有「北」字。

〔二〕坯山：《咸淳毗陵志》作「壞山」。此句以下，《咸淳毗陵志》有「宋明帝時，庾業代劉延熙爲義興太守，東討孔顗。賊黨至長塘湖」四句。

王右軍別墅

晉王右軍別墅，一夕聞眾喧闐如市聲。潛窺之，狀皆鬼神，因立鎮市。今開利寺址是。(《咸淳毗陵志》卷二十七)

陸墟市

市東七十步，有陽山，出石，堪作礦臼。始民未知開斲，漢大夫陸端設肴醴以祭，後取爲器。（《咸淳毗陵志》卷三）

大橫峴

有大橫峴以承眾，今運河北也。東南有芙蓉湖，山橫其間，故曰「大橫」。今運河北岸有橫林，去縣二十七里，與山遙望。昔有林木，故亦以名。南麓有龍井。（《咸淳毗陵志》卷十五）

章山

即芳岩也。有沸泉山、武花山，連亙入寧國界。（《咸淳毗陵志》卷十五）

柯山

吳仲雍六世孫柯相所治之地。（《咸淳毗陵志》卷十五）

歸山

夫差殺伍子胥，裹以鴟革浮江。國人登此望其歸，故名。（《咸淳毗陵志》卷十五）

孟瀆

七里井有孟瀆。漢光武初，潛嘗宿井旁，民爲指途，達江湑。即位，命開此瀆，廣五丈，深七尺，南通運河，北入大江，歲久淤關。（《咸淳毗陵志》卷十五）

顧望峴

秦始皇至此，棄舟登陸，往會稽。登山顧望，因名。（《咸淳臨安志》卷二十四）

劍井

葛仙翁駐鶴之地有白氣，亙天如虹。（《咸淳毗陵志》卷十五）

笈

笈，謂學士所以負書箱如冠箱面卑者也。（《一切經音義》卷三）

輕裘、龍舄

衣美爽之輕裘，躡華光之龍舄。（《北堂書鈔》卷一百二十八）

仲冬

天正日南，黃鐘踐長，粥饘萌征。注云：黃鐘始動，陽萌內地，日長，律之始也。是日，俗尚以赤豆爲糜，所以像色也。（《玉燭寶典》卷十一）

仗

仗，謂刀戟之總名也。（《一切經音義》卷二十一）

罩

罩，如從而小斂，口從水上掩而取者也。（《太平御覽》卷八百三十四）

土宿

土宿，大蜂也。駱各，小蜂。齧斷其翅，使塘土以廣其室。觀其穴口聚土多，知其貧富。人掘其子，煮而食之。（《北堂書鈔》卷一百五十八）

銅駝

石季龍取之，向鄴。（《太平寰宇記》卷三）

靈山

靈山，因趙武靈王葬其上，故曰靈山。（《太平寰宇記》卷五十八）

甌山侯

漢朝蔣澄封甌山侯。（《太平寰宇記》卷九十二）

五湖

舜漁澤之所也。（涵芬樓本《説郛》卷六十三）

蒾

蒾，香荣，根似茆根，蜀人所謂葙香。（《文選·南都賦》李善注。又見《北戶錄》卷二）

雋

赤口燕也。（《太平御覽》卷九百二十三）

季子墓

（晉陵東郭外南廟後有古墓）此墓即季子墓也。（《全唐文》卷二百九十四高紹《重修吳季子廟記》）

存疑

以下數則，大多不見明代以前著述徵引，或為後人增補，暫存疑。

望亭市

隋文帝至德二年置。（《咸淳毗陵志》卷三）

竹塘市

晉天福二年十月置。（《咸淳毗陵志》卷三）

桃源

舟行東，自桃源由鎗崖泝流而上，湍流急險，水多亂石，而壺頭為最。陸行自桃源入夷望山、六孟坡，抵州治，重崗複隴，西距沅境，而五峴坡截然高峻，沅昔恃此以為固。會溪在州北境，當保靜南、渭、永順三州之衛。烏速近沅陵浦口，據辰溪漵浦，往來之路，此皆境內險要去處，唯漵浦取長沙武崗，比他道差坦夷。（《輿地紀勝》卷七十五）

奴屬魚

奴屬魚，皆鰈之別名。（《格致鏡原》卷九十二）

梅醢

任廣曰：「梅醢苦酸之用也。」（《格致鏡原》卷二十三）

烏鵲

烏鵲填河成橋，而渡織女。（《天中記》卷五十九。又見《格致鏡原》卷七十九）

紫石榴、紅縹李

瀨鄉老子祠有紫石榴、紅縹李。一李二色。（《天中記》卷五十二）

縹李

如拳山中有縹李，大如拳者，呼「拳李」。（《天中記》卷五十二）

賞花

浙江風俗，言：春序正中，百花競放。乃遊賞之時，花朝月夕，世所常言。宋條制，守土官於花朝日出郊勸農。（《御定淵鑑類函》卷十八）

土宿

土宿，大蜂也。駱各小蜂齧斷其翅，使塘土，以廣其室。觀其穴口聚土多寡，知其貧富。人掘其子，煮而食之。（《御定淵鑒類函》卷二十六）

戟

植則龍虎交互，神變無常。注曰：言用雙戟之法，交軹相向，左手爲龍，右手爲虎，更出更入，更上更下，上下無常，隨變而改，顚倒入懷，轉如回風。（《御定淵鑒類函》卷二百二十四）

社飯

荊楚社日，以豬羊肉調和其飯，謂之「社飯」。以葫蘆盛之，相遺送。（《格致鏡原》卷二十二）

食鹿糕

民間九日糕。上置小鹿數枚。號「食鹿糕」。（《格致鏡原》卷二十五）

百索

仲夏造百索繫臂，又有條達等織組雜物以相贈遺。（《格致鏡原》卷五十五）

龍山

龍山，去縣十八里。上有三峰，有白龍潭。東晉時，有家其上者，妻妊三年，忽產一龍，色如銀，七日昇天去。龍母死，葬於山頂。龍父並所居，成潭，號曰「白龍潭」。自後遇龍一歸，歲則大熟，山由是名。（《無錫縣志》卷二）

《冀州記》　晉裴秀

《冀州記》，晉裴秀撰。裴秀（224-271），字季彥，河東聞喜（今屬山西）人，官歷尚書令、司空。此書史志不著錄，今存佚文一則，爲《史記》司馬貞索隱徵引。

緱氏仙人廟

緱氏仙人廟者，昔有王喬，犍爲武陽人，爲柏人令，於此得仙，非王子喬也。（《史記·封禪書》司馬貞索隱）

另存文字簡潔者，錄於下：

王僑，犍為武陽人，為柏人令，於緱氏山登仙。(《帶經堂詩話》卷十四》)

《雍州記》　晉裴秀

《雍州記》，西晉裴秀撰，史志未著錄。據宋敏求《長安志》載，《雍州記》有西晉裴秀作一種。應記西晉時期雍州地理沿革。除裴秀《雍州記》外，劉宋郭仲產、梁鮑至分別著有《南雍州記》，諸書所引時有將《南雍州記》簡寫作《雍州記》者。各書所引《雍州記》條目皆不著作者，本文皆將其置入裴秀《雍州記》下。

雞頭山

雞頭山在鄠縣。(《初學記》卷八)

龍尾堆

望仙澤中有石盤龍兩所，鱗甲動，有雲氣如鐘鳴。(《太平寰宇記》卷三十)

望仙澤

望仙澤，在整屋縣東南。(《太平寰宇記》卷三十、《長安志》卷十八、《類編長安志》卷六)

馬窟山

漢時有馬百匹從此窟出，故名。(《方輿勝覽》卷三十三)

金泉

有人飲此泉水，見有金色從山照水中〔一〕，往取得金，故有此名〔二〕。」(《太平寰宇記》卷三十一。又見《長安志》卷二十，文字稍異。)

〔校記〕

〔一〕從山照水中，《長安志》作「從山中照水」。

〔二〕故有此名，《長安志》作「故名金泉」。

存疑

牽羊壇

每刺史初上皆牽一羊遶壇，觀其轉數，以驗刺史臨州期年多少。（《元豐九域志》卷一。此條，《元豐九域志》言出《雍州記》，但此處所言「牽羊壇」，在襄陽，屬南雍州，《海錄碎事》卷十二、《紺珠集》卷九皆言出《南雍州記》，當對。）

高齋

高齋，其泥色甚鮮淨，故此名焉。南平世子恪臨州，有甘露降此齋前竹林。昭明太子於齋營集道義，以時相繼。（《太平御覽》卷一百八十五）

白土齋南道有一齋，以栗爲屋。梁武帝臨州，寢臥於此齋中，常有五色雲迴轉，狀如盤龍，屋上恒紫雲騰起，形似繖蓋。遠近望者，莫不異焉。梁武帝於此龍飛。（《太平御覽》卷一百八十五）

高齋東北有一齋名曰下齋，次於高齋，制度壯麗，極爽塏。刺史辨決獄訟，舊出此齋。（《太平御覽》卷一百八十五）

按，上三條所言爲梁簡文帝事，必不爲裴秀《雍州記》所載。另外，梁鮑至嘗從簡文帝遊，時爲「高齋學士」事，則以上三條當爲鮑至《南雍州記》。王謨《漢唐地理書鈔》、黃惠賢《校補襄陽耆舊記》均將其納入鮑至《南雍州記》，唯劉緯毅《漢唐方志輯佚》將其收入佚名《雍州記》，非也。

龍興寺

龍興寺在襄陽縣西北三里，有金銅像，《雍州記》云釋道安所立。（《輿地紀勝》卷八十三）

按，《輿地紀勝》言此條出《雍州記》，其完整句式應爲「龍興寺在襄陽縣西北三里，有金銅像，釋道安所立。」龍興寺，屬襄陽，西晉時不屬雍州，其必不出裴秀《雍州記》。另外，此條所言釋道安爲東晉時人，裴秀必不見其事。襄陽，南朝宋、梁時皆屬南雍州，其應爲《南雍州記》無疑。此條，當是《輿地紀勝》作者徵引時將《南雍州記》簡寫作《雍州記》所致。

《地域圖》 晉裴秀

《地域圖》，又作《禹貢九州地域圖》，晉裴秀撰。今僅存序文。

序文

圖書之設，由來尚矣。自古立象垂制，而賴其用。三代置其官，國史掌厥職。暨漢屠咸陽，丞相蕭何盡收秦之圖籍。今祕書既無古之地圖，又無蕭何所得，惟有漢氏《輿地》及《括地》諸雜圖。各不設分率，又不考正準望，亦不備載名山大川。雖有粗形，皆不精審，不可依據。或荒外迂誕之言，不合事實，於義無取。

大晉龍興，混一六合，以清宇宙，始於庸蜀，采入其岨。文皇帝乃命有司，撰訪吳蜀地圖、蜀土既定，六軍所經，地域遠近，山川險易，征路迂直，校驗圖記，罔或有差。今上考《禹貢》山海川流，原隰陂澤，古之九州，及今之十六州，郡國縣邑，疆界鄉陬，及古國盟會舊名，水陸徑路，爲地圖十八篇。

製圖之體有六焉。一曰分率，所以辨廣輪之度也。二曰準望，所以正彼此之體也。三曰道里，所以定所由之數也。四曰高下，五曰方邪，六曰迂直，此三者各因地而制宜，所以校夷險之異也。有圖像而無分率，則無以審遠近之差；有分率而無準望，雖得之於一隅，必失之於他方；有準望而無道里，則施於山海絕隔之地，不能以相通；有道里而無高下、方邪、迂直之校，則徑路之數必與遠近之實相違，失準望之正矣，故以此六者參而考之。然遠近之實定於分率，彼此之實定於道里，度數之實定於高下、方邪、迂直之算。故雖有峻山鉅海之隔，絕域殊方之迥，登降詭曲之因，皆可得舉而定者。準望之法既正，則曲直遠近無所隱其形也。（《晉書·裴秀傳》）

《交廣春秋》 晉王範

《交廣春秋》，晉王範撰。《三國志·吳書·孫策傳》裴松之注：「太康八年，廣州大中正王範上《交廣二州春秋》。」《隋書·經籍志》不著錄。《新唐書·藝文志》著錄：「王範《交廣二州記》，一卷。」二者應爲一書。今

其佚文大多出自《水經注》。

交州郡治

交州，治贏陵縣。元封五年，移治蒼梧廣信縣。建安十五年，治番禺縣。《詔書》以州邊遠，使持節并七郡，皆授鼓吹，以重威鎮。(《後漢書·郡國志》李賢等注)

朱崖、儋耳二郡

朱崖、儋耳二郡，與交州俱開，皆漢武帝所置。大海中，南極之外，對合浦徐聞縣。清朗無風之日，逕望朱崖州，如囷廩大，從徐聞對渡，北風舉帆，一日一夜而至。周回二千餘里，徑度八百里，人民可十萬餘家，皆殊種異類，被髮雕身，而女多姣好，白晳、長髮、美鬢，犬羊相聚，不服德教。儋耳先廢，朱崖數叛，元帝以賈捐之議罷郡。(《水經注》卷三十六。按：此則，冠以「王氏《交廣春秋》」，當爲王範《交廣春秋》。)

吳巨

元封五年，交州自贏（陵）縣移治於此。建安十六年，吳遣臨淮步騭爲交州刺史，將武吏四百人之交州，道路不通。蒼梧太守長沙吳巨，擁眾五千，騭有疑於巨，先使諭巨，巨迎之於零陵，遂得進州。巨既納騭而後而悔，騭以兵少，恐不存立。巨有都督區景，勇略與巨同，士爲用，騭惡之，陰使人請巨，巨往告景勿詣騭。騭請不已，景又往，乃於廳事前中庭俱斬，以首徇眾。(《水經注》卷三十七)

步騭

步騭殺吳巨、區景，使嚴舟船，合兵二萬，下取南海。蒼梧人衡毅、錢博，宿巨部伍，興軍逆騭於蒼梧高要峽口，兩軍相逢於是，遂交戰，毅與眾投水死者千有餘人。(《水經注》卷三十七)

越王趙佗

越王趙佗，生有奉制稱藩之節，死有秘奧神密之墓。佗之葬也，因山爲墳，其壟塋可謂奢大，葬積珍玩。吳時遣使發掘其墓，求索棺柩，鑿山破石，費日損力，卒無所獲。佗雖奢僭，愼終其身，乃令後人不知其處，有似松、喬遷景，牧豎固無所殘矣。(《水經注》卷三十七)

珠崖

珠崖在大海中，南極之外。吳時復置太守，住徐聞縣遙撫之。（《初學記》卷八。按：此則冠以王範《交廣二州記》）

《吳錄地理志》　晉張勃

《吳錄地理志》，又作《吳錄地里志》、《吳錄地志》，西晉張勃撰。張勃，吳郡（今江蘇蘇州）人，吳鴻臚儼之子。《隋書·經籍志》著錄：「晉有張勃《吳錄》三十卷，亡。」則此書唐代已經亡佚。《齊民要術》及唐宋諸書所引多作《吳錄地理志》，亦有記地理省作《吳錄》者。

橘

朱光祿爲建安郡。中庭有橘，冬月於樹上覆裹之〔一〕，至明年春夏色變青黑，味尤絕美。（《齊民要術》卷十。又見《太平御覽》卷九百六十六、《樹藝篇》卷六，文字稍異。）

〔校記〕
〔一〕於，《太平御覽》無。

扶留藤

始興有扶留藤，緣木而生，味辛，可以食檳榔。（《齊民要術》卷十。又見《太平御覽》卷九百七十五）

木綿

交阯定安縣有木棉，樹高大，實如酒杯，口有棉〔一〕，如蠶之棉也〔二〕，又可作布，名曰「白緤」〔三〕，一名「毛布」。（《齊民要術》卷十。又見《太平御覽》卷九百六十，文字稍異。）

〔校記〕
〔一〕口，《太平御覽》作「中」。
〔二〕也，《太平御覽》無。
〔三〕白，《太平御覽》無。

另存文字簡潔者，附於下：

交阯安定縣有木綿樹，實如酒杯，口有綿，如蚕之綿，可作布。(《樹藝篇》卷一。又見《東坡詩集註》卷六)

鮓魚子

鮓魚子，朝索食，暮入母腹。(《水經注》卷三十七)

天姥

剡縣有天姥岑。(《六臣注文選·登臨海嶠初發彊中作與從弟惠連見羊何共和之一首》。又見《文選·登臨海嶠初發彊中作與從弟惠連見羊何共和之一首》李善注、《杜工部草堂詩箋》卷六)

酃

湘東酃以爲酒有名。(《文選》李善注卷十八)

禹廟

會稽有禹廟，始皇配食。王朗爲太守，黜之。(《藝文類聚》卷三十八。又見《太平御覽》卷五百三十一)

茅

桂陽郴縣有菁茅，可染布〔一〕。零陵有香茅〔二〕，任土貢之〔三〕。(《藝文類聚》卷八十二。又見《太平御覽》卷九百九十六，文字稍異。)

〔校記〕
〔一〕布，《太平御覽》作「青」。
〔二〕「零陵」下，《太平御覽》有「泉陵」。
〔三〕此句，《太平御覽》作「古貢之縮酒」。

并閭木

武陵臨沅縣多并閭木〔一〕，生山中。(《藝文類聚》卷八十九。又見《太平御覽》卷九百五十九，文字稍異。)

〔校記〕
〔一〕并閭，《太平御覽》作「栟櫚」。

果然獸

九眞胥浦縣〔一〕，有獸名果然，猨狄類也，色青赤有文，居樹上，此郡及

日南皆有之。(《藝文類聚》卷九十五。又見《太平御覽》卷九百一十，文字稍異。)

〔校記〕

〔一〕胥浦，《太平御覽》作「聟浦」。

另存文字簡潔者，附於下：

果然，蝯貁之類也，色青赤有文，居樹上。(《初學記》卷二十九)

九眞浦聟縣，有獸名果然，狻狖類也。(《西溪叢語》卷下)

象

九眞郡龐縣多象，生山中〔一〕，郡內及日南饒之。(《初學記》卷二十九。又見《太平御覽》卷八百九十，文字稍異。按：此則內容，《太平御覽》冠作「《吳錄地理經》」，當是《吳錄地理志》之別稱。)

〔校記〕

〔一〕「生」上，《太平御覽》有「象」字。

另存文字簡潔者，附於下：

九眞郡多象，日南亦饒之。(《事類賦》卷二十。按：此則，《事類賦》亦冠作「《吳錄地理經》」。)

狖

建安陽縣多狖，似猿而露鼻。雨則以尾反塞鼻孔，郡內及臨海皆有之。(《太平御覽》卷九百一十三)

蟛子

交阯龍編縣有蟛〔一〕，形如惠文，冠青黑色，十二足，似蟹，長五寸，腹中有子，如麻子〔二〕，取以作醬尤美。(《太平御覽》卷九百四十三。又見《五百家注昌黎文集》卷六，文字稍異。)

〔校記〕

〔一〕龍編縣，《五百家注昌黎文集》無。

〔二〕子，《五百家注昌黎文集》無。

另存文字簡潔者，附於下：

蟛子如麻，取以爲醬甚美。(《緯略》卷十一)

犀

武陵阮南縣以南皆有犀。(《爾雅疏》卷十。又見《春秋左傳要義》卷二十二)

鹽官

鹽官，本名海昌，時改爲鹽官，屬吳郡。(《太平寰宇記》卷九十三)

由拳縣

吳王時本名長水〔一〕，秦改曰由拳〔二〕。(《太平寰宇記》卷九十五。又見《太平御覽》卷一百七十、《輿地紀勝》卷三，文字稍異。)

〔校記〕

〔一〕「本名」上，《太平御覽》有「此地」二字。「長水」下，《輿地紀勝》有「縣」字。

〔二〕「由拳」下，《輿地紀勝》有「縣」字。

另存文字差異較大者，錄於下：

吳王時此地本名長水，故嘉興亦名長水。秦始皇東巡，望氣者云，五百年後江東有天子氣。始皇至，令囚徒十萬人掘汙其地表，以惡名改之曰由拳。(《(至元)嘉禾志》卷一)

烏傷

（烏傷）屬東陽郡。(《太平寰宇記》卷九十七)

長山

常山，僊人採藥處，謂之長山。山南有春草巖、折竹巖。巖間不生蔓草，盡出龍鬚，云赤松羽化處。又有似龍鬚而粗大者，名爲虎頭〔一〕，不中爲席，但以其穰爲燈炷〔二〕。(《太平寰宇記》卷九十七。又見《太平御覽》卷四十七，文字稍異。)

〔校記〕

〔一〕頭，《太平御覽》作「鬚」。

〔二〕穰，《太平御覽》作「蕡」。

梅塘冶

晉立梅塘冶，今作鐵冶于臨城。(《太平寰宇記》卷一〇五。又見《輿地紀勝》卷二十二)

贛縣

（贛縣）屬廬陵郡。(《太平寰宇記》卷一〇八。又見《輿地紀勝》卷三十二)

溪水

天門零陵縣有溪水，山獸從數十里往飲之，越他水則不飲。(《太平御覽》卷五十九)

富春縣沙

吳富春縣有沙。漲武烈爲郡吏，赴府鄉，人餞之，會於沙上。父老曰：「此沙狹而長，君後當爲長沙太守。」後果然，因名孫洲。(《太平御覽》卷六十九)

瘴氣

蒼梧高要縣，郡下人避瘴氣，乘筏來停此。六月來，十月去，歲歲如此。(《太平御覽》卷七百七十一)

明月珠

朱崖珠宮縣出明月珠。(《太平御覽》卷八〇二)

璫珠

袁博，字君遊，爲淮陵長。其女得壞牆中璫珠百餘，博封，上之詔以賜博。(《太平御覽》卷八〇二)

苦酒城

吳王築城以貯醯醢。今俗人呼「苦酒城」。(《太平御覽》卷八百六十六)

合浦牛

合浦徐聞縣多牛，其項上有持骨，大如覆斗，日行三百里。(《太平御覽》卷八百九十八)

孔雀

交阯西子縣多孔雀，在山草中，郡內及朱崖皆有之。(《太平御覽》卷九百二十四)

欀木

交趾有欀木〔一〕，其皮中有如白米屑者〔二〕，乾搗之〔三〕，以水淋之〔四〕，

似麵，可作餅〔五〕。(《齊民要術》卷十。又見《北戶錄》卷二、《太平御覽》卷九百六十、《事類賦》卷二十四，文字稍異。按：此則內容，《北戶錄》冠作「《吳錄地志》」，當是《吳錄地理志》之省稱。)

〔校記〕

〔一〕「交趾」下，《北戶錄》、《太平御覽》有「望縣」二字。

〔二〕其，《北戶錄》無。

〔三〕搗，《太平御覽》、《事類賦》無。

〔四〕此句，《北戶錄》作「水淋」，《太平御覽》、《事類賦》作「水淋之」。

〔五〕此句下，《太平御覽》有「郡內皆有之」句。

古度

廣州有木名古度，不華而實。(《太平御覽》卷九百六十。又見《雙溪醉隱集》卷六)

檳榔

交趾朱䳒縣有檳榔，樹直無枝條，高六七丈，葉大如蓮，實房。得古賁灰、扶留藤食之。則柔而美，郡內及九眞、日南並有之。(《太平御覽》卷九百七十一)

餘甘

高涼安寧縣有餘甘，初食之味苦，後口中更甘。(《太平御覽》卷九百七十三)

劉子樹

交阯贏僂縣有劉子樹，出山中，實如梨，而味酸美，郡內皆有之。(《太平御覽》卷九百七十三)

楄樹

廬陵南部雩都縣有楄樹，其實如甘蕉，而核味亦如之。(《太平御覽》卷九百七十四)

干蔗

交阯句扁縣干蔗，大數寸，其味醇美，異於他處。笮以爲餳，曝之，凝如冰，破如博棋，入口消釋。(《太平御覽》卷九百七十四)

鐘乳

始安始陽有洞山，山有穴如洞庭，其中生石鐘乳。（《太平御覽》卷九百八十七）

冷石

鬱林布山縣多㼽〔一〕，其毒殺人，有冷石可以解之。石色赤黑，味苦。屑此石著創〔二〕，並以切齒，立蘇。一名切齒石。（《太平御覽》卷九百八十八。又見《證類本草》修政和經史證類備用本草卷三，文字稍異。）

〔校記〕

〔一〕「鬱林」下，《證類本草》有「州」字。

〔二〕此句，《證類本草》作「屑之著瘡中」。焙

石首魚

吳婁縣有石首魚，至秋化爲冠鳧。言頭中有石。（《能改齋漫錄》卷十五）

青草湖

巴陵有青草湖。（《補注杜詩》卷三十五。又見《分門集註杜工部詩》卷十二，此則內容引作「《吳錄地志》」，當爲《吳錄地理志》省稱。）

潛山縣

縣西晉山，蓋因山以立名。舊「晉」字無水，至隋加水。（《太平御覽》卷一百七十。按：後二句當爲後人增補。）

丹徒

朱方，後名谷陽。〔一〕秦望氣者云〔二〕，其地有天子氣。始皇使赭衣徒三千人，鑿長坑〔三〕，敗其勢，改云丹徒。（《太平寰宇記》卷八十九。又見《太平御覽》卷一百七十，文字稍異。按：此則二者冠作「《吳錄地理》」，亦爲省稱。）

〔校記〕

〔一〕「朱方」二句，《太平御覽》無。

〔二〕「秦」下，《太平御覽》有「時」字。

〔三〕長，《太平御覽》無。

海鹽縣

吳王煮海水爲鹽。今海塩縣是也。（《太平御覽》卷八百六十五）

甘蔗

交阯句扁縣干蔗大數寸。其味醇沒，異於他處。筡以爲餳曝之，凝如冰，破如博棋，入口消釋。（《太平御覽》卷九百七十四）

以下爲引作「《吳錄》」者，皆言地理之事，當是《吳錄地理志》之省稱。

國璽

初漢黃門張讓等劫天子，北至河上，掌璽投井中，及平頓洛陽，城南甄宮有井，五色氣出，孫堅命浚井，得漢傳國璽。（《初學記》卷七）

彭蠡

今名洞庭湖。（《尚書注疏》卷六。又見《經典釋文》卷三）

吳王冢

丹徒有吳王冢，在縣北，其處名爲相唐。（《史記‧吳王濞列傳》司馬貞索隱）

江離

臨海縣海水中生江離，正青，似亂髮，即《離騷》所云者是也。（《史記‧司馬相如列傳》司馬貞索隱）

另存文字差異較大者，錄於下：

臨海縣有江籬草，海水中，正青，如亂髮。乹獻之，亦鹽藏，其汁名爲濡酪。《楚辭》所云籬是也。（《太平御覽》卷九百九十）

臨海海水中生，正青，似亂髮。（《困學紀聞》卷十七。又見《樹藝篇‧草部》卷三）

橘

建安有橘〔一〕，冬月樹上覆裏〔二〕，明年夏色變青黑〔三〕，其味甚甘美〔四〕。（《史記‧司馬相如列傳》司馬貞索隱。又見《初學記》卷二十八、《爾雅翼》卷十二、王十朋《會稽三賦‧會稽風俗賦》、《離騷草木疏》卷三、《能改齋漫錄》卷十五、《樹藝篇‧果部》卷一，文字稍異。）

〔校記〕

〔一〕此句，《初學記》、《爾雅翼》、《能改齋漫錄》、《樹藝篇‧果部》作「建安郡中有橘」，《離騷草木疏》作「建安郡有橘」。

〔二〕此句，《初學記》、《爾雅翼》、《能改齋漫錄》、《樹藝篇‧果部》作「冬月於樹上覆裏

之」，《離騷草木疏》作「冬月於木上覆裹之」。

〔三〕此句，《初學記》、《爾雅翼》、《離騷草木疏》、《能改齋漫錄》、《樹藝篇‧果部》皆作「至明年春夏色變青黑」。

〔四〕此句，《初學記》、《爾雅翼》、《能改齋漫錄》、《樹藝篇‧果部》作「味尤絕美」，《離騷草木疏》作「味絕美」。此句下，《離騷草木疏》有「《上林賦》『盧橘夏熟』盧，黑色也」句，《能改齋漫錄》、《樹藝篇‧果部》有「《上林賦》云『盧橘夏熟』盧，黑也」句。

另存文字有異者，錄於下：

朱光爲建安太守〔一〕，有橘〔二〕，冬月樹上覆裹之〔三〕，至明年春夏色變青黑〔四〕，味尤酸，正裂人牙〔五〕，絕美。〔六〕「盧橘夏熟」蓋近是乎〔七〕。（《藝文類聚》卷八十六。又見《編珠》卷四、《事類賦》卷二十七，文字有異。）

〔校記〕

〔一〕此句，《事類賦》作「朱光祿爲建安」。

〔二〕此句，《事類賦》作「庭有橘」。

〔三〕此句，《事類賦》作「冬覆其樹」。

〔四〕至明年，《事類賦》無。

〔五〕此句，《編珠》無。

〔六〕「味尤酸」三句，《事類賦》作「味絕美」。

〔七〕此句，《編珠》無，《事類賦》作「《上林賦》曰『盧橘夏熟』近是此也。」

會稽

本名苗山〔一〕，一名覆釜。禹會諸侯計功，改曰會稽。（《史記‧太史公自序》司馬貞索隱。又見《杜工部草堂詩箋》卷十五，文字稍異。）

〔校記〕

〔一〕本名，《杜工部草堂詩箋》無。

海寧

晉改休陽爲海寧。（《三國志‧孫權傳》裴松之注）

東安郡

郡治富春也。（《三國志‧孫權傳》裴松之注）

琮時治富春。（《三國志‧全琮傳》裴松之注）

羅陽

羅陽，今安固縣。(《三國志・孫權傳》裴松之注)

永安

永安，今武康縣也。(《三國志・孫皓傳》裴松之注)

臨水縣

晉改爲臨安。(《三國志・賀齊傳》裴松之注)

瑇瑁

瑇瑁，似龜而大，出南海山石，謂隱起爲山石之文也。(《後漢書・王充王符仲長統列傳》李賢等注。又見《文選補遺》卷二十一。也，《文選補遺》無。)

另存文字有異者，錄於下：

嶺南盧賓縣漲海中，玳瑁，似龜而大。(《太平御覽》卷八〇七)

瑇瑁，似龜而大。(《兩漢博聞》卷四)

廉薑

始安多廉薑。(《齊民要術》卷十)

䈽竹

日南有䈽竹，勁利，削爲矛。(《齊民要術》卷十。又見李衎《竹譜》卷五)

筍竹

鄱陽有筍竹，冬月生。(《齊民要術》卷十)

江上

胥山在太湖邊，去江不百里，故曰江上。(《水經注》卷四十。又見《(紹定) 吳郡志》卷四十八、《(至元) 嘉禾志》卷四)

段石崗

其文，東觀華顥作〔一〕。其字大篆，未知誰書〔二〕，或傳是皇象〔三〕。(《建康實錄》卷四。又見《輿地紀勝》卷十七，文字稍異。)

〔校記〕

〔一〕「東觀」下，《輿地紀勝》有「令」字。

〔二〕此句，《輿地紀勝》無。

〔三〕此句，《輿地紀勝》作「或云是皇象書也」。

冶縣

東漢末，吳分冶縣爲東南二部都尉，東部臨海，南部建安 。（《輿地紀勝》卷十二）

建安郡

（永安二年），以會稽南部爲建安郡。（《輿地紀勝》卷十二）

胥山

吳王殺子胥，投之於江。吳人立祠於江上，因名胥山。（《太平寰宇記》卷九十一。又見《（至元）嘉禾志》卷四）

安閩王冶

閩越王冶鑄地，故曰安閩王冶。此不應偏以受名，蓋句踐冶鑄之所，故謂之冶乎？閩中有山名湛，疑湛山之鑪鑄劍爲湛鑪也。（《宋書·州郡志》）

宜都太守

劉備立。（《宋書·州郡志》）

邵陵太守

屬邵陵。（《宋書·州郡志》）

高安縣

晉分常樂立。（《宋書·州郡志》）

五湖

五湖者，太湖之別名也，周行五百餘里。（《文選·江賦》李善注。又見《文選·述祖德詩二首》李善注、《事類賦》卷六）

另存文字稍異者，錄於下：

五湖者〔一〕，太湖之別名〔二〕，以其周行五百餘里〔三〕，故以五湖爲名〔四〕。（《杜工部草堂詩箋》卷二十二。又見陸廣微《吳地記》、《初學記》卷七、《（紹定）吳郡志》卷四十八、《太平御覽》卷六十五、《玉海》卷二十三、《海錄碎事》卷三下、《（景定）建康志》卷十八、《紺珠集》卷十三、《事文類聚》前集卷十七、《小學紺珠》

卷二，文字稍異。）

〔校記〕

〔一〕者，《小學紺珠》無。

〔二〕之，《小學紺珠》無。

〔三〕周行，《紺珠集》作「周圍」。餘，《吳地記》、《海錄碎事》無。此句，《小學紺珠》
　　　作「周五百餘里」。

〔四〕此句，《吳地記》作「以五湖爲名」，《玉海》、《小學紺珠》作「故曰五湖」，《紺珠集》
　　　作「故名五湖」。

五湖者，太湖之別名，以其周行五百里〔一〕，故名之〔二〕。（《九家集註杜
詩》卷三十六。又見《分門集註杜工部詩》卷十八、《詳注昌黎先生文集》外集卷一、
《示兒編》履齋示兒編卷之十二，文字稍異。）

〔校記〕

〔一〕周行，《詳注昌黎先生文集》作「周圍」。

〔二〕之，《詳注昌黎先生文集》無。

五湖者，太湖之別名，以其周行五百里，三萬六千頃〔一〕，故以五湖名之
〔二〕。（《通鑒綱目》卷三十六上。又見《古今韻會舉要》卷三、《唐音》卷二、卷六，
文字稍異。）

〔校記〕

〔一〕三萬，《唐音》作「二萬」。

〔二〕故，《唐音》卷二作「乃」。之，《古今韻會舉要》無。

五湖者，太湖之別名。（《補注杜詩》卷三十六）

周行五百里故名。（《吳中水利書》）

太湖之別名，以其周行五百餘里也。（《（嘉泰）吳興志》卷五）

以其周行五百餘里，故曰五湖。（《輿地紀勝》卷六）

周行五百餘里，故名五湖。（《通鑒地理通釋》卷十四）

雷池

雷池在晥。（《文選·江賦》李善注）

青草湖

巴陵縣有青草湖。（《文選·江賦》李善注。又見《杜工部草堂詩箋》卷二十）

酃陵縣

湘川酃陵縣水以作酒，有名。吳興烏程縣若下酒有名。(《六臣注文選·雪賦》。又見《文選·雪賦》李善注)

另存文字差異較大者，錄於下：

湘東酃縣有酃水，土人以水爲酒名。(《編珠》卷三補遺)

湘東有酃水酒，有名。(《初學記》卷二十六)

湘東酃縣有酃水，以水爲酒名。其湖周匝四十三里。(《北堂書鈔》卷一百四十八)

湘東酃縣水以爲酒，故日湘東酃。(《海錄碎事》卷六)

美酒

宜春縣出美酒，每歲上貢封酒〔一〕，親付計吏〔二〕。(《太平御覽》卷一百七十。又見《錦繡萬花谷》卷五，文字稍異。)

〔校記〕

〔一〕封酒，《錦繡萬花谷》無。

〔二〕親，《錦繡萬花谷》無。

另存文字簡潔者，附於下：

安成宜春縣出美酒。(《編珠》卷三補遺。又見《初學記》卷二十六)

宜春有美酒。(《輿地紀勝》卷二十八)

冬筍

馬援至荔浦見多筍，名曰苞筍，其味美於春夏笋也。(《北戶錄》卷二)

程鄉

程鄉出酒。(《元和郡縣志》卷三十。又見《輿地紀勝》卷五十七)

太湖

《書》云：三江既入，震澤底定。震澤，吳西南太湖也。(《藝文類聚》卷八)

孫堅墓

孫堅墓上數有光〔一〕，如雲氣五色，上屬天〔二〕，下曼延數里〔三〕。父老相謂曰：「此非凡氣，孫氏其興乎？」〔四〕(《藝文類聚》卷十。又見《北堂書鈔》卷一百五十一，文字稍異。)

〔校記〕

〔一〕此句，《北堂書鈔》作「孫氏墓漢末數有光」。

〔二〕上，《北堂書鈔》無。

〔三〕此句，《北堂書鈔》無。

〔四〕「父老」三句，《北堂書鈔》作「父老曰：『非常氣也。』」。

長江

魏文帝至廣陵，臨江觀兵〔一〕，見波濤洶湧，歎曰：「此固天之所以隔南北也〔二〕。」遂歸〔三〕。（《藝文類聚》卷十三。又見《橘山四六》卷十七，文字稍異。）

〔校記〕

〔一〕此句下，《橘山四六》有「有渡江之志」句。

〔二〕此句，《橘山四六》作「嗟乎！固天所以隔南北也。」

〔三〕此句，《橘山四六》無。

荔支

蒼梧多荔支，生山中，人家亦種之。（《藝文類聚》卷八十七。又見《太平御覽》卷九百七十一）

石首魚

婁縣有石首魚〔一〕，至秋化爲冠鳧〔二〕，鳧頭中猶有石也〔三〕。（《藝文類聚》卷九十一。又見《北堂書鈔》卷一百六十、《（紹定）吳郡志》卷二十九、《太平御覽》卷九百一十九，文字稍異。）

〔校記〕

〔一〕此句，《北堂書鈔》、《太平御覽》作「石首魚」。

〔二〕冠，《（紹定）吳郡志》無。

〔三〕也，《北堂書鈔》、《（紹定）吳郡志》無。此句，《太平御覽》作「頭中有石」。

另存文字簡潔者，附於下：

婁縣有石首魚，至秋化爲鳧。（《初學記》卷三十。又見《錦繡萬花谷》後集卷四十。鳧，《錦繡萬花谷》作「鳥」。）

將樂縣

將樂縣屬建安郡。（《初學記》卷八）

長鳴短鳴雞

魏文帝遣使求長鳴短鳴雞〔一〕。群臣以非禮欲不與，孫權勑付之〔二〕。（《藝

文類聚》卷九十一。又見《太平御覽》卷九百一十八，文字稍異。）

〔校記〕

〔一〕「使」下，《太平御覽》有「於吳」二字。

〔二〕之，《太平御覽》作「使」。

日南

薛綜上疏曰：日南遠致翡翠，充備寶玩。（《藝文類聚》卷九十二。又見《太平御覽》卷九百二十四）

土赤

九眞移風縣，有土赤如膠〔一〕。人視土知蟻〔二〕，因墾〔三〕，以木枝其中〔四〕，則蟻緣而生漆，堅凝如螳螂子蜱蛸〔五〕，折漆以染堅凝絮〔六〕，其色正赤〔七〕，所謂赤絮，則此膠也。（《藝文類聚》卷九十七。又見《太平御覽》卷八百一十四、卷九百四十七，文字稍異。）

〔校記〕

〔一〕此句，《太平御覽》作「有赤絮膠」。

〔二〕此句，《太平御覽》卷八百一十四作「人規土知蟻穴」，《太平御覽》卷九百四十七作「人視土知有蟻」。

〔三〕此句，《太平御覽》卷八百一十四作「墾發」，《太平御覽》卷九百四十七作「因墾發」。

〔四〕「木枝」下，《太平御覽》有「插」字。

〔五〕「蜱蛸」下，《太平御覽》卷九百一十四有「也」字。此句，《太平御覽》卷八百一十四無。

〔六〕堅凝，《太平御覽》無。

〔七〕《太平御覽》卷八百一十四引至此句。

另存文字簡潔者，附於下：

居風縣有蟻絮，藤人視土中〔一〕，知有蟻。因墾發〔二〕，以木皮插其上〔三〕，則蟻出，緣而生漆〔四〕。（《初學記》卷八。又見《太平寰宇記》卷一百七十一、《海錄碎事》卷十四、《錦繡萬花谷》後集卷六，文字略異。）

〔校記〕

〔一〕藤人，《海錄碎事》作「漆人」。

〔二〕因，《錦繡萬花谷》無。

〔三〕木皮，《太平寰宇記》作「木枝」。

〔四〕此句，《太平寰宇記》作「緣而生漆堅凝」。

火浣布

日南比景縣有火鼠，取毛爲布，燒之而精，名火浣布。（《法苑珠林》卷三十八。又見《太平御覽》卷八百二十）

另存文字簡潔者，附於下：

日南取火鼠毛爲布，名火浣布。（《緯略》卷四）

龍穴

湘東新平縣有龍穴〔一〕，中有黑土〔二〕。天旱，民共遏水漬此穴〔三〕，輒雨〔四〕。常以此請雨。（《北堂書鈔》卷一百五十八。又見《初學記》卷二、《錦繡萬花谷》後集卷一、《群書通要》甲集卷二，文字稍異。）

〔校記〕

〔一〕「湘東」下，《初學記》、《錦繡萬花谷》有「郡」字。此句，《群書通要》作「湘東郡有龍穴」。

〔二〕此句，《初學記》、《錦繡萬花谷》、《群書通要》皆無。

〔三〕民，《初學記》、《錦繡萬花谷》、《群書通要》皆作「人」。遏，《群書通要》作「謁」。

〔四〕此句，《初學記》、《錦繡萬花谷》作「輒雨也」，《群書通要》作「驟雨也」。三者皆引至此句。

西屬國

象林海中有小洲〔一〕，生柔金。自北南行三十里有西屬國，人自稱漢子孫。有銅柱，〔二〕云漢之疆場之表〔三〕。（《初學記》卷六。又見《（嘉定）赤城志》卷三十九，文字稍異。）

〔校記〕

〔一〕象林海，《（嘉定）赤城志》作「臨海」。

〔二〕「自北」三句，《（嘉定）赤城志》作「自北而南三十里有銅柱，西屬國人自稱漢子孫」。

〔三〕云，《（嘉定）赤城志》作「乃」。

溫泉

始興山出湯泉，零陵縣出溫泉。（《初學記》卷七）

湯山溫泉

丹陽江乘縣有湯山，出溫泉三所。（《初學記》卷七。又見《（景定）建康志》卷十九、《（至大）金陵新志》卷五下，文字稍異。江乘縣，《（景定）建康志》作「江寧縣」。）

新平

新平屬湘東郡。(《太平寰宇記》卷一百一十五)

若下酒

長城若下酒有名，溪南曰上若，北曰下若。並有村，村人取若下水以釀酒，醇美勝雲陽。(《初學記》卷八。又見《錦繡萬花谷》後集卷六)

另有文字簡潔者附於下：

長城若下酒。(《緯略》卷十、《太平御覽》卷六十五)

宜春

宜春泉水。(《初學記》卷八)

松梁山

松梁山〔一〕，山石間開處容數十丈〔二〕，其高以弩射之，不及其上。〔三〕(《初學記》卷八。又見《太平御覽》卷三百四十八、《錦繡萬花谷》後集卷六，文字稍異。)

〔校記〕

〔一〕此句，《錦繡萬花谷》作「松梁之石」。

〔二〕山石間開處，《太平御覽》作「山石開處」，《錦繡萬花谷》作「間開處」。

〔三〕「其高」二句，《太平御覽》作「高竹弩不及其上」。此句下，《太平御覽》有「在澧州」句。

端溪石

端溪有端山，山有五色石，石上多香水。(《初學記》卷八。又見《錦繡萬花谷》後集卷六)

另存文字簡潔者，附於下：

端州有端溪石，山有五色香水。(《太平寰宇記》卷一百五十九。又見《輿地紀勝》卷九十六)

端溪縣有端山。(《太平寰宇記》卷一百六十四)

五色石

端溪山有五色石，上多香草，俗謂之香山。(《元豐九域志》卷九)

另存文字簡潔者，附於下：

端溪山有五色石，石上多香草。(《輿地紀勝》卷一〇一)

端溪山有五色石。(《輿地紀勝》卷一〇一)

端山

端溪縣有端山。(《太平寰宇記》卷一百六十四。又見《輿地紀勝》卷一〇一)

彭澤鳥

彭澤有鳥接丸〔一〕。行者丸飯投之，高下無失。(《初學記》卷三十。又見《事類備要》別集卷七十二，文字稍異。)

〔校記〕

〔一〕「接」上，《事類備要》有「能」字。

另存文字有異者，錄於下：

彭澤有鳥接食，團飯投之，高下無失，巫山迎船鳥亦然。(《續博物志》卷九)

錯魚子

錯魚子生後〔一〕，朝出索食，暮皆入母腹中〔二〕。(《初學記》卷三十。又見《太平廣記》卷四百六十四，文字稍異。)

〔校記〕

〔一〕生後，《太平廣記》無。

〔二〕此句，《太平廣記》作「暮入母腹」。

赤雀

景帝永安六年，赤雀見於豫章。(《藝文類聚》卷九十九。又見《太平御覽》卷九百二十二)

白鳩

赤烏十二年八月，白鳩見章安。(《藝文類聚》卷九十九。又見《太平御覽》卷九百二十一)

寶鼎

赤烏十二年，寶鼎見於臨平湖中。(《初學記》卷九)

櫰木

交趾縣有櫰木，其內有白米屑，就水淋之，如麵，可作餅。(《北堂書鈔》卷一百四十四)

冷石

鬱林郡有布山，多毒蛇，有冷石，色赤黑，味苦，屑此石著創中以初齒，立蘇，一名初齒。（《北堂書鈔》卷一百六十）

甘蔗

交趾所生者，圍數寸，長丈餘，頗似竹，斷而啖之甚甘。〔一〕笮取其汁〔二〕，曝乾成飴〔三〕，入口消釋〔四〕。彼人謂之石蜜。（《全芳備祖》後集卷四。又見《事類備要》別集卷四十七，文字稍異。按：寸，《全芳備祖》原文脫，今補。）

〔校記〕

〔一〕「頗似」二句，《事類備要》無。

〔二〕笮，《事類備要》無。

〔三〕此句，《事類備要》作「曝之數日成錫」。

〔四〕此句，《事類備要》作「入口即消」。

木棉

其實如酒杯，中有棉如蠶〔一〕。綿可作布，又名曰緤。〔二〕（《重修廣韻》卷二。又見《五音集韻》卷四，文字稍異。）

〔校記〕

〔一〕棉，《五音集韻》作「綿」。

〔二〕以上二句，《五音集韻》作「所作布又名『緤』。」

另存文字有異者，錄於下：

交趾安定縣有木綿樹，實如酒杯，口有綿，可作布。（《樹藝篇·草部》卷一）

栟櫚

出臨海山中，一名櫻櫚。（《（嘉定）赤城志》卷三十六）

八蠶

南陽郡一歲蠶八績。（《演繁露》卷十二。又見《緯略》卷六、《太平御覽》卷八百二十五、《爾雅翼》卷二十四，文字稍異。南陽，《緯略》作「南鄉」。）

巴陵

晉分長沙之邑，為巴陵等縣，置建昌郡，在巴陵。（《岳陽風土記》）

另存文字簡潔者，附於下：

晉分巴陵置建昌郡，在巴陵。（《輿地紀勝》卷六十九）

晉分長沙爲巴陵等縣。（《輿地紀勝》卷六十九）

餘甘

高涼安寧縣有餘甘，初食之味苦，後更甘。（《緯略》卷四）

朱方

朱方後名谷陽。（《太平寰宇記》卷八十九。此則引作「《吳錄地理》」，應是省稱。）

曲阿

截其道使曲，故曰曲阿。（《太平寰宇記》卷八十九。又見《（至順）鎮江志》卷七）

雙鷺

吳王夫差移鼓於建康之南門〔一〕，有雙鷺從鼓中飛出〔二〕。或云鷺者鼓之精。（《太平寰宇記》卷九十。又見《初學記》卷十六、《錦繡萬花谷》後集卷三十二，文字稍異。）

〔校記〕

〔一〕鼓，《初學記》、《錦繡萬花谷》無。「之」下，《初學記》、《錦繡萬花谷》有「宮」字。

〔二〕此句，《初學記》、《錦繡萬花谷》作「有雙鶴從鼓中而飛上入雲中」。二者皆引至此。

富陽浦

富陽浦，漢末爲吳縣於津〔一〕，吳大帝時，有浦通浙江，至廬溪及桐溪，故曰桐廬〔二〕。縣東有大溪注廬口，淥波青巖。昔晉徵士散騎侍郎戴勃遊此，自言山水之極致也。（《太平御覽》卷七十五。又見《太平寰宇記》卷九十一，文字稍異。）

〔校記〕

〔一〕此句，《太平寰宇記》作「漢末爲縣於其津」。

〔二〕《太平寰宇記》引至此句。

秦柱山

一名望山。昔始皇登此望海，緣以爲名。（《太平寰宇記》卷九十一）

名秦望山。昔秦始皇嘗登此望海。（《（淳祐）玉峰志》卷上）

替山

（於潛）縣西替山，蓋因山以立名。（《太平寰宇記》卷九十三）

富春縣

屬吳郡。（《太平寰宇記》卷九十三。此則冠作「《吳錄地理》」，應爲省稱。）

孫洲

浙江經縣前〔一〕，過江中有沙漲。吳武烈帝爲郡吏赴府〔二〕，鄉人餞之，會於洲上。〔三〕父老曰〔四〕：「此沙狹而長，君其爲長沙太守乎〔五〕？」後果如父老之言〔六〕。（《太平寰宇記》卷九十三。又見《輿地紀勝》卷二，文字稍異。）

〔校記〕

〔一〕此句，《輿地紀勝》作「浙江縣前」。

〔二〕帝，《輿地紀勝》無。

〔三〕「鄉人」二句，《輿地紀勝》作「鄉人餞于洲上」。

〔四〕曰，《輿地紀勝》作「云」。

〔五〕君，《輿地紀勝》無。

〔六〕此句，《輿地紀勝》作「遂名孫洲」。

箬下酒

烏程箬下酒有名。（《太平寰宇記》卷九十四。又見《輿地紀勝》卷四）

烏程下若酒有名。（《施注蘇詩》卷五。又見《海錄碎事》卷六）

箬下酒有名。（《（嘉泰）吳興志》卷十二）

都龐

（九眞太守）有都龐。（《宋書·州郡志》）

天姥山

剡縣有天姥山。傳云登者聞天姥歌謠之響。（《太平寰宇記》卷九十六）

石城山

永康有石城山。（《太平寰宇記》卷九十七。又見《太平御覽》卷四十七）

松陽縣

取松陽木爲名。（《太平寰宇記》卷九十九。又見《（嘉泰）會稽志》卷一）

化縣

屬廬陵郡之南部。(《太平寰宇記》卷一〇八)

南安縣

屬廬陵南郡都尉。(《太平寰宇記》卷一〇八、《輿地紀勝》卷三十六)

大庾山

南野縣有大庾山，九嶺嶠，以通廣州。(《太平寰宇記》卷一〇八。又見《太平御覽》卷一百七十、《輿地紀勝》卷三十六、《錦繡萬花谷》卷五，文字略異。廣州，《錦繡萬花谷》作「廣泉」。)

潯陽縣

屬武昌。(《太平寰宇記》卷一百一十)

黔陽

黔陽屬武陵郡。今辰州三亭縣西黔陽故城〔一〕，即漢之黔陽縣城也。(《太平寰宇記》卷一百二十。又見《太平御覽》卷一百七十一，文字稍異。)

〔校記〕

〔一〕此句，《太平御覽》作「黔陽，今辰州三亭縣西，故城是也」，且引至此。

濡須塢

初欲夾水立塢，諸軍皆曰：「上岸擊賊，洗足入舟，何用塢為？」呂蒙曰：「兵有利鈍，戰無百勝，如有邂逅，步騎蹙人，不暇及水，豈得入船乎？」權曰：「善。」遂築塢。曹公不能下而退。(《太平寰宇記》卷一百二十四)

宜都郡

蜀昭烈皇帝立宜都郡於西陵。(《太平寰宇記》卷一百四十七。又見《太平御覽》卷一百六十七)

番禺縣

番禺縣在禺山，尉佗所葬。(《太平寰宇記》卷一百五十七。又見《太平御覽》卷一百七十二。在，《太平御覽》作「有」。)

滇石山

滇水所出。尉佗爲城於此山上，名萬人城也。（《太平寰宇記》卷一百五十七。此則内容冠以「《吳錄志》」，當是省稱。）

寧浦郡

吳以合浦北郡爲寧浦郡。（《太平寰宇記》卷一百六十六）

珊瑚

交州漲海中有珊瑚，以鐵網收之。（《太平寰宇記》卷一百七十）

括蒼山

括蒼山登之俯視雷雨也。（《太平御覽》卷四十七）

始興山

始興縣有始興山，山出溫泉，可以瀹鷄。（《太平御覽》卷七十一）

十二埭

句容縣大皇時，使陳勳鑿開水道，立十二埭以通吳會諸郡，故船行不復由京口。（《太平御覽》卷七十三）

秣陵

張紘言於孫權曰：「秣陵，楚武王所置，名爲金陵。秦始皇時，望氣者云金陵有王者氣，故斷連崗，改名秣陵也〔一〕。」（《文選·鼓吹曲》李善注。又見《太平御覽》卷一百五十六、《事文類聚》續集卷一，文字有異。）

〔校記〕

〔一〕也，《太平御覽》、《事文類聚》無。此句下，二者皆有「有別小江，可以貯船，宜爲都邑。劉備勸都之，自京口遷都焉」數句。

另存文字差異較大者，錄於下：

劉備使諸葛亮至京〔一〕，因觀秣陵山阜〔二〕，乃歎曰〔三〕：「鍾山龍蟠，石頭虎踞，帝王之宅也〔四〕。」（《橘山四六》卷十。又見《太平御覽》卷一百五十六、《事文類聚》續集卷一，文字稍異。）

〔校記〕

〔一〕此句，《太平御覽》作「劉備曾使諸葛亮至京」，《事文類聚》作「諸葛亮至京口」。

〔二〕觀，《太平御覽》、《事文類聚》作「睹」。

〔三〕乃，《太平御覽》、《事文類聚》無。

〔四〕也，《太平御覽》、《事文類聚》無。

丹徒

（朱方），後名谷阳。秦時或言其地有天子氣。始皇使赭衣徒三千，鑿京峴山，以敗其勢，因名曰丹徒。（《輿地紀勝》卷七）

戎將掘冢

景帝時，戎將於廣陵掘諸冢，取版塼以城，所壞甚多。（《太平御覽》卷一百八十八）

檳榔

交阯朱鳶縣有檳榔，正直，高六七丈，葉大如盾。（《太平御覽》卷三百五十七）

璫珥

袁博出遊，其女塋得壞壚齊璫珥百枚，於是封上之，詔以賜博也。（《太平御覽》卷七百一十八）

珠璣、翡翠、玳瑁

魏使以馬求易珠璣、翡翠、玳瑁。（《太平御覽》卷八〇七）

火齊

南西倦縣有火齊，如雲母，重沓可開，色黃似金。（《太平御覽》卷八〇九）

山雞

合浦朱虛縣有山雞，黑色，樹栖。（《太平御覽》卷九百一十八）

桄榔

交趾南海縣出桄榔，中有米屑爲麵。（《太平御覽》卷九百六十）

文木

南朱桐縣有文木，材堅黑如水牛角，作馬鞭。（《太平御覽》卷九百六十）

篔簹竹

始興曲江縣有篔簹竹，圍尺五寸，節相去六七尺。夷人以爲布葛。（《太平御覽》卷九百六十三）

瓜

姚翁仲嘗種瓜菜灌園，以供衣食。時人或餉，一無所受。（《太平御覽》卷九百七十八）

鐘山

大帝祖諱鍾，因改名曰蔣山。（《六朝事跡編類》卷上）

洞庭、九江

岳之洞庭，荊之九江也。（《識遺》卷三。又見《路史》卷四十七）

猨

猨，狄類也，色青赤有文，居木上，九眞、日南有之。（《爾雅翼》卷二十）

第一㝢桑

諸暨境土諸山出第一㝢桑，文采如博棊，方正駢次，有如畫作，可爲屐韜。上品者，一兩至數十萬。（王十朋《會稽三賦·會稽風俗賦》。又見《梅溪集》後集卷一）

縮酒

貢香茅以縮酒。（《輿地紀勝》卷五十六）

美酒

郴程水鄉出美酒。（《輿地紀勝》卷五十七）

沙羨

今南有沙羨。（《輿地紀勝》卷六十六）

黃祖爲江夏太守，始於沙羨置屯。（《通鑒地理通釋》卷十二）

合浦北部都尉

孫休永安三年，分合浦立爲合浦北部都尉，領平山與道寧浦三縣。（《宋書·

州郡志》。又見《輿地紀勝》卷一百一十三）

昌平縣

吳置昌平縣。（《輿地紀勝》卷一百一十三）

句章

句章因山爲名。（《（乾道）四明圖經》卷二）

溧陽縣

子胥乞食處在丹陽溧陽縣。（《史記・伍子胥傳》裴駰集解。此則内容冠以「張勃曰」，或爲《吳錄地理志》省稱。）

新城

晉末立。（《宋書・州郡志》。此則内容冠以「張勃云」，應爲《吳錄地理志》省稱。）

存疑

以下條目不見明代之前諸書徵引，暫存疑。

括蒼山

括蒼山，登之俯視雷雨，有棠溪、赤溪、官溪三水。（《讀史方輿紀要》卷五十九。此則冠以「《吳錄》」。）

遂安

晉改新定爲遂安。（《三國志補義》卷一。此則冠以「《吳錄》」。）

《華山精舍記》　　晉張光祿

《華山精舍記》，張光祿撰。《隋書・經籍志》著錄：「《華山精舍記》一卷，張光祿撰」，《通志・藝文略》亦著錄。陸雲有《與張光祿書》，則其應與陸雲同時人。

華山

華山，在吳縣西六十三里。〔一〕《老子枕中記》云：「吳西界有華山，可以度難。」父老云：山頂北有池，上生千葉蓮華，服之羽化，因曰華山。長林森天，荒楚蔽日。（《（紹定）吳郡志》卷十五。又見《太平御覽》卷四十六，文字稍異。）

〔校記〕

〔一〕以上二句，《太平御覽》無。

《春秋土地名》　晉京相璠

《春秋土地名》，一作《地名》，晉京相璠撰。諸書在徵引過程中又往往省略爲「京相璠曰」。京相璠，生卒年、里籍皆不詳。據《隋書·經籍志》載，其爲裴秀客，應與裴秀同時。《隋書·經籍志》著錄：「《春秋土地名》，三卷，裴秀客京相璠等撰」；《舊唐書·經籍志》、《新唐書·藝文志》、《通志·藝文略》皆著錄三卷。元代諸書無著錄，大約在其時亡佚。

郟、鄏

郟，山名；鄏，邑名〔一〕。（《史記·周本紀》張守節正義。又見《水經注》卷十六，文字稍異。）

〔校記〕

〔一〕此句，《水經注》作「地邑也」。

翟泉

今太倉西南池水名翟泉。（《水經注》卷十六）

舊說言翟泉本自在洛陽北莨弘城，成周乃繞之。（《水經注》卷十六）

京縣

京縣有大索亭、小索亭，大小氏兄弟居之，故有小大之號。（《史記·項羽本紀》張守節正義）

另存文字簡潔者，錄於下：

京有小索亭。（《水經注》卷七）

鐵

鐵，丘名也。(《水經注》卷五)

五鹿之野

今衞縣西北三十里，有五鹿城，今屬頓五城。(《水經注》卷五)

莘亭

今平原陽平縣北十里，有故莘亭，阨限蹊要，自衞適齊之道也。(《水經注》卷五)

攝城

聊城縣東北三十里，有故攝城。今此城西去聊城二十五六里。許，即攝城者也。(《水經注》卷五)

高唐

本平原縣也，齊之西鄙也。(《水經注》卷五)

梗陽

梗陽，晉邑也。(《水經注》卷六)

冀亭

今河東皮氏縣有冀亭，古之冀國所都也。(《水經注》卷六)

桑泉、臼衰

桑泉、臼衰，並在解東南。(《水經注》卷六)

向城

或云今河內軹西有城，名向，今無。(《水經注》卷七)

邲

在敖北。(《水經注》卷七)

滎澤

滎澤，在滎陽縣東南，與濟隧合。(《水經注》卷七)

垂隴

垂隴，鄭地。（《水經注》卷七）

故釐城

今滎陽縣東四十里有故釐城也。（《水經注》卷七）

宛濮

衛地也。（《水經注》卷八）

濟水

濟水，自鉅野至濟北。（《水經注》卷八）

郿

《公羊傳》謂之微。（《水經注》卷八）

須朐

須朐，一國二城兩名。（《水經注》卷八。又見《路史》卷十、二十四）

故清亭

今濟北東阿東北四十里，有故清亭，即《春秋》所謂清者也。（《水經注》卷八）

盧子城

今濟北所治盧子城〔一〕，故齊周首邑也。（《水經注》卷八。又見《春秋分記》卷二十七，文字稍異。）

〔校記〕

〔一〕今，《春秋分記》無。

石門

石門，齊地。（《水經注》卷八）

平陰

平陰，齊地也，在濟北盧縣故城西南十里。（《水經注》卷八）

華泉

華泉，華不注山下泉水也。（《水經注》卷八）

袁水

濟南梁鄒縣，有袁水者也。(《水經注》卷八)

巫山

巫山在平陰東北，昔齊侯登望晉軍，畏眾而歸。師曠、刑伯聞鳥烏之聲，知齊師潛遁。(《水經注》卷八)

雍城

今河內山陽西，有故雍城。(《水經注》卷九)

隤城

河內脩武縣北有故隤城，實中。(《水經注》卷九)

牛跡

晉地矣。(《水經注》卷九)

邘臺

今野王西北三十里有故邘城、邘臺是也。(《水經注》卷九)

又有亭，在臺西南三十里。(《水經注》卷九)

郤城

河內山陽西北六十里有郤城。(《水經注》卷九)

另存：

郤城，在山陽西北六十。(《路史》卷三十)

隰城

在懷縣西南。(《水經注》卷九)

無棣

舊說無棣在遼西孤竹縣。(《水經注》卷九)

白狄

白狄之別也。(《水經注》卷十)

中人城

今中山望都東二十里，有故中人城。(《水經注》卷十一)

下鄀

今鞏洛渡北，有鄀谷水，東入洛，謂之下鄀。(《水經注》卷十五。又見《太平寰宇記》卷五、《春秋分記》卷二十五)

黃亭

訾城北三里有黃亭。(《水經注》卷十五)

坎欿

鞏東地名坎欿，在洞水東〔一〕。(《水經注》卷十五。又見《春秋分記》卷二十五，文字稍異。)

〔校記〕

〔一〕此句，《春秋分記》無。

三塗

山名也。(《水經注》卷十五)

邧垂

舊說言邧垂在高都南，今上黨有高都縣。(《水經注》卷十五)

前亭

今洛陽西南五十里伊闕外前亭矣。(《水經注》卷十五)

甘城

或云甘水西山上，夷汙而平，有故甘城，在河南城西二十五里。(《水經注》卷十六)

甘水

今河南縣西南，有甘水，北入洛。(《水經注》卷十六)

召亭

亭在周城南五十里。(《水經注》卷十八)

陒道

楚通上洛，陒道也。（《水經注》卷二十。又見《春秋分記》卷二十六）

霍陽山

霍陽山，在周平城東南者也。（《水經注》卷二十一）

養陰里

在襄城郟縣西南，養，水名也。（《水經注》卷二十一）

襄城

周襄王居之，故曰襄城也〔一〕。（《水經注》卷二十一。又見《太平寰宇記》卷八，文字稍異。）

〔校記〕

〔一〕也，《太平寰宇記》無。

蒲城

昆陽縣北有蒲城，蒲城北有湛水者是也。（《水經注》卷二十一）

負黍

負黍在潁川陽城縣西南二十七里，世謂之黄城也。（《水經注》卷二十二。又見《春秋分記》卷二十五）

稟水

長社北界有稟水。（《水經注》卷二十二）

長葛鄉

長社縣北有長葛鄉。（《水經注》卷二十二）

桐丘城

鄭地也。（《水經注》卷二十二）

辰亭

潁川長平有故辰亭。（《水經注》卷二十二）

濮西

以夷之濮西田益也。（《水經注》卷二十二）

巨陵亭

潁川臨潁縣東北二十五里有故巨陵亭，古大陵也〔一〕。（《水經注》卷二十二。又見《春秋分記》卷二十九，文字稍異。）

〔校記〕

〔一〕此句，《春秋分記》無。

林鄉

今滎陽苑陵縣有故林鄉，在新鄭北，故曰北林也。（《水經注》卷二十二）

澹臺子羽冢

今泰山南武城縣有澹臺子羽冢，縣人也。（《水經注》卷二十二）

古制澤

鄭地。（《水經注》卷二十二）

沙汭

楚東地也。（《水經注》卷二十二。又見《春秋分記》卷三十三）

承匡城

今陳留襄邑西三十里有故承匡城。（《水經注》卷二十三）

瑕

瑕，楚地。（《水經注》卷二十三。又見《春秋分記》卷三十）

向

向，沛國縣，今並屬譙國龍亢也。（《水經注》卷二十三）

清丘

在今東郡濮陽縣東南三十里，魏東都尉治。（《水經注》卷二十四）

沮丘城

今濮陽城西南十五里有沮丘城。（《水經注》卷二十四）

濮水

濮水故道在濮陽南者也。（《水經注》卷二十四）

垂亭

今濟陰句陽縣小成陽東五里，有故垂亭者也。(《水經注》卷二十四)

羊角城

衛邑也。(《水經注》卷二十四)

郕都故城

東郡廩丘縣南三十里有郕都故城。(《水經注》卷二十四)

鄆

《公羊》作運字。(《水經注》卷二十四)

澅水

今臨淄惟有澅水，西北入濟。(《水經注》卷二十四。又見《春秋分記》卷三十三)

時水

今樂安博昌縣南界有時水，西通濟，其源上出盤陽，北至高苑，下有死時，中無水。(《水經注》卷二十四)

闡亭

剛縣西四十里有闡亭。(《水經注》卷二十四)

蛇丘城

今濟北有蛇丘城，城下有水，魯囿也。(《水經注》卷二十四)

遂

遂在蛇丘東北十里。(《水經注》卷二十四)

嶧山

《地理志》：嶧山在鄒縣北，繹邑之所依以爲名也。(《水經注》卷二十五)

漷水

薛縣漷水首受蕃縣，西注山陽湖陸是也。(《水經注》卷二十五)

員亭

琅邪姑幕縣南四十里員亭，故魯鄆邑。(《水經注》卷二十五)

盛鄉城

剛縣西南有盛鄉城者也。(《水經注》卷二十五)

茅鄉城

今高平縣西三十里有故茅鄉城者也。(《水經注》卷二十五)

粗京

宋地。(《水經注》卷二十六)

斟縣

故斟尋國,禹後,西北去灌亭九十里。(《水經注》卷二十六。又見《春秋分記》卷三十二)

申門

申門,即齊城南面西第一門矣。(《水經注》卷二十六)

葵丘地

齊西五十里有葵丘地。(《水經注》卷二十六)

貝丘

博昌縣南近澠水,有地名貝丘,在齊城西北四十里。(《水經注》卷二十六)

豐鄉

南鄉淅縣有故豐鄉,《春秋》所謂豐淅也。(《水經注》卷二十七)

大別

大別,漢東山名也〔一〕。(《水經注》卷二十八。又見《春秋分記》卷三十三,文字稍異。)

〔校記〕

〔一〕此句下,《春秋分記》有「在安豐縣南」句。

窮水

今安風有窮水,北入淮。(《水經注》卷三十)

楊梁

宋地矣。(《水經注》卷三十)

柏舉

漢東地矣〔一〕。（《水經注》卷三十五。又見《春秋分記》卷三十，文字稍異。）

〔校記〕

〔一〕矣，《春秋分記》作「也」。

邵亭

亭在周城南五十里。（《春秋分記》卷二十五）

石門

盧縣故城西南六十里，有故石門。（《春秋分記》卷二十七）

沁縣

沁縣，晉地矣。（《春秋分記》卷三十三）

少水

少水，今沁水也。（《春秋分記》卷三十三）

運城

廩丘東八十有運城。（《路史》卷二十五）

黃城

成陽西南二十七里，世謂黃城。（《路史》卷四十）

《益州記》　　晉杜預

《益州記》，晉杜預撰。杜預（222-284），字元凱，京兆杜陵（今陝西西安）人，官歷河南尹、秦州刺史、鎮南大將軍，司隸校尉，著有《春秋左氏經傳集解》、《春秋釋例》。史志無著錄，其佚文較早爲《北堂書鈔》徵引。

二江

二江者，郫江、流江也。（《史記‧河渠書》張守節正義。又見《玉海》卷二十一，《通鑑綱目》卷十七）

卓王孫井

益州右卓王孫井，舊常於此井取水煮鹽。（《北堂書鈔》卷一百四十六）

平鄉江

平鄉江，東巡峨眉山，在南安縣界，去成都南十里。秋日清澄，望見兩山相峙如峨眉焉。（《庾子山集注》卷十四。按：此則不見明代以前著述徵引，暫存疑，下同。）

煮鹽

汶山、越巂，煮鹽法各異。汶山有鹹石，先以水漬，既而煎之。越巂先燒炭，以鹽井水汰炭，刮取鹽。（《四川鹽法志》卷四）

《汝南記》 晉杜預

《汝南記》，晉杜預撰。文廷式、秦榮光、黃逢元諸《補晉書藝文志》、章宗源《隋書經籍志考證》皆著錄：「《汝南記》，杜預。」

李充妻

李充兄弟六人，貧無擔石之儲。易衣而出，並日而食。其妻竊謂充曰〔一〕：「今貧如是，我有私財，可分異獨居，人多費極，無爲空自窮也。」充請呼諸鄰里，室家相對，前跪舉觴〔二〕，告其母。便顧其妻，叱而遣之。婦行泣出門去。（《初學記》卷十七。又見《太平御覽》卷四百一十七，文字稍異。）

〔校記〕
〔一〕其：《太平御覽》作「而」。
〔二〕此句，《太平御覽》作「前跪觴」。

另存文字簡潔者，附於下：

李充兄弟六人，貧無擔石之儲。其妻謂充曰：「我有私財，可異居。」充乃集宗族，起白母，曰：「此婦令充異居。」叱之出門。（《白孔六帖》卷十九）

陰慶

陰慶爲朝陽侯，其弟員與丹皆爲郎。慶推其居第、園田、奴婢分與員、

丹，但佩印而已，當代稱美之。（《白孔六帖》卷十九）

華仲妻

　　華仲妻本是汝南鄧元義前妻也。元義父伯考爲尚書僕射，元義還鄉里，妻留事姑甚謹，姑憎之，幽閉空室，節其食飲，羸露日困，妻終無怨言。後伯考怪而問之。時義子朗年數歲，言母不病，但苦饑耳。伯考流涕曰：「何意親姑反爲此禍！」因遣歸家。更嫁爲華仲妻。仲爲將作大匠，妻乘朝車出，元義於路傍觀之，謂人曰：「此我故婦，非有它過，家夫人遇之實酷，本自相貴。」其子朗時爲郎，母與書皆不答，與衣輒燒之。母不以介意，意欲見之，乃至親家李氏堂上，令人以它詞請朗。朗至，見母，再拜涕泣，因起出。母追謂之曰：「我幾死，自爲汝家所棄，我何罪過，乃如此邪？」因此遂絕。

（《後漢書·楊李翟應霍爰徐列傳》李賢等注）

《國都城記》　　晉皇甫謐

　　《國都城記》，一作《國都記》，西晉皇甫謐撰。皇甫謐（215-282），字士安，自號玄晏先生。安定朝那（今甘肅平涼西北）人，徙居新安（今河南澠池）。《隋書·經籍志》著錄：「《國都城記》二卷」，《通志·藝文略》著錄：「《國都城記》十卷」，皆不著撰人。《初學記》所引冠以「皇甫謐《國都城記》」。

襄國故城

　　襄國故城在（襄中）縣東二百步。（《初學記》卷八）

《郡國記》　　晉皇甫謐

　　《郡國記》，一作《郡國志》，西晉皇甫謐撰。皇甫謐事跡詳前。此書，《隋志》及兩《唐志》皆未著錄。《太平寰宇記》卷一百五十三引作「皇甫謐《郡國記》」。清人俞浩《西域考古錄》卷六作「皇甫謐《郡國志》」。

白龍堆

燉煌正西關外有白龍堆。（《太平寰宇記》卷一百五十三）

《冀州記》　　晉喬潭

《冀州記》，喬潭撰。史志未著錄。喬潭，生平、里籍不詳。今存佚文記及西晉河東裴氏人物，姑置於此。

裴康、裴楷

裴康，字仲預。楷，字叔則，並爲名士，至太子衛率。（《北堂書鈔》卷六十五）

《關中記》　　晉潘岳

《關中記》，西晉潘岳撰。潘岳（247-300），字安仁，滎陽中牟（今屬河南）人，累官給事黃門侍郎。此書《隋書·經籍志》無著錄。《舊唐書·經籍志》、《新唐書·藝文志》、《冊府元龜》、《通志·藝文略》皆著錄一卷。元代諸書無載，其應亡佚於元代。

渭水橫橋

秦始皇作長安渭水橫橋，廣六丈，南北三百八十步，六十八間。漢時，橋北置都水令丞，領徒千五百人，署屬京兆。董卓壞之，魏武帝更作，廣三丈，今橋是也。（《眞誥》卷十七）

另存文字簡潔者，附於下：
秦作渭水橫橋。（《文選·西征賦》李善注）

阿房宮

秦爲阿房殿，在長安西南二十里。殿東西千步，南北三百步，上坐萬人，庭中可受十萬人。二世爲趙高所殺於宜春宮，宮在城南三里，二世葬其傍。司馬相如所云「墓蕪穢而不修」者是也。（《眞誥》卷十七）

銅鐘

漢昭帝平陵、宣帝杜陵二銅鐘在長安〔一〕。夏侯征西，欲徙詣洛〔二〕，重不能致之〔三〕，在青門里道南〔四〕，其西者是平陵鐘〔五〕，東者杜陵鐘也〔六〕。鴻門在始皇陵北十餘里，《漢書》云「張良解厄於鴻門」者也。（《眞誥》卷十七。又見《太平御覽》卷五百七十五，文字稍異。）

〔校記〕

〔一〕銅鐘：《太平御覽》作「陵鐘」。

〔二〕「洛」下，《太平御覽》有「陽」字。

〔三〕之，《太平御覽》無。

〔四〕此句，《太平御覽》作「懸在清明門門裏道南」。

〔五〕是，《太平御覽》無。

〔六〕此句以下，《太平御覽》無。

三秦

秦王、項籍以沛公爲漢王，都漢中，而分關中爲三秦，章邯爲雍王，都大邱，今槐里是也。司馬欣爲塞王，都櫟陽，今萬年縣是也。董翳爲翟王，都高奴。高奴縣在咸陽西北，今省。高祖自漢中北出，襲三面，皆平之。《漢書》云「乘釁而運，席卷三秦」者也。此三縣，今皆有都邑故處也。（《眞誥》卷十七）

杜陵

杜陵，宣帝陵也。宣帝少依許氏在杜縣，葬於南原，立廟於曲池之北，號曰「樂遊廟」，因苑爲名也。徙關東名族四十五姓，以陪杜陵。司馬相如《弔二世》云：「臨曲江之隑洲」，謂曲池也。（《眞誥》卷十七）

銅人

秦斂天下兵器，鑄以爲銅人十二，〔一〕置之諸宮。漢時皆在長安，〔二〕董卓壞以爲錢〔三〕，餘二人〔四〕，徙在青門里東宮前〔五〕。魏明帝欲徙詣洛，載至霸城〔六〕，重不能致〔七〕。今在霸城大道南〔八〕，胸前有銘曰：「皇帝二十六年，初兼天下諸侯，以爲郡縣，正法律，均度量，大人來見臨洮，身長五丈，足跡六尺。」秦丞相蒙恬、李斯所書也。廟中鐘簴四枚，皆在漢高祖廟中，魏明帝徙二枚詣洛，故尚方南銅駞巷中是也。（《眞誥》卷十七。又見《史記·秦始皇本紀》張守節正義、《文選·西征賦》李善注、《長安志》卷三、卷十一，文字有異。）

〔校記〕

〔一〕「秦斂」二句，《文選》作「秦爲銅人十二」，《長安志》卷十一作「秦爲銅人十三」。

〔二〕「置之」二句，《文選》、《長安志》無。「秦斂」四句，《史記》、《長安志》卷三無。

〔三〕此句，《史記》、《長安志》卷三作「董卓壞銅人」。

〔四〕二人：《史記》、《文選》、《長安志》作「二枚」。

〔五〕此句，《史記》作「徙清門里」，《長安志》卷三作「徙在清明門里」，《文選》、《長安志》卷十一無。

〔六〕至：《史記》、《文選》、《長安志》卷十一作「到」，《長安志》卷三作「致」。

〔七〕此句，《史記》、《文選》、《長安志》作「重不可致」。此句以下，《史記》作「後石季龍徙之鄴，苻堅又徙入長安而銷之」，《長安志》卷三無。

〔八〕此句，《文選》作「今在霸城次道南」。《文選》引至此。此句以下，《長安志》卷十一作「銅人即金狄也」。

始皇陵泉

始皇陵在驪山。泉本北流，障使東西流。有土無石，取大石於渭山諸山。（《史記·秦始皇本紀》張守節正義）

咸陽

孝公都咸陽，今渭城是，在渭北。始皇都咸陽，今城南大城是也。（《史記·高祖本紀》司馬貞索隱）

蒼龍闕、玄武闕

東有蒼龍闕，北有玄武闕。玄武所謂北闕。（《史記·高祖本紀》裴駰集解）

石柱

石柱以北屬扶風，石柱以南屬京兆也。（《史記·孝文本紀》司馬貞索隱）

明堂

明堂在長安城門外〔一〕，杜門之西也。（《史記·孝武本紀》司馬貞索隱。又見《長安志》卷五，文字稍異。）

〔校記〕

〔一〕此句，《長安志》作「漢大學明堂皆在長安城南安門之東」。

別風闕

一名別風闕，言別四方之風。（《史記·孝武本紀》司馬貞索隱）

井幹臺

宮北有井幹臺，高五十丈，積木爲樓。（《史記·孝武本紀》司馬貞索隱）

漢諸陵

漢諸陵皆高十二丈，方百二十步〔一〕。唯茂陵高十四丈〔二〕，方百四十步。徙民置諸縣者凡七陵〔三〕，長陵、茂陵各萬戶，其餘五陵皆各五千〔四〕。縣屬太常〔五〕，不領郡也〔六〕。守衛陵掃除凡五千戶〔七〕，陵令一人，食官令一人，〔八〕寢廟令一人，園長一人，園門令史三十二人〔九〕，侯四人。元帝時，三輔七十萬戶，始不復徙民陪陵〔十〕。渭陵、延陵、義陵皆不立縣也〔十一〕。（《太平御覽》卷五百五十九。又見《長安志》卷十四，文字稍異。）

〔校記〕

〔一〕百二十步：《長安志》作「一百二十步」。

〔二〕此句，《長安志》作「惟茂陵十四丈」。

〔三〕此句，《長安志》作「徙民置縣者凡七」。

〔四〕此句，《長安志》作「餘五陵各五千戶」。

〔五〕此句，《長安志》作「陵縣屬太常」。

〔六〕此句，《長安志》作「下隸郡也」。

〔七〕此句，《長安志》作「守陵漑樹掃除凡五千人」。

〔八〕「陵令」二句，《長安志》作「陵令屬官各一人」。

〔九〕園門令史：《長安志》作「門吏」。

〔十〕「始」下，《長安志》有「斷」字。民：《長安志》作「人」。

〔十一〕不立縣也：《長安志》作「不立銘」。此句以下，《長安志》又有「漢帝諸陵，自各立廟，或在城內，或在城外，或在陵傍。又陵下園有寢室，有便殿。日祭於寢，月祭於廟。時祭於便殿，寢日四上食，廟歲二十五，祠於便殿。又用一遊衣，時至元帝，始正迭毀禘祫之制。惟祖宗之廟，世世不毀。餘五廟，親盡而毀。四時祭於廟，除諸寢園，不除衣冠之遊。其後，或廢或興，至於王莽」。

帝后同塋

漢帝后同塋〔一〕，則爲合葬，不共陵也〔二〕，諸侯皆如之〔三〕。（《水經注》卷十九。又見《史記·外戚世家》裴駰集解，文字稍異。）

〔校記〕

〔一〕此句上，《史記》有「高祖陵在西，呂后陵在東」二句。

〔二〕共陵：《史記》作「合陵」。

〔三〕此句，《史記》作「諸陵皆如此」。

未央宮

未央宮，周旋三十一里〔一〕，街道十七里，有臺三十二，池十二，土山四，宮殿門八十一，掖門十四〔二〕。（《長安志》卷三。又見宛委山堂本《說郛》卷六十

一，文字稍異。）

〔校記〕

〔一〕三十一：《說郛》作「三十三」。

〔二〕此句以下，《說郛》有「宮殿及臺，皆疏龍首山土以作之。殿基出長安城上，非築也」。

另存文字差異較大者，錄於下：

未央宮有天祿閣、麒麟閣，有司馬門、金馬門、青鎖門，玄武闕、蒼龍闕，又有鉤盾署、弄田。（《太平寰宇記》卷二十五）

未央宮殿，皆疏龍首山土作之。然殿居山上，故曰冠云。（《文選·西都賦》李善注）

未央宮殿及臺，皆疏龍首山土以作之，殿基出長安城上，非築也。又取山土以爲城。山之餘尾，今在城西南數里，乃盡也。（《長安志》卷三）

折風

折風，一名別風。（《文選·西都賦》李善注）

千人鄉

宣帝父曰悼皇考，母曰悼夫人，墓曰「奉明園」，后曰「思后」〔一〕。以倡優雜伎千人樂思后園，今所謂千人鄉者是也〔二〕。（《文選·西征賦》李善注。又見《長安志》卷十一，文字稍異。）

〔校記〕

〔一〕此句，《長安志》作「衛皇后曰思后」。

〔二〕也，《長安志》無。

霸陵

霸陵，文帝陵也，上有池，有四出道以寫水。（《文選·休沐重還道中》李善注）

嵩高山

嵩高山石室十餘孔，有石床、池水、食飲之具，道士多遊之，可以避世。

（《初學記》卷五）

終南山

其山一名中南〔一〕，言在天之中〔二〕，居都之南〔三〕，故曰中南〔四〕。

（《初學記》卷五。又見《長安志》卷十一、宛委山堂本《說郛》卷六十一，文字

稍異。）

　〔校記〕

　　〔一〕此句，《長安志》、《說郛》作「終南山一名中南」。

　　〔二〕之，《長安志》、《說郛》無。

　　〔三〕此句，《長安志》作「居都之南也」。《長安志》引至此。

　　〔四〕此句，《說郛》作「故關中曰南山」。

靈沼神池

　　昆明〔一〕，漢武習水戰也〔二〕。中有靈沼神池〔三〕，云堯時理水〔四〕，訖〔五〕，停舟此池〔六〕，蓋堯時已有汚池〔七〕。漢代因而深廣耳〔八〕。（《初學記》卷七。又見《長安志》卷四、《古今合璧事類備要》卷九、宛委山堂本《說郛》卷六十一，文字稍異。）

　〔校記〕

　　〔一〕昆明：《長安志》、《說郛》作「昆明池」，《古今合璧事類備要》作「漢武帝昆明池」。

　　〔二〕此句，《古今合璧事類備要》、《說郛》無。

　　〔三〕此句，《古今合璧事類備要》作「中有靈沼名曰神池」，《說郛》作「曰神池靈沼」。《古今合璧事類備要》引至此。

　　〔四〕此句，《長安志》作「云堯時治水」，《說郛》作「堯治水」。

　　〔五〕訖，《長安志》無。

　　〔六〕舟：《長安志》作「船」。

　　〔七〕汚池：《長安志》作「汙池」。此句，《說郛》作「蓋堯已有池」。

　　〔八〕耳：《說郛》作「之」。

昆明池

　　漢武習水戰，作昆明池。人釣魚，綸絕而去，夢於帝，求去其鉤。明日帝戲於池，見魚銜索，帝取其鉤放之。間三日復游，池濱得珠一雙。帝曰：「豈非昔魚之報也？」（《初學記》卷七）

桂宮

　　桂宮，一名甘泉。又作迎風觀、寒露臺以避暑。（《錦繡萬花谷》後集卷三）

　　另存文字差異較大者，錄於下：

　　桂宮在未央宮北〔一〕，周回十餘里〔二〕，中有光明殿，殿上有複道〔三〕，從宮中西上城，至建章宮、神明臺、蓬山〔四〕。（《太平寰宇記》卷二十五。又見《三輔黃圖》卷二、《長安志》卷四，文字稍異。按：此則《三輔黃圖》冠作《關輔

記》，但其內容與《關中記》無異，當是訛誤。)

〔校記〕

〔一〕「未央宮」下，《長安志》有「之」。

〔二〕此句以下，《三輔黃圖》無。

〔三〕有，《長安志》無。

〔四〕「至」上，《長安志》有「西」。神明臺：《長安志》作「神明殿」。

赤城

長安地皆黑壤，赤城今赤如火〔一〕，堅如石。父老皆傳云〔二〕：「鑿龍首山土以爲城〔三〕。」(《太平寰宇記》卷二十五。又見宛委山堂本《說郛》卷六十一，文字稍異。)

〔校記〕

〔一〕此句，《說郛》作「城今赤如火」。

〔二〕此句，《說郛》作「父老所傳」。

〔三〕此句，《太平寰宇記》作「」，《說郛》作「蓋鑿龍首山土爲城」。此句以下，《說郛》有「又諸臺闕亦爾」。

畢原

高陵北有畢原。(《太平寰宇記》卷二十六)

另存文字差異較大者，錄於下：

周文王葬於畢，長安東南有原名「畢原」。(《太平御覽》卷五十七)

白鹿原

驪山有白鹿原，周平王時，白鹿出此原，故名之。(《太平御覽》卷五十七)

樂遊原

宣帝少依許氏〔一〕，長於杜縣，樂之。後葬於南原，〔二〕立廟於曲池之北亭〔三〕，曰樂遊原〔四〕。(《太平御覽》卷五十七。又見《長安志》卷五，文字稍異。)

〔校記〕

〔一〕此句，《長安志》作「宣帝許后」。

〔二〕「長於」三句，《長安志》作「葬長安縣樂遊里」。

〔三〕亭，《長安志》無。

〔四〕此句，《長安志》作「名曰樂遊廟」。此句以下，《長安志》有「因葬爲名」。

上林苑觀

柘觀、虎圈觀、昆池觀、上蘭觀、朗池觀、走馬觀、湯祿觀、博望觀、則陽觀、陰德觀〔一〕，並在上林苑中。（《太平御覽》卷一百七十九）

秦始皇陵

秦始皇陵上驪山之北〔一〕，高數十丈，周回六七里〔二〕，今在陰盤界〔三〕。此陵雖高大，不足以銷六十萬人積年之功也〔四〕。其用功力，或隱而不見者〔五〕。驪山泉本北流者〔六〕，皆陂障使西流〔七〕。又此無大石，〔八〕運取於渭北諸山〔九〕。故其歌曰：「運石甘泉口，渭水爲不流。千人一唱，萬人相鉤。」〔十〕（《太平御覽》卷五百五十九。又見《長安志》卷十五，文字稍異。）

〔校記〕

〔一〕上：《長安志》作「在」。

〔二〕此句，《長安志》作「周六里」。

〔三〕此句，《長安志》作「今在陰盤縣界」。

〔四〕銷：《長安志》作「消」。也，《長安志》無。

〔五〕此句，《長安志》作「或隱不見」。

〔六〕「泉」上，《長安志》有「水」字。此句上，《長安志》有「不見者」句。者，《長安志》無。

〔七〕此句，《長安志》作「北流者被障，使東西流」。

〔八〕又此無大石：《長安志》作「又此土無石」。

〔九〕此句，《長安志》作「於渭北諸山運取大石」。

〔十〕此句下，《長安志》有「今陵下餘石大如藎土屋，其消功力，皆此類也」數句。

涇渭

涇與渭、洛，爲關中三川，與渭、灞、滻、澇、潏、灃、滈，爲關中八水。（宛委山堂本《說郛》卷六十一）

鴛鴦殿

未央宮東有鴛鴦殿。（宛委山堂本《說郛》卷六十一）

龍首山

龍首山首，枕渭之南岸，尾達樊川。首高尾下，在長安城南。（宛委山堂本《說郛》卷六十一）

長安城

漢築長安城及營宮殿，咸以堙平。至今，坊市北據高原，南望爽塏，視終南如指掌。（宛委山堂本《說郛》卷六十一）

三輔

三輔舊治長安城中，長吏各居其縣治民〔一〕。東都之後〔二〕，扶風出治槐里，馮翊出治高陵。（《資治通鑑》卷四十八。又見《資治通鑑》卷五十九，文字稍異。）

〔校記〕

〔一〕居：《資治通鑑》卷五十九作「在」。

〔二〕「東都」上，《資治通鑑》卷五十九有「光武」二字。

關中水

關中有涇、渭、灞、滻、酆、鄗、漆、沮之水，酆、鄗、漆、沮四水，在長安西南鄠縣，漆、沮皆南注，酆、鄗水北注。（《水經注》卷十六）

鳳闕

建章圓闕臨北道〔一〕，銅鳳在上〔二〕，故號「鳳闕」〔三〕。（《文選·（顏延年）三月三日曲水詩序》李善注。又見《長安志》卷三、卷七，文字稍異。）

〔校記〕

〔一〕建章圓闕：《長安志》作「建章宮鳳闕」。

〔二〕銅，《長安志》無。

〔三〕此句，《長安志》作「故號曰鳳闕」。

建章宮

建章宮閶闔門內東出有析風闕，一名別風，高一十丈。（《長安志》卷三）

甘泉宮

甘泉宮在甘泉山上〔一〕，年代永久，無復甘泉之名，失其實也。宮北云有連山，土人為「磨石嶺」。（《史記·范雎蔡澤列傳》張守節正義。又見《太平寰宇記》卷三十一，文字有異。）

〔校記〕

〔一〕《太平寰宇記》引至此。

另存文字差異較大者，錄於下：

甘泉宮在甘泉山上。《漢書》「單于烽候以應甘泉」。即此山也。（《長安志》卷二十）

林光宮，一曰甘泉宮，秦所造。在今池陽縣西北故甘泉山上，周圍十餘里。（《太平寰宇記》卷三十一）

張敖冢

張敖冢在安陵東〔一〕。（《史記·張耳陳餘列傳》張守節正義。又見《類編長安志》卷八，文字有異。）

〔校記〕

〔一〕此句以下，《類編長安志》有「三十里，冢土有五嶽之象，今人謂之『五角冢』」。

長樂宮

長樂宮，本秦之興樂宮也〔一〕，漢太后常居之。（《史記·劉敬叔孫通列傳》裴駰集解。又見《太平寰宇記》卷二十五，文字稍異。）

〔校記〕

〔一〕此句下，《太平寰宇記》有「周回二十里」句。

另存文字差異較大者，錄於下：

長樂宮有長信、長秋、永壽、永寧四殿。（《太平寰宇記》卷二十五）

關中八水

涇、渭、霸、滻、豐、鎬、潦、潏〔一〕，《上林賦》所謂「八川分流」。（《史記·司馬相如列傳》司馬貞索隱。又見《讀書記數略》卷十一，文字稍異。）

〔校記〕

〔一〕此句以上，《讀書記數略》有「關中八水」句。此句，《讀書記數略》作「灞、滻、涇、渭、灃、鎬、潦、潏」。

關中

秦西以隴關爲限，東以函谷爲界，二關之間是謂關中之地。（《長安志》卷一總序）

另存文字差異較大者，錄於下：

秦川西以二關爲限，東以耶谷關爲界。二關之間是爲關中。（《類要》卷六。按：内容冠以「《關中記》」，佚名。按其内容應爲潘岳之《關中記》。）

漸臺

未央宮西有蒼池〔一〕，池中有漸臺，王莽死於此臺〔二〕。（《史記·佞倖列傳》張守節正義。又見《長安志》卷三，文字稍異。）

〔校記〕

〔一〕西：《長安志》作「中」。

〔二〕此句，《長安志》作「王莽死於是也」。

上林苑

上林苑門十二。中有苑三十六，宮十二，觀二十五。（《長安志》卷四）

另存文字記述詳細者，錄於下：

上林苑，門十二。中有苑三十六，宮十二，觀二十五。建章宮、承光宮、儲元宮、包陽宮、尸陽宮、望遠宮、犬臺宮、宣曲宮、昭臺宮、蒲萄宮，繭觀、平樂觀、博望觀、益樂觀、便門觀、眾鹿觀、樛木觀、三爵觀、陽祿觀、陽德觀、鼎郊觀、椒唐觀、當路觀、則陽觀、走馬觀、虎圈觀、上蘭觀、昆池觀、豫章觀、郎池觀、華光觀，以上十二宮，二十二觀，在上林苑中。鼎湖宮、步高宮、步壽宮、存神宮、集靈宮、望仙宮，以上五宮一觀，在京兆屬縣。櫟陽宮、甘棨宮、師德宮、池陽宮、谷口宮、長平宮、扶荔宮、白渠觀，以上七宮一觀，在馮翊。首陽宮、望仙宮、長楊宮、禮陽宮、羽陽宮、山棊宮、稾池宮、用取宮、虢宮、回中宮，宜春觀、射熊觀，以上十宮二觀，在扶風。長門宮、鉤弋宮、渭橋宮，仙人觀、霸昌觀、安臺觀、淪沮觀，以上三宮四觀，在長安城外。（《長安志》卷四）

鴻門阪

鴻門在始皇陵北十里。（《太平寰宇記》卷二十七。又見《長安志》卷十五，文字略異。「十里」下，《長安志》有「新豐縣」。）

姜嫄祠

姜嫄祠在邰城東。（《太平寰宇記》卷二十七）

老子度關

周元年，老子之度關，令尹喜先敕門吏曰：「若有老公從東來，乘青牛薄板車者，勿聽過關。」其日，果見老公乘青牛車求度關。吏入白之，喜曰：「諾，道今來矣！我見聖人矣！」即帶印綬出迎，設弟子之禮。（《太平御覽》卷九○

○。又見《古今合璧事類備要》卷八十二）

建章宮

建章宮有馺娑、駘盪、枌詣、承光四殿〔一〕。（《文選·西都賦》李善注。又見《長安志》卷三，文字稍異。）

〔校記〕

〔一〕駘盪：《長安志》作「駘蕩」。盪，同「蕩」。

涼風臺

建章宮北作涼風臺，積木爲樓，高五十餘丈。（《長安志》卷三）

通天臺

左有通天臺，高三十餘丈。祭天時，於此候天神下也。（《長安志》卷四）

孝惠廟

惠帝廟，在高廟之西。（《長安志》卷五）

長陵城

長陵城有南、北、西三面，東面無城。陪葬者皆在東。徙關東大族萬家以爲陵邑，長陵令秩祿千石，諸陵皆六百石。（《長安志》卷十三）

啁戲

徙關東倡優樂人五千戶，以爲陵邑，善爲「啁戲」，故俗稱「安陵啁」也。

（《類編長安志》卷八）

謝聚

在始皇陵北十餘里。（《長安志》卷十五。又見《類編長安志》卷七）

靈臺

靈臺，在長安西北四十里。（《類編長安志》卷三）

高廟

高廟，在長安故城安門里大道東。（《長安志》卷五）

高廟鐘

秦廟中鐘虡四枚，皆在高廟。漢舊儀高廟鐘十枚，受千石。撞之，聲聞

百里。(《類編長安志》卷五)

金山

金山在藍田縣南一十里。(《類編長安志》卷六)

延陵

延陵，在長安西北四十里，渭陵之東，延鄉之地也。成帝起延陵，城邑以成，而言事者以爲不使。乃更造昌陵，在霸城東二十里，運沙渭濱，取東山土。東山土與粟同價，所費巨億。數年而陵不成，谷永等奏：「昌陵積土爲高，樟材猶在，實土之上，浮土之下，非永年之基。延鄉之地，居高臨下，道貫二州二十餘縣，宜還就延鄉。」乃遣衛尉淳於長行視，長奏宜如冰等議。乃徙延陵，而徙將作大匠郭萬年於燉煌。(《類編長安志》卷八)

存疑

辛孟

辛孟，年七十，與麋鹿同羣遊世，謂之「鹿仙」。(《天中記》卷三十九。又見《廣博物志》卷四十六。按：此則，不見明代以前著述徵引，暫存疑。)

《畿服經》　　晉摯虞

《畿服經》，晉摯虞撰。摯虞（250-300），字仲洽，京兆長安（今陝西西安）人，歷任太子舍人、尚書郎、光祿勳、太常卿等，著《族姓昭穆》十卷，《文章志》四卷，注解《三輔決錄》等。《畿服經》，《隋志》著錄一百七十卷，早佚。今見數則佚文，出自《水經注》、《南都賦注》，題爲「摯虞曰」，或「摯仲洽曰」。

周南

古之周南，今之洛陽。(《水經注》卷十五。又見《史記·太史公自序》裴駰集解)

南都

南陽郡治宛，在京之南，故曰南都。(《文選·南都賦》李善注)

《洛陽記》　晉陸機

　　《洛陽記》，一作《洛陽地記》，西晉陸機撰。陸機（261-303），字士衡，吳郡（今江蘇蘇州）人。所著文章凡三百餘篇。事跡見《晉書‧陸機傳》。《洛陽記》，當是其入洛後所作。《隋書‧經籍志》、《舊唐書‧經籍志》並錄：「《洛陽記》一卷，陸機撰。」《新唐書‧藝文志》、《冊府元龜》、《玉海》、《通志‧藝文略》均著錄一卷。元代諸書無載，則應在其時亡佚。

洛陽三市

　　洛陽凡三市：大市名曰金市，公觀之西；城中馬市，在大城之東；洛陽縣市在大城南。（《文選‧閑居賦》李善注）

　　另存文字差異較大者，錄於下：

　　三市，大市名也。金市在大城西，南市在大城南，馬市在大城東。按金市在臨商觀西〔一〕，兌爲金〔二〕，故曰金市。馬市在東，舊置丞焉。（《太平御覽》卷一百九十一。又見宛委山堂本《說郛》卷六十一，文字有異。）

〔校記〕

〔一〕此句，《說郛》作「按金市名商觀西」。

〔二〕兌：《說郛》作「兊」。兊，同「兌」。

　　另存文字簡潔者，附於下：

　　三市，大市名。金市，在大城中，馬市在城東，陽市在城南。（《太平御覽》卷八百二十七）

　　洛陽有三市。（《初學記》卷二十四）

靈臺

　　靈臺在洛陽南，去城三里。（《文選‧閑居賦》李善注）

辟雍

　　辟廱〔一〕，在靈臺東，相去一里，俱魏武所徙。（《文選‧閑居賦》李善注）

〔校記〕

〔一〕辟廱：《河南志》作「辟雍」。

〔二〕《河南志》無「武」字。

五營校尉、將軍府

五營校尉，前後左右將軍府，皆在城中〔一〕。（《文選‧閒居賦》李善注。又見《河南志》卷二，文字稍異。）

〔校記〕

〔一〕此句下，《河南志》有「潘岳宅之西」句。

西關

洛陽有西關，南伊闕。（《文選‧上責躬應詔詩表》李善注）

承明門

吾常怪「謁帝承明廬」〔一〕，問張公，張公云〔二〕：「魏明帝在建始殿〔三〕，朝會皆由承明門。」然直廬在承明門側〔四〕。（《文選‧百一詩》李善注。又見《文選‧贈白馬王彪》李善注、《河南志》卷二，文字稍異。）

〔校記〕

〔一〕此句上，《文選‧贈白馬王彪》、《河南志》有「承明門，後宮出入之門」二句。「常怪」下，《河南志》有「曹子建詩」四字。

〔二〕《文選‧贈白馬王彪》、無「張公」二字。《河南志》無「張」字。

〔三〕在：《文選‧贈白馬王彪》、《河南志》作「作」。

〔四〕此句，《文選‧贈白馬王彪》、《河南志》皆無。

首陽山

首陽山在洛陽東北，去洛二十里。（《文選‧贈白馬王彪》李善注）

太子宮

太子宮在太宮東〔一〕，薄室門外〔二〕，中有承華門〔三〕。再建，謂立湣懷太子國儲，以對闓闔，故謂之再也。（《文選‧贈馮文羆遷斥丘令》李善注。又見《文選‧皇太子宴玄圃宣猷堂有令賦詩》李善注、《河南志》卷二，文字稍異。）

〔校記〕

〔一〕太宮：《文選‧皇太子宴玄圃宣猷堂有令賦詩》、《河南志》作「大宮」。

〔二〕此句，《河南志》作「薄室門外」，《文選‧皇太子宴玄圃宣猷堂有令賦詩》無。

〔三〕此句以下，《文選‧皇太子宴玄圃宣猷堂有令賦詩》、《河南志》無。

金墉城

洛陽城內西北角金墉城〔一〕，東北角有樓，高百尺，魏文帝造〔二〕。（《初學記》卷二十四。又見《太平御覽》卷一百七十六、宛委山堂本《說郛》卷六十一，文字稍異。）

〔校記〕

〔一〕「金墉城」上，《太平御覽》、《說郛》有「有」字。

〔二〕「造」下，《太平御覽》、《說郛》有「也」字。

另存文字記述簡潔者，錄於下：

金墉城在宮之西北角，魏故宮人皆在中。（《文選・爲顧彦先贈婦》李善注）

大夏門

大夏門，魏明帝所造，有三層，高百尺。（《文選・河陽縣作》李善注）

洛陽四關

漢洛陽四關，東成皋關〔一〕，南伊闕關，西函谷關，北孟津關〔二〕。（《初學記》卷七。又見宛委山堂本《說郛》第二種卷六十一，文字稍異。）

〔校記〕

〔一〕此句，《說郛》作「東成皋關。

〔二〕此句以下，《說郛》有「城南五十里有大谷，舊名通谷」二句。

另存文字差異較大者，錄於下：

左成皋，右函谷，前有伊闕，郤背孟津，此四塞之固。（《初學記》卷八）

洛陽有四關：東爲城皋，南伊闕，北孟津，西函谷。（《文選・結客少年場行》李善注）

上商里

上商里在洛陽東北，本殷頑人所居，故曰上商里宅也〔一〕。（《後漢書・申屠剛鮑永郅惲列傳》李賢等注。又見《河南志》卷二，文字有異。）

〔校記〕

〔一〕此句，《河南志》作「故以名」。

冰室

冰室在宣陽門內，恒有冰〔一〕，天子用賜王宮眾官。（《太平御覽》卷六十八。又見《事類賦》卷八，文字稍異。）

〔校記〕

〔一〕此句，《事類賦》無。

洛陽城

洛陽城，周公所製，東西十里，南北十三里，城上百步有一樓櫓，外有溝渠。（《藝文類聚》卷六十三。又見《太平御覽》卷一百九十三）

九觀

宮中有臨高〔一〕、陵雲、宣曲、廣望、閶風、萬世、修齡、總章、聽訟，凡九觀，皆高十六七丈，以雲母著窗裏〔二〕，日曜之，煒煒有光輝〔三〕。（《藝文類聚》卷六十三。又見《河南志》卷二、宛委山堂本《說郛》卷六十一，文字稍異。）

〔校記〕

〔一〕臨高：《河南志》作「臨商」。

〔二〕此句，《說郛》作「雲母窗」。

〔三〕此句，《說郛》作「有光」。

另存文字差異較大者，錄於下：

臨商、陵雲等八觀在宮之西，惟絕頂一觀在東，是號曰「九觀」。（《太平寰宇記》卷三）

洛陽宮觀

洛陽南宮有承風觀〔一〕，洛陽北宮有增喜觀〔二〕，洛陽城外有宣楊觀、千秋、鴻池、泉城、楊威、石樓等觀〔三〕。（《太平御覽》卷一百七十九。又見宛委山堂本《說郛》卷六十一，文字稍異。）

〔校記〕

〔一〕承風觀：《說郛》作「乘風觀」。

〔二〕《說郛》無「洛陽」二字，下同。

〔三〕宣楊觀：《說郛》作「宣陽觀」。鴻池：《說郛》作「鴻地」。楊威：《說郛》作「揚威」。「石樓」下，《說郛》有「鼎中」二字。

五觀

五觀（千秋觀、鴻池觀、泉城觀、揚威觀、石樓觀）在洛陽城外。（《河南志》卷二）

鼎中觀

洛陽城外有鼎中觀。(《太平御覽》卷一百七十九）

銅駝街

洛陽有銅駝街〔一〕，漢鑄銅駝二枚〔二〕，在宮南四會道相對。〔三〕俗語曰：「金馬門外集眾賢，銅駝陌上集少年。」(《太平御覽》卷一百五十八。又見《文選·蕪城賦》李善注、《文選·石闕銘》李善注、《海錄碎事》卷四下，文字稍異。）

〔校記〕

〔一〕此句，《文選》、《海錄碎事》無。

〔二〕此句，《文選·蕪城賦》作「銅駝二枚」，《文選·石闕銘》作「有銅駝二枚」，《海錄碎事》作「銅駞二牧」。駞，同「駝」。牧，「枚」之形訛。

〔三〕在宮南四會道相對：《文選·蕪城賦》作「在四會道頭」，《文選·石闕銘》作「在宮之南四會道頭」，《海錄碎事》作「皆宮之南四會道頭」。此句以下，《文選》、《海錄碎事》無。

百郡邸

百郡邸，在洛城中東城下步廣里中〔一〕。(《太平御覽》卷一百八十一。又見《河南志》卷二，文字稍異。）

〔校記〕

〔一〕此句，《河南志》作「在城中東城下步廣里」。

洛陽大道

宮門及城中大道皆分作三〔一〕，中央御道，兩邊築土牆，高四尺餘〔二〕，外分之〔三〕。唯公卿、尚書、章服道從中道〔四〕，凡人皆行左右〔五〕，左入右出〔六〕，夾道種榆槐樹〔七〕。此三道四通五達也。(《太平御覽》卷一百九十五。又見《河南志》卷二，文字稍異。）

〔校記〕

〔一〕此句上，《河南志》有「洛陽十二門，門有閣，閉中開」三句。此句，《河南志》作「左右出入城內大道三」。

〔二〕餘，《河南志》無。

〔三〕此句，《河南志》無。

〔四〕唯，《河南志》無。「章服」下，《河南志》無「道」字。

〔五〕此句，《河南志》作「凡人行左右道」。

〔六〕此句下，《河南志》有「不得相逢」句。

〔七〕榆槐樹：《河南志》作「槐柳樹」。《河南志》引至此。

另存文字差異較大者，錄於下：

洛陽十二門，南北九里。城內宮殿、臺觀，有合闥，左右出入城內皆三道，公卿、尚書從中道，凡人左右出入，不得相逢，夾道中植榆柳以蔭行人。（《太平寰宇記》卷三）

雲臺、乘風觀

雲臺高閣十四間，乘風觀高閣十二間〔一〕。（《太平御覽》卷一百八十四。又見宛委山堂本《說郛》卷六十一，文字稍異。）

〔校記〕

〔一〕高，《說郛》無。

另存文字簡潔者，附於下：

雲臺高閣四間。（《河南志》卷二）

一柱觀

紫微宮有一柱觀。（宛委山堂本《說郛》卷六十一）

太學

太學在洛城南開陽門外〔一〕，講堂長十丈，廣二丈〔二〕。堂前石經四部。本碑凡四十六枚。西行，《尚書》、《周易》、《公羊傳》十六碑存，十二碑毀；南行，《禮記》十五碑悉崩壞；東行，《論語》三碑，二碑毀。《禮記》碑上有諫議大夫馬日磾、議郎蔡邕名。（《後漢書·蔡邕列傳》李賢等注。又見《資治通鑒》卷四十一，文字有異。）

〔校記〕

〔一〕此句，《資治通鑒》作「太學在洛陽城故開陽門外」。此句下，《資治通鑒》有「去宮八里」句。

〔二〕二丈：《資治通鑒》作「三丈」。此句以下，《資治通鑒》無。

圓水

九江直作圓水。水中作圓壇三破之，夾水得相逕通。（《水經注》卷十六）

步廣里

步廣里在洛陽城內，宮東是翟泉所在，不得於太倉西南也。（《水經注》卷十六）

陽渠

城之西面有陽渠，周公制之也。(《水經注》卷十六)

德宮

德宮，里名也。(《文選・楊仲武誄》李善注)

鐵鑊

宮牆外以大鐵鑊盛水以救火。鑊受百斛，百步一置。(《太平御覽》卷七百五十七)

銅井

宮牆西有二銅井。(《太平寰宇記》卷三)

七里澗

城東有橋，以跨七里澗。(《太平寰宇記》卷三)

講堂

在開陽門外，去宮八里。講堂長十丈，廣三丈。靈帝召諸儒正定《五經》刊石。於是，熹平四年，蔡邕與五官中郎將堂溪典、光祿大夫馬日磾、議郎張訓、韓說、太史令單揚等奏定《六經》，刊於碑。後儒晚學咸取正焉。及碑始立，其觀視及筆。(《河南志》卷二)

五龍渠

千金堨，舊堰谷水〔一〕，魏時更脩此堰，謂之千金堨〔二〕。積石爲堨而開溝渠五所，謂之五龍渠。渠上立堨，堨之東首，立一石人，石人腹上刻勒云：太和五年二月八日庚戌造築此堨，更開溝渠，此水橫渠上其水，助其堅也，必經年歷世，是故部立石人以記之云爾。(《水經注》卷十六。又見《資治通鑑》卷八十五、一百八十八，文字有異。)

〔校記〕
〔一〕堰：《資治通鑑》卷一百八十八作「堨」。下同。
〔二〕《資治通鑑》引至此。

《九州記》 晉樂資

《九州記》，一作《九州志》，西晉樂資撰。樂資，魯郡（今山東曲阜）人，生卒年不詳，官著作郎，著有《春秋後傳》三十一卷、《山陽公載記》十卷。《九州記》，《隋志》未著錄。佚文較早爲《水經注》徵引。

秦延山

縣有秦延山。秦始皇逕此，美人死，葬於山上，山下有美人廟。（《水經注》卷二十九）

另存文字差異較大者，錄於下：

度之鹽官有奉禪山者。始皇過此而美之死，因薶焉。有廟，在平地。於今，民祠之。（《太平御覽》卷五百五十六）

以下條目爲佚名《九州記》。六朝地記名爲《九州記》者有二，一爲荀綽，一爲樂資。觀荀綽之《九州記》佚文，皆記人物之事。記地理者當爲樂資《九州記》，或有後人增入者。姑列於下。

鄂

鄂，今武昌也。孫權以魏黃初元年，自公安徙此，改曰武昌縣，鄂縣徙治於袁山東。又以其年立爲江夏郡。分建業之民千家以益之。（《水經注》卷三十五）

另存文字簡潔者，附於下：

鄂，今武昌。（《史記·楚世家》裴駰集解。又見《太平寰宇記》卷一百一十二、《輿地紀勝》卷三十三、《通鑑地理通釋》卷八）

鄂國，今之武昌東鄂也。（《路史》卷二十六）

劉表

劉表，後漢末人也，爲荆州刺史，而甚好酒。造其酒，爵以爲三品。大曰伯雅，中曰仲雍，小曰季雅。在坐客有醉者，輒以針剡其面，取之虛實。（《琱玉集·嗜酒篇第五》）

房淵

樂壽縣有房淵，方三百里。石勒之建平二年〔一〕，水忽變爲赤。〔二〕燕慕

容儁二年〔三〕，水忽生鹽如印形〔四〕。其淵一日再長再減，不失其度。居近者時見龍狗之狀戲於旁。葉落於淵者，輒有群燕銜出。(《太平寰宇記》卷六十三。又見《續談助》卷二、《太平御覽》卷七十，文字稍異。)

〔校記〕

〔一〕建平，《太平御覽》作「建安」，顯誤。

〔二〕「石勒」二句，《續談助》無。

〔三〕此句，《續談助》作「慕容儁元璽三年」。

〔四〕形，《續談助》無。

轉轂

洛陽轉轂百數。(《太平寰宇記》卷三)

金門竹

金門之竹，可以爲笙管。(《太平寰宇記》卷三)

己氏

己氏本戎君之姓，蓋昆吾之後，別居戎翟中。周衰入居中國，故有此己氏之邑焉。(《太平寰宇記》卷十二)

另存文字簡潔者，附於下：

己氏，戎君之姓，昆吾之後。(《路史》卷二十九)

堯溝

陶即堯國，昔帝堯於此所開溝也，因名之。(《太平寰宇記》卷十三)

濟水

濟水，一名沇水，出濟源山。(《太平寰宇記》卷五十二)

濟源縣

濟源縣有慢流水、玉漿澗、木溝，皆會於濟。(《太平寰宇記》卷五十二)

沉黎縣

沉黎縣，即武侯征羌之路也。每十里作一石樓，令鼓聲相應。今夷人傚之，所居悉以石爲樓。地多長松而無雜木。(《太平寰宇記》卷七十五)

蒙山

蒙山者，沐也。言雨露常蒙，因以爲名。（《太平寰宇記》卷七十七）

禹穴

蜻蛉縣有禹穴，蜻蛉即云南郡廢邑。有禹穴，穴內有金馬、碧鷄。其光倏忽，人皆見之。漢王褒入蜀祀之。（《太平寰宇記》卷七十九）

綿州

（綿）州之賨人、族人〔一〕，皆夷也。（《太平寰宇記》卷七十九。又見《太平御覽》卷一百六十六，文字稍異。）

〔校記〕

〔一〕賨人、族人，《太平御覽》作「實賨人、旋人」。

豆箅山

高五百丈，上有北神池並祠廟。（《太平寰宇記》卷八十三）

哀牢人

哀牢人皆儋耳穿鼻，其渠帥自謂王者，耳皆下肩三寸，庶人則至肩而已〔一〕。土地沃美，宜五穀、蠶桑。知染彩文繡，有蘭干細布，蘭干〔二〕，獠言紵也。織成文章如綾錦。有梧桐木華，績以爲布。《廣志》云：梧桐有白者。剽國有梧木，其華有白氄，取氄淹漬，緝以爲布。〔三〕幅廣五尺，潔白不受垢污。先以覆亡人，然後服之。有濮竹，其節相去二丈〔四〕。地出銅、鐵、鉛、錫、金、銀、光珠、琥珀、水精、琉璃、軻蟲、蚌珠、孔雀、翡翠、犀、象、猩猩、貊獸。（《太平寰宇記》卷一百七十九。又見《太平御覽》卷七百八十六，文字稍異。）

〔校記〕

〔一〕庶人，《太平御覽》作「鹿人」，應是形訛。

〔二〕此句注文，《太平御覽》無。

〔三〕「《廣志》」注文，《太平御覽》無。

〔四〕其，《太平御覽》無。

牛頭山

牛頭山，昔日葛仙翁多遊於此。今立爲寺，與白獸山相連。昔秦時有白獸爲害，夷人射，因刻白石於此山，今遺像尙存。（《太平御覽》卷四十四）

送荆陘

易縣西南三十里有送荆陘，即荆軻入秦之路也。(《太平御覽》卷一百六十二)

千歲狐

古漁陽北有無終山，上有昭王塚。前有千歲狐化爲書生，謁張華華識之。因以塚前華表木照之，遂變。(《方輿勝覽》卷上)

馬邑之地

馬邑之地，風多寒洹，水長深二丈。(《太平寰宇記》卷四十一)

夜郎

夜郎自古非臣服之地〔一〕，昔漢武帝開拓南邊〔二〕，始置夜郎縣，屬牂牁〔三〕，都慰居之〔四〕。(《太平寰宇記》卷一百二十二。又見《太平御覽》卷一百七十一，文字稍異。)

〔校記〕
〔一〕 非臣服之地，《太平御覽》作「非臣伏州郡之地」。
〔二〕 昔，《太平御覽》無。
〔三〕 「牂牁」下，《太平御覽》有「郡」字。
〔四〕 此句，《太平御覽》作「即牂牁都尉居之」。

神祠

祁山上有高樓、武陟二神祠，每歲郡邑祀之。(《太平御覽》卷四十四)

龜城

益州城初累築不立，忽有大龜周行旋走，因其行築之遂得堅固，故曰龜城。(《太平御覽》卷一百六十六)

馬翠城

穀水之右有馬翠城，吳王濞煮海爲鹽於此。(《嘉禾百詠》)

梓州

葛仙翁遊於此。(《元豐九域志》附錄《新定九域志》卷七)

《九州記》 晉荀綽

《九州記》，晉荀綽撰。荀綽，字彥舒，生卒年不詳，潁川潁陰（今河南許昌）人。永嘉末爲司空從事中郎，後爲石勒參軍。著有《冀州記》、《兗州記》等。《九州記》，史志無著錄。

袁準

準有儁才。泰始中，爲給事中。袁氏子孫世有名位，貴達至今。（《三國志·魏書·袁渙傳》裴松之注）

《南方草木狀》 晉嵇含

《南方草木狀》，西晉嵇含撰。嵇含（263-306），字君道，一作居道，譙國銍縣（今安徽宿縣西）人，家在鞏縣亳丘，自號亳丘子。好學善屬文，性情通敏，好薦賢達。累官征西參軍、中書侍郎、平越中郎將、廣州刺史等。後爲郭勱所殺。《齊民要術》較早徵引此書。《隋志》未著錄。尤袤《遂初堂書目》載：「晉嵇含《南方草木狀》。」

序言

南越、交趾植物，有裔最爲奇。周、秦以前，無稱焉。自漢武帝開拓封疆，搜求珍異，取其尤者充貢。中州之人，或昧其狀。乃以所聞詮敍，有裨子弟云爾。（涵芬樓本《説郛》卷八十七）

序言

凡草木之華者，春華者，冬秀；夏華者，春秀；秋華者，夏秀；冬華者，秋秀。其華竟歲，故婦女之首，四時未嘗無華也。（宛委山堂本《説郛》卷八十七）

橄欖子

橄欖子，大如棗。二月華，八九熟。生食味酢，蜜藏乃甜美〔一〕。交趾、

武平、興古、九眞有之。（《太平御覽》卷九百七十二。又見《記纂淵海》卷九十二、《事文類聚》後集卷二十七，文字稍異。按：此則，《太平御覽》冠作《南州草木狀》，當爲訛誤。欖，《太平御覽》原作「梠」。）

〔校記〕
〔一〕《事文類聚》引至此。

橄欖樹

橄欖樹，身聳，枝皆高數丈。其子深秋方熟，味雖苦澀，咀之芳馥，勝含雞骨香。吳時歲貢，以賜近侍。本朝自泰康後亦如之。（宛委山堂本《說郛》卷八十七）

楓香樹

楓香樹，〔一〕子大如鴨卵〔二〕。二月華色〔三〕，乃連著實〔四〕，八九月熟〔五〕，曝乾可燒〔六〕，惟九眞郡有之。（《藝文類聚》卷八十九。又見《太平御覽》卷九百五十七、《古今合璧事類備要》別集卷五十二，文字稍異。）

〔校記〕
〔一〕此句下，《古今合璧事類備要》有「似白楊，葉圓而歧分，有脂而香」三句。
〔二〕此句，《古今合璧事類備要》作「其子又如鴨卵」，《太平御覽》作「子大如鳥卵」。
〔三〕此句，《古今合璧事類備要》作「二月花發」，《太平御覽》作「二月花色」。
〔四〕此句，《古今合璧事類備要》作「著實」，《太平御覽》作「乃連著子」。
〔五〕此句，《古今合璧事類備要》作「九月熟」。
〔六〕乾，原作「幹」，據《太平御覽》、《古今合璧事類備要》改。此句下，《古今合璧事類備要》無。

另存文字簡潔者，附於下：

楓實惟九眞有之。（中華道藏本《圖經衍義本草》卷二十一。又見《證類本草》卷十二、《樹藝篇》卷二）

龍眼

龍眼樹，如荔枝，但枝葉稍小，殼青黃色，形如彈丸〔一〕，核如木梡子而不堅，肉白而帶漿，其甘如蜜，一朵五六十顆，作一穗，如蒲萄然。荔枝過即龍眼熟，故謂之「荔支奴」〔二〕。（《事文類聚》後集卷二十五。又見宛委山堂本《說郛》卷八十七，文字稍異。）

〔校記〕
〔一〕「形」下，《說郛》有「圓」字。

〔二〕荔支奴：《說郛》作「荔枝奴」。此句下，《說郛》有「言常隨其後也。《東觀漢記》
曰：「單於來朝，賜橙、橘、龍眼、荔枝。」魏文帝詔群臣曰：「南方菓之珍異者，
有龍眼、荔枝，令歲貢焉」，出九眞交趾。」

甘蕉

甘蕉，望之如樹。株大者一圍餘，葉長一丈，或七八尺，廣尺餘二尺許。
花大如酒杯，形色如芙蓉，著莖末百餘。子大各爲房，相連累，甜美，亦可
蜜藏。跟如芋魁，大者如車轂。實隨華，每花一闔，各有六子，先後相次，
子不俱生，花不俱落，一名芭蕉，或曰芭苴。剝其子上皮，色黃白，味似蒲
萄，甜而脆，亦療饑。此有三種：子大如拇指，長而銳，有類羊角，名羊角
蕉，味最甘好；一種大如雞卵，有類牛乳，名牛乳蕉，味減羊角；一種大如
藕子，長六七寸，形正方，少甘，最下也。其莖解散如絲，以灰練之，可紡
織爲絺綌，謂之蕉葛。雖脆而好，黃白色，不如葛赤色也。交、廣俱有之。《三
輔黃圖》曰：「漢武帝元鼎六年破南越，建扶荔枝宮，以植所得奇草異木」，
有甘蕉二本。（宛委山堂本《說郛》卷八十七）

那悉茗花、茉莉花

那悉茗花與茉莉花〔一〕，皆胡人自西國移植於南海。南人憐其芳香，競植
之。陸賈《南越行紀》曰：「南越之境，五穀無味，百花不香。」此二花特芳
香者，緣自胡國移至〔二〕，不隨水土而變，與夫橘花爲枳異矣〔三〕。彼之女子
以綵絲穿花心〔四〕，以爲首飾〔五〕。（《古今合璧事類備要》別集卷三十五。又見宛
委山堂本《說郛》卷八十七，文字有異。）

〔校記〕
〔一〕此句，《說郛》作「耶悉茗花、茉莉花」。
〔二〕緣：《說郛》作「源」。
〔三〕花：《說郛》作「化」。
〔四〕綵絲：《說郛》作「彩絲」。
〔五〕此句下，《說郛》有「茉莉花，似茶（艸麻）之白者，香愈於耶悉茗花。」

豆蔻花

豆蔻花，其苗如蘆，其葉似薑，其花作穗，嫩葉卷之而生，花微紅，
穗頭赤色。葉漸舒，花漸出。舊說：此花食之，破氣、消痰，進酒增倍。
泰康二年，交州貢一筐。上試之，有驗，以賜近臣。（宛委山堂本《說郛》卷
八十七）

豆蔻樹

豆蔻樹〔一〕，大如李〔二〕。二月花色〔三〕，仍連著實，子相連累。其核根芬芳，成殼。〔四〕七月、八月熟〔五〕。曝乾，剝食，核味辛香，五味。〔六〕出興古。（《齊民要術》卷十。又見《太平御覽》卷九百七十一，文字稍異。）

〔校記〕

〔一〕豆蔻樹：《太平御覽》作「漏蔻樹」。

〔二〕此句，《太平御覽》作「子大如李實」。

〔三〕此句，《太平御覽》作「二月華」。

〔四〕「仍連」四句，《太平御覽》無。

〔五〕此句，《太平御覽》作「七月熟」。

〔六〕自「曝乾」至此句，《太平御覽》無。

山薑

山薑，莖葉即薑也，根不堪食，於葉間吐花，作穗如麥粒，軟紅色，煎服之，治冷氣，甚效。出九眞、交趾。（宛委山堂本《説郛》卷八十七）

鶴草

鶴草，蔓生，其花麴塵色，淺紫蒂，如柳而短。當夏開花，形如飛鶴，觜、翅、尾、足，無所不備。出南海。云是媚草，上有蟲，老蛻爲蝶，赤黃色。女子藏之，爲媚蝶，能致其夫憐愛。（宛委山堂本《説郛》卷八十七）

甘藷

甘藷，蓋薯蕷之類，或曰芋之類。莖葉亦如芋，實如拳，有大如甌者，皮紫而肉白。蒸食之，味如薯蕷。性不甚冷。舊珠崖之地，海中之人皆不業耕種，惟掘地種甘藷。秋熟收之，蒸曬切如米粒，倉屯貯之，以充糧糗，是名藷糧。北方人至者，或盛具牛豚膾，炙而末以甘藷薦之，若硬粟然。大抵南人二毛者，百無一二。惟海中之人百有餘歲者，由不食五穀而食甘藷故耳。

（宛委山堂本《説郛》卷八十七）

另存文字差異較大者，錄於下：

甘藷，民家常以二月種之，至十月乃成，卵大者如鵝，小者如鴨。掘食，其味甜。經久得風，乃淡泊耳。出交趾、武平、九眞、興古。（《太平御覽》卷九百七十四）

水蓮

花之美者有水蓮，如蓮，而莖紫，柔而無刺。（宛委山堂本《說郛》卷八十七）

水蕉

水蕉，如鹿蔥，或紫，或黃。吳永安中，孫休嘗遣使取二花，終不可致，但圖畫以進。（宛委山堂本《說郛》卷八十七）

蒟醬

蒟醬，蓽茇也，生於蕃國者，大而紫，謂之蓽茇；生於番禺者，小而青，謂之蒟焉。可以調食，故謂之醬焉。交趾、九眞人家多種，蔓生。（宛委山堂本《說郛》卷八十七）

菖蒲

番禺東有澗〔一〕，澗中生菖蒲〔二〕，皆一寸，九節。安期生服之〔二〕，仙去，但留玉舄焉。（《古今合璧事類備要》別集卷五十五。又見宛委山堂本《說郛》卷八十七，文字稍異。）

〔校記〕

〔一〕畨禺：《說郛》作「番禹」，畨，同「番」。東：《說郛》作「多」。

〔二〕服之：《說郛》作「采服」。

留求子

留求子，形如梔子。稜瓣深而兩頭尖，似訶梨勒而輕。及半黃而已熟，中有肉，白色，甘如棗，大，治嬰孺之疾。南海、交趾俱有之。（宛委山堂本《說郛》卷八十七）

甘蔗

諸蔗，一曰甘蔗。交趾所生者，圍數寸，長丈餘，頗似竹。斷而食之，甚甘，榨取其汁，曝數日，成貽，入口消釋。北人謂之「石蜜」。吳孫亮使黃門以銀碗並蓋，就中藏吏取交州所獻甘蔗餳。黃門先恨藏吏，以鼠屎投餳中，啓言吏不謹。亮呼吏持餳器入，問曰：「此器既蓋之，且有油覆，無緣有此。黃門將有恨汝？」吏叩頭，曰：「嘗從臣求莞席，臣以席有數不敢與。」亮曰：「必是此。」問之，具服。南人云，甘蔗可消酒，又名干蔗。司馬相如《樂歌》曰：「大苧蔗漿析朝酲。」是其義也。泰寧六年，扶南貢諸蔗，一丈三節。（宛委山堂本《說郛》卷八十七）

女酒

南海多美酒，不用麴糵，但杵米粉，雜以眾草葉，冶葛汁潲溲之，大如卵，置蓬蒿中，蔭蔽之，經月而成。用此合糯爲酒，故劇飲之既醒，猶頭熱涔涔，以其有草毒故也。南人有女數歲，即大釀酒，既漉，俟冬陂池竭時，置酒窖中，密固其上，瘞陂中，至春渚水滿，亦不復發矣。女將嫁，乃發陂取酒，以供賀客，謂之「女酒」，其味絕美。（宛委山堂本《説郛》卷八十七）

黃茅瘴

芒茅枯時，瘴疫大作，交、廣皆爾也。土人呼曰黃茅瘴，又曰黃芒瘴。（宛委山堂本《説郛》卷八十七）

肥馬草

南方多無積稾。瀕海郡邑多馬，有草葉類梧桐而厚，取以秣馬，謂之「肥馬草」。馬頗嗜而食之，果肥壯矣。（宛委山堂本《説郛》卷八十七）

冬葉

冬葉，薑葉也，苞苴物，交、廣皆用之。南方地熱，物易腐敗，唯冬葉藏之乃可持久。（宛委山堂本《説郛》卷八十七）

蒲葵

蒲葵，如栟櫚而柔薄，可謂葵笠，出龍川。（宛委山堂本《説郛》卷八十七。）

葵

葵有數種：一取其花，名蜀葵；一取其葉，名蒲葵；一取其食，名葵菜；又花小而紫色，名錦葵。惟黃葵秋芳，尤雅潔可愛。（《至順鎮江志》卷三）

乞力枷

藥有乞力枷，術也，瀕海所產。一根有至數斤者。劉涓子取以作煎，令可丸，餌之長生。（宛委山堂本《説郛》卷八十七）

赬桐花

赬桐花〔一〕，嶺南處處有之。自夏初生至秋，蓋草也。葉如桐，其花連枝蕚〔二〕，皆深紅，俗呼爲赬桐花〔三〕。（《古今合璧事類備要》別集卷三十三。又見宛委山堂本《説郛》卷八十七，文字稍異。）

〔校記〕

〔一〕楨桐花：《說郛》作「楮桐花」。

〔二〕《說郛》無「枝」字。

〔三〕楨桐花：《說郛》作「眞桐花」。此句以下，《說郛》有「眞皆訛也」。

水蔥

水蔥，花葉皆如鹿蔥。花色有紅、黃、紫三種，出始興。婦人懷妊，佩其花生男者，即此花，非鹿蔥之花也。交、廣人佩之極有驗。然其土多男，不厭女子，故不常佩也。（宛委山堂本《說郛》卷八十七）

蕪菁

蕪菁，嶺嶠已南俱無之。偶有，士人因官，攜種就彼種之，出地則變爲芥。亦橘種江北爲枳之義也。至曲江方有菘，彼人謂之秦菘。（宛委山堂本《說郛》卷八十七。）

茄樹

茄樹，交、廣草木，經冬不衰，故園圃之中種茄。宿根有三五年者，漸長枝幹，乃成大樹。每夏、秋盛熟，則梯樹採之。五年後，樹老子稀，即乏去之，別栽嫩者。（宛委山堂本《說郛》卷八十七）

綽菜

綽菜，夏生於池沼間。類茨菰，根如藕條。南海人食之，云令人思睡，呼爲瞑菜。（宛委山堂本《說郛》卷八十七）

蕹

蕹，葉如落葵而小，性冷，味甘。南人編葦爲筏，作小孔浮於水上，種子於水中，則如萍，根浮水面。及長，莖、葉皆出於葦筏孔中，隨水上下，南方之奇蔬也。（宛委山堂本《說郛》卷八十七）

冶葛

冶葛，有大毒，以蕹汁滴其苗，當時萎死。世傳魏武能啖冶葛至一尺，云先食此菜。（宛委山堂本《說郛》卷八十七）

另存文字差異較大者，錄於下：

冶葛，毒草也，蔓生，葉如羅勒，老而厚，一名「胡蔓草」。置毒者多雜

以生疏進之，悟者，速以藥解，不爾，半日輒死。山羊食其苗即肥而大，亦如鼠食巴豆，其大狄如，蓋物類相伏也。（宛委山堂本《說郛》卷八十七）

吉利草

吉利草，其莖似金釵，股形類石斛，根類芍藥。交、廣俚俗多畜蠱毒，惟此草解之極驗。吳黃武中，江夏李俣以罪徙合浦。始入境，遇毒。其奴吉利者，偶得是草，與俣服，遂解。吉利即遁去，不知所之。俣因此濟人，不知其數，遂以「吉利」爲名。豈李俣者徙非其罪，或俣自有隱德，神明啓吉利救之耶？（宛委山堂本《說郛》卷八十七）

良耀草

良耀草，枝葉如麻黃。秋結子，如小粟。食之，解毒，功用亞於吉利。始昔有得是草者，梁氏之子耀亦以爲名。「梁」轉爲「良」爾。花白似牛李，出高涼。（宛委山堂本《說郛》卷八十七）

蕙草

蕙草，一名薰草。葉如麻，兩兩相對，氣如蘼蕪，可以止癘，出南海。（宛委山堂本《說郛》卷八十七）

楓人

五嶺之間多楓木，歲久則生瘤癭。一夕遇暴雷驟雨，其樹贅暗長三五尺，謂之「楓人」。越巫取之作術，有通神之驗；取之不以法，則能化去。（宛委山堂本《說郛》卷八十七）

薰陸香

薰陸香，出大秦。云在海邊〔一〕，自有大樹〔二〕，生於沙中。盛夏，樹膠流出沙上，夷人採取，賣與賈人。〔三〕（《太平御覽》卷九百八十二。又見宛委山堂本《說郛》卷八十七，文字稍異。）

〔校記〕
〔一〕《說郛》無「云」字。
〔二〕《說郛》無「自」字。此句下，《說郛》有「枝葉正如古松」。
〔三〕「夷人」二句，《說郛》作「方採之」。

另存文字差異較大者，錄於下：

薰陸出大秦國，其木生於海邊沙上。盛夏，木膠出沙上〔一〕。夷人取得〔二〕，賣與賈客〔三〕。乳香亦其類也。（中華道藏本《圖經衍義本草》卷二十一。又見《錦繡萬花谷》卷三十二、《通志》卷七十六、《樹藝篇》卷四，文字稍異。）

〔校記〕

〔一〕此句，《錦繡萬花谷》作「木膠流出沙上」，《通志》作「木膠流出沙中」。

〔二〕得，《通志》作「之」，《錦繡萬花谷》無。

〔三〕此句，《錦繡萬花谷》作「賣之」。《通志》引至此句。

榕樹

榕樹，南海、桂林多植之。葉如木麻，實如冬青。樹幹拳曲，是不可以為器也。其本楞理而深，是不可以為材也。燒之無焰，是不可以為薪也。以其不材，故能久而無傷。其蔭十畝，故人以為息焉。而又枝條既繁，又茂細，軟如藤垂下，漸漸及地，藤稍入土，便生根節。或一大株，有根四五處，而橫枝及鄰樹，即連理。南人以為常，不謂之瑞木。（宛委山堂本《說郛》卷八十七）

益智

益智，子如筆毫〔一〕，長七八分。二月花色〔二〕，仍連著實〔三〕。五六月熟〔四〕。味辛，雜五味中，芬芳。〔五〕亦可鹽曝〔六〕。（《齊民要術》卷十。又見《太平御覽》卷九百七十二、宛委山堂本《說郛》卷八十七，文字稍異。）

〔校記〕

〔一〕《太平御覽》無「子」字。

〔二〕此句，《太平御覽》作「二月華」。

〔三〕此句，《太平御覽》無；《說郛》作「若蓮著實」。

〔四〕此句，《太平御覽》作「五月、六月熟」，《說郛》作「五六月熱」，熱，當是「熟」之形訛。

〔五〕「味辛」三句，《太平御覽》作「味辛中芬香」。

〔六〕此句，《太平御覽》無。此句以下，《太平御覽》有「出交趾、合浦」；《說郛》有「出交趾、合浦。建安八年，交州刺史張津，嘗以益智子粽餉魏武帝。」

桂

桂出合浦，生必以高山之巔。冬夏長青，其類自為林，間無雜樹。交趾置桂園。桂有三種：葉如柏葉，皮赤者，為丹桂；葉如柿葉者，為菌桂；其葉似枇杷葉者，為牡桂。《三輔黃圖》曰：「甘泉宮南有昆明池，池有靈波殿，以桂為柱，風來自香。」（宛委山堂本《說郛》卷八十七）

朱瑾花

朱瑾花，莖葉皆如桑葉，光而厚。樹高止四五尺，而枝葉婆娑。自二月開花，至仲冬即歇。其花深紅色，五出，大如蜀葵，有蕊一條，長於花葉，上綴金屑，日光所爍，疑若焰生。一叢之上，日開數百朵，朝開暮散。插枝即活。出高涼郡。一名赤槿，一名日及。（宛委山堂本《說郛》卷八十七）

指甲花

指甲花，其樹高五六尺，枝葉柔弱，葉如嫩榆，與耶悉茗、茉莉花皆雪白，而香不相上下。亦胡人自大秦國移植於南海。而此花極繁細，才如半粒米許。彼人多折置襟袖間。蓋資其芬馥爾。一名散珠花。（宛委山堂本《說郛》卷八十七）

蜜香樹

蜜香、沉香、雞骨香、黃熟香、棧香、青桂香、馬蹄香、雞舌香，按此八物，同出於一樹也。交趾有蜜香樹，幹似櫃柳，其花白而繁，其葉如橘。欲取香，伐之。經年，其根、幹、枝、節各有別色也。木心與節堅黑，沉水者，爲沉香；與水面平者，爲雞骨香；其根爲黃熟香；其幹爲棧香；細枝、緊實未爛者，爲青桂香；其根節輕而大者，爲馬蹄香；其花不香，成實乃香，爲雞舌香。珍異之物也。（宛委山堂本《說郛》卷八十七）

桄榔樹

桄榔樹，似栟櫚。其皮可作緪，得水則柔韌。胡人以此聯木爲舟。皮中有屑如麵，多者至數斛。食之，與常麵無異。木如竹，紫黑色，有文理。工人解之以製奕秤。出九眞。（宛委山堂本《說郛》卷八十七）

訶梨勒

訶梨勒樹，似木梡。花白，子形如橄欖，六路。皮肉相著，可作飲，變白髭髮令黑。出九眞。（宛委山堂本《說郛》卷八十七）

蘇枋

蘇枋，樹類槐，花黑子，出九眞。南人以染黃絳，漬以大庾之水，則色愈深。（宛委山堂本《說郛》卷八十七）

水松

水松，葉如檜而細長，出南海。土產眾香，而此木不大香，故彼人無佩服者。嶺北人極愛之，然其香殊勝在南方時。植物無情者也，不香於彼而香於此，豈屈於不知己而伸於知己者歟？物理之難窮如此。（宛委山堂本《說郛》卷八十七）

刺桐

刺桐，其木爲材。三月之時，布葉繁密。後有花，赤色，開在葉間，旁照他物皆朱殷。然三五房凋再三五複發，如是者竟歲。九眞有之。（宛委山堂本《說郛》卷八十七）

棹樹

棹樹，幹葉俱似椿。以其葉搗汁漬菓，呼爲「棹汁菓」。若以棹汁難羗肉食者，即時爲雷震死。棹出高涼郡。（宛委山堂本《說郛》卷八十七）

杉

杉，一名被粘。合浦東二百里有杉一樹。漢安帝永初五年春，葉落隨風飄入洛陽城。其葉大常杉數十倍。術士廉盛曰：「合浦東杉葉也。此休徵，當出王者。」帝遣使驗之，信然。乃以千人伐樹，役夫多死者。其後三百人坐斷株上食飽，足相容。至今猶存。（宛委山堂本《說郛》卷八十七）

荊

荊，寧浦有三種：金荊可作枕，紫荊可作床，白荊堪作履。與他處牡荊、蔓荊全異。又彼境有杜荊，指病自愈。節不相當者，月暈時刻之與病人身齊等，置床下，雖危困自愈。（宛委山堂本《說郛》卷八十七）

紫藤

紫藤，葉細長，莖如竹，根極堅實。重重有皮，花白子黑。置酒中，二三十年亦不腐敗〔一〕。其莖截置煙爐中〔二〕，經時成紫香，可以降神。（《古今合璧事類備要》別集卷五十六。又見宛委山堂本《說郛》卷八十七，文字稍異。）

〔校記〕
〔一〕「二三十」上，《說郛》有「歷」字。
〔二〕煙爐：《說郛》作「煙炱」。

楉藤

楉藤，依樹蔓生，如通草藤也。其子紫黑色，一名象豆。三年方熟，其殼貯藥歷年不壞。生南海。解諸藥毒。（宛委山堂本《說郛》卷八十七）

蜜香紙

蜜香紙，以蜜香樹皮、葉作之。微褐色，青紋如魚子，極香而堅韌，水漬之不潰爛。太康五年，大秦獻三萬幅。帝以萬幅賜鎮南大將軍當陽侯杜預，令寫所撰《春秋釋例》及《經傳集解》以進。未至而預卒，詔賜其家，令藏之。（宛委山堂本《說郛》卷八十七）

抱香履

抱香履，抱木生於水松之旁，若寄生。然極柔弱，不勝刀鋸。乘濕時，刳而爲履，易如削瓜。既乾則韌不可理也。履雖猥大，而輕者若通脫木。風至則隨飄而動。夏月納之，可禦蒸濕之氣。出扶南、大秦諸國。太康五年，扶南貢百雙。帝深歎異，然哂其制作之陋，但置諸外府，以備方物而已。按東方朔《瑣語》曰：「木履起於晉文公時，介子推逃祿自隱，抱樹而死。公撫木哀歎，遂以爲履。每懷從亡之功，輒俯視其履曰：『悲乎足下！』」「足下」之稱，亦自此始也。（宛委山堂本《說郛》卷八十七）

檳榔樹

檳榔樹，高十餘丈。皮似青銅，節如桂竹。下本不大，上枝不小，調直亭亭，千萬若一，森秀無柯。端頂有葉，葉似甘蕉，條派開破，仰望渺渺，如插叢蕉於竹杪。風至觸動，似舉羽扇之狀掃天。葉下繫數房，房綴數十實，實大如桃李，天生棘重累其下，所以禦衛其實也。味苦澀，剖其皮，鬻其膚，熟如貫珠，堅如乾棗。以扶留藤、古賁灰並食，則滑美，下氣消谷，出林邑。彼人以爲貴，結婚會客必先進。若邂逅不設，用相嫌恨。一名賓門藥餞也。（宛委山堂本《說郛》卷八十七）

荔枝樹

荔枝，樹高五六丈餘，如桂樹。綠葉蓬蓬，多夏榮茂。青華朱實，大如雞子。核黃黑似熟蓮。實白如肪，甘而多汁，似安石榴。有甜酢者，至日將中，翕然俱赤，則可食也。一樹下子百斛。《三輔黃圖》曰：「漢武帝元鼎六年，破南越，建扶荔宮。」扶荔者，以荔枝得名也。「自交趾移植百株於庭，

無一生者，連年移植不息。後數歲，偶一株稍茂，然終無華實。帝亦珍惜之，一旦忽萎死，守吏坐誅，死者數十，遂不復茂矣。其實則歲貢焉。郵傳者疲斃於道，極爲生民之患。」（宛委山堂本《說郛》卷八十七）

椰樹

椰樹，葉如栟櫚，高六七丈，無枝條。其實大如寒瓜，外有粗皮，次有殼，圓而且堅。剖之有白膚，厚半寸，味似胡桃而極肥美，有漿，飲之得醉，俗謂之「越王頭」。云：昔林邑王與越王有故怨，遣俠客刺得其首。懸之於樹，俄化爲椰子。林邑王憤之，命剖以爲飲器。南人至今效之。當刺時，越王大醉，故其漿猶如酒云。（宛委山堂本《說郛》卷八十七）

楊梅

楊梅，其子如彈丸，正赤。五月中熟，熟時似梅，其味甜酸。陸賈《南越行記》曰：「羅浮山頂有胡楊梅，山桃繞其際。海人時登採適。上得於上飽啖，不得持下。」東方朔《林邑記》曰：「林邑山梅，其大如杯碗。青時極酸，既紅，味如崖蜜。以醒酒，號『梅香酎』。非貴人重客不得飲之。」（宛委山堂本《說郛》卷八十七）

橘

橘，白華、赤實，皮馨香，有美味。自漢武帝得交趾，置橘官長一人，秩二百石，主貢御橘。吳黃武中，交趾太守士燮，獻橘十七實同一帶，人以爲瑞異，郡人畢賀。（宛委山堂本《說郛》卷八十七）

柑

柑，乃橘之屬，滋味甘美。特異者也，有黃者，有賴者，賴者謂之壺柑。交趾人以席囊貯蟻鬻於市者，其窠如薄綿囊，皆連枝葉，蟻在其中，並窠而賣。蟻赤黃色，大如常蟻。南方柑樹若無此蟻，則其實皆爲群蠹所傷，無復一完者矣。今華林園有柑二株，遇結實，上命群臣宴飲於旁，摘而分賜焉。（宛委山堂本《說郛》卷八十七）

海棗樹

海棗樹，身無閑枝，直聳三四十丈。樹頂四面共生十餘枝，葉如栟櫚。五年一實，實甚大，如杯碗。核兩頭不尖，雙卷而圓。其味極甘美，安邑御

棗無以加也。泰康五年，林邑獻百枚。昔李少君謂漢武帝曰：「臣嘗遊海上，見安期生食巨棗，大如瓜。」非誕說也。（宛委山堂本《說郛》卷八十七）

千歲子

千歲子，有藤蔓出土。子在根下，生鬚綠色，交加如織。其子一苞有二百餘顆，皮殼青黃色，殼中有肉如栗，味亦如之。幹者殼肉相離。撼之有聲，似肉豆蔻。出交趾。（宛委山堂本《說郛》卷八十七）

五斂子

五斂子，大如木瓜，黃色，皮脆軟，味極酸。上有五楞如刻出，南人呼「楞」爲「斂」，故以爲名。以蜜漬之，甘酢而美。出南海。（宛委山堂本《說郛》卷八十七）

鉤緣子

鉤緣子，形如瓜，皮似橙而金色，胡人重之。極芬香。肉甚厚，大如蘆菔。女工競雕鏤花鳥。漬以蜂蜜，點以燕檀，巧麗妙絕，無以與比。泰康五年，大秦貢十缶。帝以三缶賜王愷，助其珍味，誇示於石崇。（宛委山堂本《說郛》卷八十七）

海梧子

海梧子，樹似梧桐，色白。葉似青桐，有子如大栗，肥甘可食。出林邑。（宛委山堂本《說郛》卷八十七）

海松子

海松子，樹與松同，但結實絕大。形如小栗，三角，肥甘香美，亦樽俎間佳果也。出林邑。（宛委山堂本《說郛》卷八十七）

菴摩勒樹

菴摩勒樹，葉細似合昏，花黃。實似李，青黃色。核圓作六七楞。食之先苦後甘。術士以變白鬚髮，有驗。出九眞。（宛委山堂本《說郛》卷八十七）

石栗樹

石栗樹，與栗同，但生於山石罅間。花開三年方結實。其殼厚而肉少，其味似胡桃。熟時或爲鸚鵡群至，啄食略盡，故彼人極珍貴之。出日南。（宛委山堂本《說郛》卷八十七）

人面子

人面子，樹似含桃。結子如桃實，無味。其核正如人面，故以爲名。以蜜漬之，稍可食。以其核可玩，於席間飣餖御客。出南海。（宛委山堂本《説郛》卷八十七）

雲丘竹

雲丘竹，一節可以爲船，出扶南。然今交、廣有竹，節長二丈，其圍一二丈者，往往有之。（宛委山堂本《説郛》卷八十七）

簩篅竹

簩篅竹，皮薄而空者多，大者徑不過二寸。皮粗澀，以鏒犀象利，勝於鐵。出大秦。（宛委山堂本《説郛》卷八十七）

石林竹

石林竹，似笙竹，勁而利。削爲刀，割象皮如切芋。出九眞、交趾。（宛委山堂本《説郛》卷八十七）

思摩竹

思摩竹，如竹大，而筍生其節。筍既成竹，春而筍復生節。交、廣所在有之。（宛委山堂本《説郛》卷八十七）

籬竹

籬竹，葉疏而大。一節相去六七尺，出九眞。彼人取嫩者槌浸，紡織爲布〔五〕，謂之「竹疏布」。（宛委山堂本《説郛》卷八十七）

越王竹

越王竹，根生石上，若細荻。高尺餘，南海有之。南人愛其青色，用爲酒籌。云：越王棄餘籌而生竹。（宛委山堂本《説郛》卷八十七）

文木

文木樹，高七八丈，其色正黑，如水牛角，作馬鞭，日南有之。（《太平御覽》卷九百六十）

蕉樹

蕉樹，子房相連累，甜美，亦可蜜藏。（《太平御覽》卷九百七十五）

栟香

栟香，莖生，出烏滸。(《太平御覽》卷九百八十二)

棧蜜香

棧蜜香，出都昆。不知棧蜜香樹若爲，但見香耳。(《太平御覽》卷九百八十二)

藿香

藿香，榛生。民自種之，五六月採。曝之，乃芳芬耳。出交阯、武平、興古、九眞。(《太平御覽》卷九百八十二)

另存文字簡潔者，附於下：

味辛。榛生，吏民自種之，五六月採暴之，乃芬芳。出交趾、九息諸國。(《圖經衍義本草》卷二十一)

藿香，榛生，吏民自種之，正相符合也。(《證類本草》卷十二。又見《樹藝篇》卷四)

赤土

赤土，出踊山下，在石中。採好色赤者，雜丹中朱膠漆器。(《太平御覽》卷九百八十八)

採珠

凡採珠，一旁小平，形似覆釜，第一珠母肉玉白，人民以薑虀食之。(《太平御覽》卷八〇三。按：此則冠作《草方草木狀》，當是訛誤。)

海棠

木之奇者，會稽之海棠。(《剡錄》卷九)

宜男花

宜男，水蔥。花葉如鹿蔥，花色有紅、黃、紫三種，出始興。婦人懷姙，佩其花生男者，即此花，非鹿蔥也。交、廣人佩之，極有驗。然其土多男，不厭女子，故不常佩也。(《古今合璧事類備要》別集卷二十七)

素馨花

素馨花，一名那悉茗。有胡人自西國移植於南海。(《大德南海志》卷七)

芙蓉

產於陸者曰木芙蓉；產於水曰草芙蓉。(《至順鎮江志》卷三)

存疑

以下諸條，不見明代以前諸書徵引，存疑。

雲母竹

雲母竹，一節爲船，出扶南南。(《天中記》卷五十三)

梧桐

梧桐，子似乳，綴其囊，多或五六，少或二三，故飛鳥喜巢其中。昔人謂「空門來風」，桐乳致巢是也。(《格致鏡原》卷六十五)

合浦杉

杉，一名披黏。合浦東二百里，有杉一樹。漢安帝永初五年春，葉落隨風飄入洛陽城，其葉大常杉數十倍。術士廉盛曰：「合浦東杉葉也。此休徵當出王者。」帝遣使驗之，信然。(《廣博物志》卷四十二)

山茶花

有紅、白二種。人有千葉者，名品頗多，不能盡錄。(《古今合璧事類備要》別集卷三十九)

絲瓜

絲瓜，一名天羅絮，又名布瓜。(《格致鏡原》卷六十三。按：此則，冠以「《草木記》」。)

苦茶

苦茶，一名茶，一名遊冬。(《廣博物志》卷四十一。又見《格致鏡原》卷二十一。按：此則，冠以「《草木狀》」。)

柘

柘，宜山石。(《格致鏡原》卷六十四)

柳

柳，宜下田。(《格致鏡原》卷六十五)

竹

竹，宜高平之地。(《格致鏡原》卷六十七)

丹桂

以刿中丹桂爲奇。(《刿錄》卷九)

《廣州記》　晉裴淵

《廣州記》，一作裴氏《廣州記》，晉裴淵撰。裴淵，生卒年、里籍不詳。史志未著錄，其佚文較早爲《北堂書鈔》徵引，南宋時仍有徵引，但條目不出前書範圍，或當時已亡佚。

五嶺

五嶺者〔一〕，大庾、始安、臨賀、揭陽、桂陽〔二〕。(《史記·秦始皇本紀》張守節正義。又見《文選·贈顧交阯公眞》李善注、《太平御覽》卷五十四、《類要》卷三，文字稍異。按:《類要》所引內容作者爲「裴成潤」，當爲裴淵之別稱，或傳抄之誤。)

〔校記〕

〔一〕此句，《文選》注作「五嶺云」，《太平御覽》作「有五嶺」，《類要》作「五嶺」。

〔二〕揭陽，《文選》、《太平御覽》皆置於「桂陽」後。「揭陽」下，《太平御覽》有「是也」。揭陽，《類要》作「社陽」。桂陽，《類要》作「褐陽」。二者當誤。

另存文字記述有異者，錄於下:

大庾、始安、臨賀、桂陽、揭陽，是爲五領。(《漢書·張耳陳餘列傳》顏師古注。又見《後漢書·吳祐傳》李賢等注、《後漢書·劉表傳》李賢等注、《施注蘇詩》卷三十五、《輿地紀勝》卷一百二十三、《玉海》卷二十、《猗覺寮雜記》卷上，文字稍異。大，《輿地紀勝》作「太」。爲，《後漢書·劉表傳》、《施注蘇詩》作「謂」，《輿地紀勝》無。領，《施注蘇詩》、《輿地紀勝》、《猗覺寮雜記》作「嶺」。)

五嶺，一日大庾。(《施注蘇詩》卷二十一。又見《輿地紀勝》卷一百二十三)

石膏山

蒼梧彰平縣〔一〕，有石膏山，望之皎若霜雪〔二〕。(《藝文類聚》卷八。又見《白氏六帖事類集》卷二、《太平御覽》卷九百八十五、《輿地紀勝》卷一〇八，文字稍異。)

〔校記〕

〔一〕蒼梧：《太平御覽》無。

〔二〕皎，《太平御覽》無。若：《輿地紀勝》作「如」。此句下，《太平御覽》有「又一嶺，東爲銀石，南是鐵石，西則丹砂，北乃銅石」五句。

銅鼓釵

南海豪富女子〔一〕，以金銀爲大釵，執以扣銅鼓〔二〕，故號爲「銅鼓釵」〔三〕。（《北堂書鈔》卷一百三十六。又見《太平御覽》卷四百七十二、七百一十八，文字稍異。按，此則，《北堂書鈔》冠作「裴淵海東記」，其内容與諸本所引裴淵「廣州記」無異，故置於此。《太平御覽》卷四百七十二所引作者爲「張淵」，當是訛誤。）

〔校記〕

〔一〕南海：《太平御覽》無。女子，《太平御覽》卷四百七十二作「子女」。

〔二〕「銅鼓」下，《太平御覽》卷四百七十二有「與主人」三字。

〔三〕故號爲：《太平御覽》卷四百七十二作「名爲」，《太平御覽》卷七百一十八作「號爲」。

另存記述詳細者，錄於下：

俚獠鑄銅爲鼓〔一〕，鼓唯高大爲貴〔二〕，面闊丈餘〔三〕。初成，懸於庭，剋晨置酒〔四〕，招致同類，來者盈門。豪富子女〔五〕，以金銀爲大釵〔六〕，執以叩鼓，叩竟〔七〕，留遺主人也〔八〕。（《後漢書·馬援列傳》李賢等注。又見《太平御覽》卷七百八十五，文字有異。）

〔校記〕

〔一〕此句，《太平御覽》作「俚獠貴銅鼓」。

〔二〕鼓：《太平御覽》無。

〔三〕此句下，《太平御覽》有「方以爲奇」句。

〔四〕剋：《太平御覽》作「尅」。

〔五〕「豪富」上，《太平御覽》有「其中」二字。

〔六〕釵：《太平御覽》作「义」，當誤。

〔七〕此句，《太平御覽》無「叩」字。

〔八〕此句，《太平御覽》作「留遺主人」。此句以下，《太平御覽》有「名爲銅皷釵。風俗好殺，多構讎怨，欲相攻擊，鳴此鼓集眾，到者如雲。有是鼓者，極爲豪強」。

羅浮山

羅、浮二山隱天，唯石樓一路可登〔一〕。（《太平寰宇記》一百五十七。又見《太平御覽》卷四十一、《方輿勝覽》卷三十四、《輿地紀勝》卷八十九、九十九，文字稍異。）

〔校記〕

〔一〕此句，《太平御覽》作「唯石樓一路，是可登矣」二句。

另存文字差異較大者，錄於下：

羅山隱天，唯石樓一路。時有閑遊者，少得至。山際大樹合抱，極目視之，如薺菜在地。山之陽有一小嶺，云蓬萊邊山浮來著此，因合號「羅浮山」。（《太平御覽》卷四十一）

羅浮者，二山之總名，在增城、博羅二縣之境，本名蓬萊山。一峰在海中，與羅山合，因名焉。（《通鑒綱目》卷五十下）

穴流泉

本博羅縣之東鄉〔一〕，有龍穿地而出，即穴流泉〔二〕，因以爲號也〔三〕。（《史記・南越列傳》張守節正義。又見《漢書・地理志》顏師古注、《古今合璧事類備要》別集卷三、《方輿勝覽》卷三十七、《輿地紀勝》卷九十一、《玉海》卷二十四，文字稍異。）

〔校記〕

〔一〕「東鄉」下，《漢書・地理志》有「也」字。此句，《古今合璧事類備要》作「南海郡屬縣龍川，本博羅縣之多鄉也」，《輿地紀勝》、《方輿勝覽》作「龍川，本博羅之東鄉」，《玉海》無。
〔二〕穴流泉：《方輿勝覽》作「穴泉流」。
〔三〕也，《漢書・地理志》、《古今合璧事類備要》、《輿地紀勝》、《玉海》無。此句，《方輿勝覽》作「因以爲名」。

鯨鯢目

鯨鯢目，即明月珠，故死不見有目精。（《藝文類聚》卷八十四。又見《編珠》卷三、《太平御覽》卷八〇三、《事文類聚》續集卷二十五）

羅浮山橘

羅浮山有橘，夏熟，實大如李。剝皮噉則酢，合食極甘〔一〕。又有壺橘，形色都是甘〔二〕，但皮厚氣臭，味亦不劣。（《齊民要術》卷十。又見《樹藝篇》卷六，文字稍異。）

〔校記〕

〔一〕極，《樹藝篇》作「則」。
〔二〕甘，《樹藝篇》無。

另存文字簡潔者，附於下：

羅浮山有橘〔一〕，夏熟，實大如李。（《北戶錄》卷三。又見《太平御覽》卷
九百六十六、《事類賦》卷二十七、《記纂淵海》卷九十二，文字稍異。）

〔校記〕

〔一〕有，《事類賦》無。

朝臺

尉陀立臺〔一〕，以朝漢室〔二〕，圓基千步，直峭百丈，螺道登進，頂上三
畝〔三〕，朝望升拜〔四〕，號爲「朝臺」。（《藝文類聚》卷六十二。又見《太平寰宇
記》卷一百五十七、《太平御覽》卷一百七十二、一百七十七、五百三十八、《唐詩鼓
吹》卷二，文字稍異。）

〔校記〕

〔一〕此句，《太平寰宇記》作「尉佗本築朝臺」，《太平御覽》卷一百七十二作「尉佗築朝
臺」，《太平御覽》卷五百三十八作「尉他所都處築高臺」，《太平御覽》卷一百七十
七、唐詩鼓吹》作「尉佗築臺」。

〔二〕漢室：《太平寰宇記》、《太平御覽》卷一百七十二作「天子」。二書引至此句。

〔三〕三畝：《太平御覽》卷五百三十八無。

〔四〕升：《太平御覽》卷五百三十八無。

另存文字差異較大者，錄於下：

尉佗築臺〔一〕，以朔望升拜〔二〕，號爲「朝拜臺」〔三〕。傍江構起華館〔四〕，
以送陸賈，因稱「朝亭」〔五〕。（《太平御覽》卷一百九十四。又見《藝文類聚》卷
二十九、《太平御覽》卷四百八十九，文字稍異。）

〔校記〕

〔一〕尉佗：《藝文類聚》作「尉他」，他，「佗」之形訛。

〔二〕此句，《藝文類聚》作「以朝朔望」。

〔三〕朝拜臺：《太平御覽》卷四百八十九作「朝臺」。此句，《藝文類聚》無。

〔四〕傍江：《藝文類聚》無。此句，《太平御覽》卷四百八十九作「即岡傍江，構起華
館」。

〔五〕此句，《藝文類聚》無。

管溪

管溪〔一〕，周圓丈餘〔二〕，水極沸涌〔三〕，如猛火煎油聲。（《北堂書鈔》卷
一百五十九。又見《藝文類聚》卷九、《太平寰宇記》卷一百五十七、《太平御覽》卷
六十七，文字稍異。）

〔校記〕

〔一〕管溪：《藝文類聚》作「管谿」，《太平寰宇記》作「白管溪」，《太平御覽》作「百管溪」。

〔二〕周圓：《太平御覽》作「周迴」，此句，《太平寰宇記》無。

〔三〕此句，《太平寰宇記》作「當川中沸涌」。

古斗村

廣州東百里有村，號曰古斗村。〔一〕自此至海〔二〕，溟渺無際。（《太平寰宇記》一百五十七。又見《輿地紀勝》卷八十九，文字稍異。）

〔校記〕

〔一〕「廣州」二句，《輿地紀勝》作「廣州東一百里，有古斗村」。

〔二〕至：《輿地紀勝》作「出」。

廬山楊梅、山桃

廬山頂有湖〔一〕，廣數頃，有楊梅、山桃，止得於上飽噉，不得持去〔二〕。（《藝文類聚》卷九。又見《初學記》卷二十八，文字稍異。）

〔校記〕

〔一〕「頂」下，《初學記》有「上」字。

〔二〕持，《初學記》作「將」。

另存文字有差異者，錄於下：

廬山頂有湖，楊梅、山桃繞其際〔一〕。海人時登採拾，正得於上飽，〔二〕不得持下。（《藝文類聚》卷八十七。又見《太平御覽》卷九百七十二，文字稍異。）

〔校記〕

〔一〕山桃，《太平御覽》無。

〔二〕「海人」二句，《太平御覽》作「人登者，止得於山飽食」。

東莞縣有廬山〔一〕，其側有楊梅、山桃，只得於山中飽食，不得取下，如下則輒迷路。（《太平寰宇記》一百五十七。又見《太平御覽》卷四十九，文字稍異。）

〔校記〕

〔一〕廬山：《太平御覽》作「慮山」。慮，當爲「廬」之形訛也。

廬山有山桃〔一〕，大如檳榔〔二〕，形亦似之，色黑而味甘酢〔三〕。人時登山採拾，止得於上飽啖〔四〕，不得持下，持下輒迷不得返〔五〕。（《太平御覽》卷四百九十。又見《太平御覽》卷九百六十七，文字稍異。）

〔校記〕

〔一〕此句，《太平御覽》卷九百六十七作「廬山頂上有山桃」。

〔二〕「大」上，《太平御覽》卷九百六十七有「山桃」。

〔三〕酢，《太平御覽》卷九百六十七作「酌」。

〔四〕止，《太平御覽》卷九百六十七作「只」。

〔五〕此句，《太平御覽》卷九百六十七作「下輒迷不能返」。

膏藤

　　土人伐船爲業〔一〕，隨樹所在〔二〕，就以成槽，皆去水難遠〔三〕，動有數里〔四〕。山生草〔五〕，名爲膏藤，〔六〕津汁軟滑，無物能比，以此導地〔七〕，牽之如流。亦五六丈船〔八〕，數人便運。（《藝文類聚》卷八十二。又見《太平御覽》卷九百九十五，文字稍異。）

〔校記〕

〔一〕此句，《太平御覽》作「力陳嶺，民人居之，伐舡爲業」。

〔二〕在：《太平御覽》作「居」。

〔三〕此句，《太平御覽》作「皆去水艱遠」。

〔四〕里，《太平御覽》無。

〔五〕「草」上，《太平御覽》有「一」字。

〔六〕爲：《太平御覽》作「曰」。

〔七〕以此，《太平御覽》無。

〔八〕亦，《太平御覽》無。

木綿

　　蠻夷不蠶，採木綿爲絮〔一〕。皮圓當竹〔二〕，剝古綠藤〔三〕，績以爲布。（《藝文類聚》卷八十五。又見《編珠》卷三、《太平御覽》卷八百一十九、八百二十，文字稍異。）

〔校記〕

〔一〕「爲」上，《編珠》有「以」字。《太平御覽》卷八百一十九引至此。

〔二〕圓：《太平御覽》卷八百二十作「員」。《編珠》無此句。

〔三〕綠：《太平御覽》卷八百二十作「緣」。

桃枝竹

　　廣州有桃枝竹。（《藝文類聚》卷八十九）

甘泉縣孤石

甘泉縣平野中，孤石挺起，峰秀入雲，連石相接，無異棟宇。（《太平御覽》卷五十二）

馬鞍岡

城北有尉佗墓，墓後有大岡，謂之馬鞍岡，〔一〕秦時占氣者言〔二〕：南方有天子氣。始皇發民，鑿破此岡〔三〕，地中出血〔四〕。（《水經注》卷三十七。又見《藝文類聚》卷六、涵芬樓本《說郛》卷四，文字稍異。）

〔校記〕
〔一〕「城北」三句，《藝文類聚》作「城北有馬鞍崗」，《說郛》作「廣州城北有馬鞍崗」。
〔二〕占：《藝文類聚》、《說郛》作「瞻」。
〔三〕此：《藝文類聚》作「北」，蓋「此」之形訛也。
〔四〕此句下，《藝文類聚》有「鑿處猶在，增城縣有雲母岡，日出，照之晃曜」四句，《說郛》有「鑿處猶在」句。

另存文字記述詳細者，錄於下：

城西北五里，連續大崗，直上百尋，名爲粵王冢。吳朝掘覓尉他墓，竟無所見。於天井崗得六玉璽。一小車。州城北有馬鞍崗，秦時瞻氣者言，南方有天子氣。始皇發民鑿破此崗，地中出血，今鑿處猶在。增城縣有雲母崗，日出照之晃曜。（《太平御覽》卷五十三）

黃山洲

石洲在海中，名爲黃山，山北日一潮，山南日再潮。（《太平御覽》卷六十八）

朱沙塘

彰平縣朱沙塘〔一〕，水如絳，魚鱉皆赤〔二〕。（《太平御覽》卷七十四。又見《太平御覽》卷九百八十五，文字稍異。）

〔校記〕
〔一〕此句，《太平御覽》卷九百八十五作「郫平縣有朱沙塘」。
〔二〕此句，《太平御覽》卷九百八十五無。

五羊像、五穀囊

州廳事梁上畫五羊像〔一〕，又作五穀囊，隨像懸之〔二〕。云昔高固爲楚相〔三〕，五年銜穀莖於楚庭〔四〕，於是圖其像〔五〕。廣州則楚分野〔六〕，故因圖

像其瑞焉。〔七〕（《太平御覽》卷一百八十五。又見《太平御覽》卷七〇四、《白孔六帖》卷十、涵芬樓本《說郛》卷四，文字稍異。）

〔校記〕

〔一〕像：《太平御覽》卷七〇四作「象」，下同。此句，《白孔六帖》作「州廳梁上畫五羊」。

〔二〕像：《白孔六帖》、《說郛》作「羊」。

〔三〕楚相：《說郛》作「楚王」。

〔四〕衙：《太平御覽》卷七〇四作「衘」，《白孔六帖》作「衙」。莖：《太平御覽》卷七〇四、《白孔六帖》、《說郛》皆作「萃」。

〔五〕此句，《太平御覽》卷七〇四作「因是圖其象」，並引至此。《白孔六帖》、《說郛》無此句。

〔六〕此句，《白孔六帖》、《說郛》作「六國時廣州屬楚」，且皆置於〔七〕句之下。

〔七〕此句，《白孔六帖》作「故圖其象爲瑞」，《說郛》作「故圖其像爲瑞」。

熱水

龍州縣石徑裏有一澗，流熱水，足治雞鴨。（《編珠》卷一）

賀之境

自九疑山之南崇峻，嶺高排霄漢，綿亙數百里，皆賀之境也。（《輿地紀勝》卷一百二十三）

鮓魚

鮓魚長二丈，大數圍，皮皆鱗物，生子，子小隨母覓食，驚則還入母腹。（《水經注》卷三十七）

枸櫞

枸櫞，樹似橘〔一〕，實如柚大而倍長〔二〕，味奇酢。皮以蜜煮爲糝〔三〕。（《齊民要術》卷十。又見《太平御覽》卷九百七十二、《古今合璧事類備要》別集卷四十六、《樹藝篇》卷七，文字稍異。）

〔校記〕

〔一〕樹，《古今合璧事類備要》無。

〔二〕實，《太平御覽》、《古今合璧事類備要》無。

〔三〕此句，《古今合璧事類備要》無。

鬼目、益智

鬼目、益知〔一〕，直爾不可啖〔二〕，可爲漿也。（《齊民要術》卷十。又見《太平御覽》卷九百七十四、《樹藝篇》卷十，文字稍異。）

〔校記〕

〔一〕益知：《太平御覽》作「益智」。

〔二〕不可：《太平御覽》作「不敢」。

槃多樹

槃多樹，不花而結實。實從皮中出。自根著子至杪，如橘大。食之。過熟，內許生蜜，一樹者，皆有數十。（《齊民要術》卷十）

五子樹

五子樹，實如梨，裏有五核，因名「五子」。治霍亂、金瘡。（《齊民要術》卷十。又見《樹藝篇》卷四）

桂父

桂父，常食桂葉，見知其神尊事之。一旦與鄉曲別，飄然入雲。（《初學記》卷二十三）

石林竹

石麻之竹〔一〕，勁而利〔二〕，削以爲刀〔三〕，切象皮如切芋〔四〕。（《齊民要術》卷十。又見《北戶錄》卷二、《太平御覽》卷三百四十五、九百六十三（二則），文字稍異。）

〔校記〕

〔一〕石麻之竹：《北戶錄》、《太平御覽》卷三百四十五作「石林竹」，《太平御覽》卷九百六十三（後則）作「石麻竹」。

〔二〕而，《北戶錄》、《太平御覽》卷三百四十五、九百六十三（後則）無。

〔三〕以，《北戶錄》、《太平御覽》無。

〔四〕此句，《北戶錄》作「切截象皮如截草也」，《太平御覽》卷三百四十五作「切象皮如纖茅」，《太平御覽》卷九百六十三（前則）作「割象皮如切竿」，《太平御覽》卷九百六十三（後則）作「切象皮如截芋」。

共冢

盧循襲廣州，風火夜發，奔免者數千而已〔一〕，循除諸燒骨〔二〕，數得髑髏三萬餘，於江南洲上作大坑葬之，今名共冢〔三〕。（《藝文類聚》卷十七。又見《太平御覽》卷三百七十四，文字稍異。）

〔校記〕

〔一〕此句，《太平御覽》作「奔逸者數千而已」。

〔二〕諸,《太平御覽》無。

〔三〕此句,《太平御覽》作「今名爲共冢」。

東官郡煮鹽

東官郡煮鹽,織竹爲釜,以牡蠣屑泥之,燒用七夕一易。(《太平御覽》卷七百五十七。又見《御定淵鑒類函》卷三百八十三)

董奉

董奉至晉興五里,封一白坩,置高崖中而去。人欲取,不能得。今猶在。(《太平御覽》卷七百五十八)

烏滸人

其俗食人〔一〕,以鼻飲水〔二〕,口中進噉如故。(《後漢書·孝靈帝紀》李賢等注。又見《太平御覽》卷七百八十六、《資治通鑒》卷五十六,文字稍異。)

〔校記〕

〔一〕此句,《太平御覽》作「晉興有烏滸人」。

〔二〕飲水:《資治通鑒》作「飲酒」。

雲母

增城縣有雲母,向日出,照之晃曜。(《太平御覽》卷八〇八)

大鳥化虎

興寧縣義熙四年,忽有數十大鳥,大如鶩,少焉化爲虎。(《太平御覽》卷八百九十二)

石牛

有石牛〔一〕,每旱,殺牛,以血和泥,泥石牛背,既畢則雨,洗牛背〔二〕,泥盡方止。(《太平御覽》卷九〇〇。又見《事類賦》卷二十二,文字稍異。)

〔校記〕

〔一〕「有」上,《事類賦》有「州」字。

〔二〕此句,《事類賦》無。

東溪蛟

新寧郡東溪甚饒蛟,及時害人。曾於魚梁上得之,其長丈餘,形廣如楯,修頸小頭,胸前楮,背上青班,脅邊若錦。(《太平御覽》卷九百三十)

蚺虵

晉興郡蚺虵嶺，去路側五六里，〔一〕忽有一物〔二〕，大百圍，長數十丈，行者過，視則往而不返〔三〕。積年如此，失人甚多。董奉從交州出，由此嶠，見之大驚，云：「此虵也。」住行旅，施符勑。經宿往看，虵已死矣。左右白骨積聚成丘〔四〕。（《太平御覽》卷九百三十四。又見《事類賦》卷二十八，文字稍異。）

〔校記〕

〔一〕「晉興郡」二句，《事類賦》作「晉興郡路側五六里」。

〔二〕忽，《事類賦》無。

〔三〕此句，《事類賦》作「則往而不反」。

〔四〕此句，《事類賦》作「左右曰白骨積聚成山」。

吊

吊，蛇頭鼉身，亦水宿，亦水棲，俗謂爲吊膏。至輕利，以銅瓦器貯之，浸出，而唯雞卵盛之，不漏。磨治諸毒腫，絕驗也。（《太平御覽》卷九百三十二）

鱟

鱟，廣尺餘〔一〕，形如熨斗，頭如蜈蜋，腹下有十足〔二〕。南人重之，以爲鮓。（《太平御覽》卷九百四十三。又見《記纂淵海》卷九十九，文字稍異。）

〔校記〕

〔一〕此句，《記纂淵海》無。

〔二〕此句，《記纂淵海》無。

甲蟲

林任縣有甲蟲，嗜臭肉。人死，食屍都盡。紛紛滿屋，非可驅殺。（《太平御覽》卷九百五十一）

韶

韶，似栗〔一〕。赤色，子大如栗，散有棘刺〔二〕。破其外皮〔三〕，內白如脂肪〔四〕，著核不離，味甜酢。核似荔支〔五〕。（《齊民要術》卷十。《太平御覽》卷九百六十，文字稍異。）

〔校記〕

〔一〕「似」上，《太平御覽》有「葉」。

〔二〕散，《太平御覽》無。

〔三〕外，《太平御覽》無。

〔四〕此句，《太平御覽》作「內白豬肪」。

〔五〕似：《太平御覽》作「如」。荔支：《太平御覽》作「荔枝」。

思惟樹

《嵩山記》曰：嵩寺有思惟樹，即貝多也。有人坐貝多樹下思惟，因名焉。樹與眾木異，一年三花。（《續編珠》卷二）

穀皮

蠻夷取穀皮，熟，捶為褐裏髻布〔一〕，鋪以擬氈。（《太平御覽》卷九百六十。又見《爾雅翼》卷九，文字稍異。）

〔校記〕

〔一〕此句，《爾雅翼》作「槌為揭裏布」。

另存文字簡潔者，附於下：

蠻夷取穀樹皮，熟，搥之以為褐。（《太平御覽》卷六百九十三）

古度

古度，葉如栗，無華，枝柯皮中生子，子似櫨而酢，煮以為粽。數日不煮，化作飛蟻。（《太平御覽》卷九百六十）

桃竹

（廣州）有桃竹。（《太平御覽》卷九百六十三）

橄欖

橄欖，澀酒〔一〕。（《太平御覽》卷九百七十二。又見《記纂淵海》卷九十二，文字稍異。）

〔校記〕

〔一〕此句，《記纂淵海》作「澀酢」。

雷柚

廣州別有柚〔一〕，號曰「雷柚」〔二〕，實如升大。（《齊民要術》卷十。又見《太平御覽》卷九百七十三、《樹藝篇》卷七，文字稍異。）

〔校記〕

〔一〕廣州，《太平御覽》無。

〔二〕曰，《太平御覽》作「為」。

另存文字簡潔者，附於下：

廣州別有雷柚。（《記纂淵海》卷九十二）

金釵

有瓜〔一〕，冬熟，號爲「金釵」〔二〕，味乃甜美。（《太平御覽》卷九百七十八。又見《事類賦》卷二十七，文字稍異。）

〔校記〕

〔一〕此句，《事類賦》作「州有瓜」。

〔二〕此句，《事類賦》作「名金釵」。

菖蒲

菖蒲生盤石上。水從上過，味甘冷，異於常流。（《太平寰宇記》卷一百五十七）

古斗村

廣州東百里有村，號曰古斗村。自此至海，溟渺無際。（《太平寰宇記》卷一百五十七）

《南海記》　晉裴淵

《南海記》，晉裴淵撰。史志無著錄，現存佚文皆出自《北堂書鈔》。大約在唐代亡佚。或云與《廣州記》爲一書。暫別爲他書。

龍川

龍川縣本是博羅東鄉，嗇夫治之。龍蔽於貴山川，地負嗇夫而昇天，即成流泉，因以名之也。（《北堂書鈔》卷七十九）

罩盧

酉平縣出罩盧，茗之別名，南人以爲飲。（《北堂書鈔》卷一百四十四）

蠻夷

蠻夷俗不蠶，取穀皮，熟槌爲褐。（《北堂書鈔》卷一百二十九）

蒲母

程溪蒲口有蒲母，養龍，斷其尾，因名曰「龍掘村」。人見之，則境大豐也。(《北堂書鈔》卷一百五十六)

雲丹崗

魯城縣有雲丹崗，日色出，照之晃曜。(《北堂書鈔》卷一百五十七)

《揚州記》　佚名

《揚州記》，佚名。史志未著錄。今其佚文見於《世說新語》，或爲魏晉作品。

冶城

冶城，吳時鼓鑄之所。吳平，猶不廢。王茂弘所治也。(《世說新語·言語》)

《地記》　晉郭璞

《地記》，東晉郭璞撰。郭璞（276-324），字景純，河東聞喜（今屬山西）人。嘗官著作佐郎。事跡見《晉書·郭璞傳》。爲《爾雅》、《山海經》、《楚辭》等作注。郭璞《地記》，史志無著錄，唐前已散佚。

天目山

天目山前兩乳，長龍、飛鳳舞到錢塘。(《輿地紀勝》卷二)

候塔

候塔壞日，當有姓張人來，而塔復成。(《夷堅支志》丁卷)

海門

海門一點巽山，小海門筆架峯巒起。(《（咸淳）臨安志》卷三十二)

《山海經圖贊》　　晉郭璞

《山海經圖贊》，一作《山海經贊》、《山海圖贊》、《山海經圖像贊》，諸書在徵引中又往往省作「郭璞某贊」。《隋志》、兩《唐志》皆著錄二卷。《玉海‧地理書》載：「《中興書目》：山海經十八卷，晉郭璞傳，凡二十三篇，每卷有讚」。另外，《隋書‧經籍志》著錄：「《爾雅圖》十卷，郭璞撰。梁有《爾雅圖贊》二卷，郭璞撰，亡。」又《山海經》與《爾雅》中有述及同一事物者，故部分冠作「郭璞某贊」者難以考辨其所屬，此種情況亦暫錄於下。

南山經

桂

桂生南裔，拔萃岑嶺〔一〕。廣莫熙葩，凌霜津穎。氣王百藥〔二〕，森然雲挺。（《藝文類聚》卷八十九。又見中華道藏本《山海經》、嚴可均《全晉文‧山海經圖贊》、張宗祥《足本山海經圖贊》，文字稍異。按：以下皆省作「中華道藏本」、「嚴本」、「張本」。）

〔校記〕

〔一〕拔萃，中華道藏本《山海經》作「枝華」。

〔二〕藥，《足本》作「草」。

祝荼草、旋龜、（尚鳥）（付鳥）

祝荼嘉草，食之不飢。鳥首虺尾〔一〕，其名旋龜。（尚鳥）（付鳥）六足，三翅並翬。（中華道藏本。又見嚴本、張本，文字稍異。）

〔校記〕

〔一〕首，張本作「音」。

迷穀

爰有奇樹，產自招搖。厥華流光，上映垂霄。佩之不惑，潛有靈標。（中華道藏本。又見嚴本、張本）

狌狌

狌狌似猴〔一〕，走立行伏。懷木挺力〔二〕，少辛明目〔三〕。飛廉迅足，豈食斯肉。（中華道藏本。又見《太平御覽》卷九〇八、嚴本、張本，文字有異。）

〔校記〕

〔一〕猴，《太平御覽》、嚴本作「狐」。

〔二〕力，《太平御覽》作「刀」，嚴本作「方」。

〔三〕《太平御覽》引至此句。

白猿

白猨肆巧，由基撫弓。應眄而號〔一〕，神有先中〔二〕。數如循環，其妙無窮。(《藝文類聚》卷九十五。又見《太平御覽》卷九百一十、中華道藏本、嚴本、張本，文字有異。)

〔校記〕

〔一〕眄，中華道藏本、張本作「吁」。

〔二〕先，張本作「光」。「應眄」二句，《太平御覽》無。

水玉

水玉冰鱗〔一〕，潛映洞川〔二〕。赤松是服，靈蛻乘煙。吐納六氣，陟降九天。(《藝文類聚》卷七十八。又見中華道藏本、嚴本、張本，文字稍異。按：玉，原作「土」，改。)

〔校記〕

〔一〕冰鱗，中華道藏本作「沐浴」，張本作「冰休」。

〔二〕洞川，中華道藏本、張本皆作「洞淵」。

鹿蜀

鹿蜀之獸，馬質虎文。驤首吟鳴，矯矯騰群〔一〕。佩其皮毛，子孫如雲。(《太平御覽》卷九百一十三。又見中華道藏本、嚴本、張本，文字稍異。)

〔校記〕

〔一〕矯矯，中華道藏本、張本作「矯足」。

鮭魚

魚號曰鮭，處不在水。厥狀如牛，鳥翼蛇尾〔一〕。隨時隱見，倚乎生死。〔二〕(中華道藏本。又見《太平御覽》卷九百三十九、嚴本、張本，文字有異。)

〔校記〕

〔一〕《太平御覽》引至此句。

〔二〕「隨時」二句，張本作「隨時隱倚，見乎生死」。

類

類之為獸，一體兼二。近取諸身，用不假器〔一〕。窈窕是佩，不知妒忌。（中華道藏本。又見嚴本、張本，文字稍異。）

〔校記〕

〔一〕用，張本作「田」。

猼訑

猼訑以羊〔一〕，眼乃在背〔二〕。視之則奇，推之無怪。欲不恐懼〔三〕，厥皮可佩〔四〕。（《太平御覽》卷九百一十三。又見中華道藏本、嚴本、張本，文字稍異。）

〔校記〕

〔一〕以，中華道藏本、嚴本、張本皆作「似」。

〔二〕乃，中華道藏本、張本作「反」。

〔三〕欲，嚴本作「飲」。此句，中華道藏本、張本作「若欲不恐」。

〔四〕可，張本作「是」。

灌灌鳥、赤鱬

厥聲如訶，厥形如鳩。佩之辨惑，出自青丘。〔一〕赤鱬之物〔二〕，魚身人頭。（中華道藏本。又見《太平御覽》卷九百三十九、嚴本、張本，文字有異。）

〔校記〕

〔一〕以上四句，《太平御覽》無。

〔二〕物，《太平御覽》、嚴本作「狀」。

鴸鳥

彗星橫天，鯨魚死浪。鴸鳴於邑，賢士見放。厥理至微，言之無況。（中華道藏本。又見嚴本、張本）

長右彘

長右四耳，厥狀如猴。實為水祥，見則橫流。彘虎其身，厥尾如牛。（中華道藏本。又見嚴本、張本）

猾褢

猾褢之獸，見則興役。膺政而出〔一〕，匪亂不適。天下有道，幽形匿跡。（中華道藏本。又見嚴本、張本，文字稍異。）

〔校記〕

〔一〕膺，張本作「應」。

會稽山

禹徂會稽，爰朝群臣〔一〕。不虔是討，乃戮長人。玉匱表夏〔二〕，玄石勒秦。(《藝文類聚》卷八。又見中華道藏本、嚴本、張本，文字稍異。)

〔校記〕

〔一〕臣，張本作「神」。

〔二〕匱，中華道藏本作「贛」，張本作「(厂贛)」。

患

有獸無口，其名曰患。害氣不入，厥體無間。至理之盡，出乎自然〔一〕。(中華道藏本。又見嚴本、張本，文字稍異。)

〔校記〕

〔一〕此句，張本作「出於不然」。

纂雕、瞿如鳥、虎蛟

纂雕有角，聲若兒號。瞿如三手，厥狀似鵁。魚身蛇尾，是謂虎蛟。(中華道藏本。又見嚴本、張本)

犀

犀之爲狀，形兼牛豕。力無不傾，吻無不靡〔一〕。以賄嬰災，因乎角掎〔二〕。(《藝文類聚》卷九十五。又見《太平御覽》卷八百九十，文字稍異。犀，《爾雅》中亦存。)

〔校記〕

〔一〕吻，《太平御覽》作「呴」。

〔二〕因，《太平御覽》作「困」。

另存文字差異較大者，錄於下：

犀頭似豬，形兼牛質。角則併三，分身互出。〔一〕鼓鼻生風，壯氣隘溢〔二〕。(中華道藏本。又見嚴本、張本，文字稍異。)

〔校記〕

〔一〕「角則」二句，張本作「角生不併，三分互出」。

〔二〕隘，張本作「溢」。

兕

兕惟壯獸〔一〕，似牛青黑。力無不傾，自焚以革。皮充武備，角助文德。(《藝文類聚》九十五。又見《太平御覽》卷八百九十、中華道藏本、嚴本、張本，文字稍異。犀，《爾雅》中亦存。)

〔校記〕

〔一〕惟，中華道藏本作「推」。

象

象實魁梧〔一〕，體巨貌詭。肉兼十牛，目不踰豕〔二〕。望頭如尾，動若邱徙〔三〕。（《初學記》卷二十九。又見《藝文類聚》卷九十五、《白氏六帖事類集》卷二十九、《海錄碎事》卷二十二上、中華道藏本、嚴本、張本，文字有異。）

〔校記〕

〔一〕梧，《海錄碎事》作「偉」。

〔二〕《白氏六帖事類集》、《海錄碎事》引至此句。

〔三〕邱，《藝文類聚》、中華道藏本、嚴本作「丘」，張本作「山」。

鳳皇

鳳皇靈鳥，實冠羽群。八象其體，五德其文。附翼來儀〔一〕，應我聖君。（《藝文類聚》卷九十九。又見中華道藏本、嚴本、張本文字稍異。）

〔校記〕

〔一〕附，中華道藏本作「羽」，張本作「掀」。

育隧谷

育隧之谷，爰含凱風。青陽既謝，氣應祝融。炎霁是扇，以散鬱隆。（中華道藏本。又見嚴本、張本）

鱒魚、顒鳥

顒鳥栖林，鱒魚處川。俱爲旱徵，災延普天〔一〕。測之無象，厥數惟玄〔二〕。（《太平御覽》卷九百三十九。又見中華道藏本、嚴本、張本，文字稍異。）

〔校記〕

〔一〕延，張本作「近」。

〔二〕數，嚴本作「類」。惟，中華道藏本作「推」，嚴本、張本作「爲」。

白荅

白荅罨蘇〔一〕，其汁如飴。食之辟穀，味有餘滋。逍遙忘勞，窮生盡期。（中華道藏本。又見嚴本、張本，文字稍異。）

〔校記〕

〔一〕此句，張本作「白羊蘇奇」。

西山經

羬羊

月氏之羊〔一〕，其類在野〔二〕。厥高六尺，尾亦如馬〔三〕。何以審之，事見《爾雅》。(《初學記》卷二十九。又見《藝文類聚》卷九十四、中華道藏本、嚴本、張本，文字稍異。)

〔校記〕

〔一〕月氏，《藝文類聚》作「月氐」。

〔二〕在，中華道藏本作「甚」。

〔三〕亦，中華道藏本、張本作「赤」。

華山

華嶽靈峻，削成四方。爰有神女，是挹玉漿。其誰遊之〔一〕，龍駕雲裳。(《初學記》卷五。又見《藝文類聚》卷七、中華道藏本、嚴本、張本，文字稍異。)

〔校記〕

〔一〕遊，中華道藏本作「由」。

蠩渠、赤鷩鳥、文莖木、鴟鳥

蠩渠己殃，赤鷩辟火。文莖愈聾〔一〕，是則嘉果〔二〕。鴟亦衛災，厥形惟麾。(中華道藏本。又見嚴本、張本，文字稍異。)

〔校記〕

〔一〕文莖，張本作「莖□」。

〔二〕是則，張本作「□是」。

肥遺蛇

肥遺爲物，與災合契。鼓翼陽山，以表亢厲。桑林既禱，倏忽潛逝。(中華道藏本。又見嚴本、張本)

流赭

沙則潛流，亦有運赭。於以求鐵，趨在其下。斸牛之癘〔一〕，作采於社。(中華道藏本。又見嚴本、張本，文字稍異。)

〔校記〕

〔一〕癘，張本作「屬」。

黃雈草、肥遺鳥、囂獸

浴疾之草，厥子赭赤〔一〕。肥遺似鶉〔二〕，其肉已疫。囂獸長臂，爲物好擲。（中華道藏本。又見嚴本、張本，文字稍異。）

〔校記〕

〔一〕赭，張本作「者」。

〔二〕鶉，張本作「豚」。

豪彘

剛鬛之族，號曰豪狶〔一〕。毛如攢錐，中有激矢〔二〕。厥體兼資，自爲牝牡。（《藝文類聚》卷九十四。又見《初學記》卷二十九、《太平御覽》卷九〇三、中華道藏本、嚴本、張本，文字稍異。）

〔校記〕

〔一〕狶，中華道藏本作「彘」。

〔二〕《初學記》、《太平御覽》引至此句。

橐𪇆

有鳥人面，一腳孤立。性與時反，冬出夏蟄。帶其羽毛，迅雷不入。（中華道藏本。又見嚴本、張本）

桃枝

竹類產巴〔一〕，厥名桃枝〔二〕。叢薄幽薈〔三〕，從風蔚猗〔四〕。簟以寧寢〔五〕，杖以扶危。（《北堂書鈔》卷一百三十三。又見《藝文類聚》卷六十九、中華道藏本、嚴本、張本，文字有異。）

〔校記〕

〔一〕此句，中華道藏本、張本作「嶓冢美竹」。

〔二〕名，中華道藏本、張本作「號」。首二句，《藝文類聚》無。

〔三〕薈，中華道藏本、張本作「藹」。

〔四〕蔚，中華道藏本作「鬱」。

〔五〕寧，中華道藏本、張本作「安」。

杜衡

狉狉犇人，杜衡走馬。理固須因，體亦有假。足駿在感，安事御者。（中華道藏本。又見嚴本、張本）

薈容草、邊谿獸、櫟鳥

有華無實，薈容之樹。邊谿類狗，皮厭妖蠱。黑文赤翁，鳥愈隱痔。〔一〕鸚鵡慧鳥，青羽赤喙。（中華道藏本。又見嚴本、張本，文字有異。）

〔校記〕

〔一〕「黑文」二句，張本作「鳥愈隱疫，黑文赤味」。以下無。

礜石

稟氣方殊，件錯理微。礜石殺鼠，蠶食而肥。□性雖反〔一〕，齊之一歸。（中華道藏本。又見嚴本、張本，文字稍異。）

〔校記〕

〔一〕□，嚴本作「物」，張本作「厥」。

獿如

獿如之獸，鹿狀四角〔一〕。馬足人手，其尾則白。貌兼三形，攀木緣石。（中華道藏本。又見嚴本、張本，文字稍異。）

〔校記〕

〔一〕角，張本作「觡」。

鸚鵡

鸚鵡慧鳥，棲林啄蕊〔一〕。四指中分，行則以觜〔二〕。自貽伊籠，見幽坐伎〔三〕。（《藝文類聚》卷九十一。又見《初學記》卷三十、《太平御覽》卷九百二十四、中華道藏本、嚴本、張本，文字稍異。鸚鵡，《爾雅》中亦存。）

〔校記〕

〔一〕啄蕊，中華道藏本作「喙桑」。

〔二〕觜，《初學記》作「嘴」。此句，《太平御覽》作「行則啄地」。《初學記》、《太平御覽》皆引至此句。

〔三〕伎，中華道藏本作「趾」，張本作「枝」。

鸑鳥

鸑翔女牀，鳳出丹穴。拊翼相和，以應聖哲〔一〕。擊石靡詠，韶音其絕。（《藝文類聚》卷九十九。又見《玉海》卷一百九十九、中華道藏本、嚴本、張本，文字稍異。）

〔校記〕

〔一〕《玉海》引至此句。

數斯鳥、犖獸、鸓鳥

數斯人腳，厥狀似鴟。犖獸大眼，有鳥名鸓。兩頭四足〔一〕，翔若合飛。（中華道藏本。又見嚴本、張本，文字稍異。）

〔校記〕
〔一〕足，張本作「翼」。

𪁉徯鳥、朱厭獸

𪁉徯朱厭，見則有兵。類異感同，理不虛行。推之自然，厥數難明。（中華道藏本。又見嚴本、張本）

蠻蠻

比翼之鳥，似鳧青赤。雖云一形，氣同體隔。延頸離鳥〔一〕，翻飛合翩。（中華道藏本。又見嚴本、張本，文字稍異。）

〔校記〕
〔一〕此句，張本作「近頸離明」。

丹木、玉膏

丹木煒燁，沸沸玉膏。黃軒是服，逐攀龍豪。眇然昇遐，群下烏號〔二〕。（中華道藏本。又見嚴本、張本，文字稍異。）

〔校記〕
〔一〕煒燁，嚴本作「煒煒」。
〔二〕烏，張本作「鳴」。

瑾瑜玉

鍾山之寶〔一〕，爰有玉華。光采流映〔一〕，氣如虹霞。君子是佩，象德閑邪。（《藝文類聚》卷八十三。又見中華道藏本、嚴本、張本，文字稍異。）

〔校記〕
〔一〕寶，張本作「實」。
〔二〕光，中華道藏本、張本作「符」。

鍾山之子鼓欽鵄

欽鵄及鼓〔一〕，是殺祖江。帝乃戮之，崑崙之東。二子皆化，矯翼亦同。（中華道藏本。又見嚴本、張本，文字稍異。）

〔校記〕
〔一〕鵄，張本作「䲹」。

鰩魚

見則邑穰，厥名曰鰩。經營二海，矯翼閑霄。唯味之奇，見嘆伊厄。（中華道藏本。又見嚴本、張本，文字稍異。）

〔校記〕

〔一〕厄，嚴本、張本作「庖」。

神英招

槐江之山，英招是主。巡遊四海，撫翼雲儷。實惟帝囿，有謂玄圃〔一〕。（中華道藏本。又見嚴本、張本，文字稍異。）

〔校記〕

〔一〕玄，張本作「懸」。

榣木

榣惟靈樹，爰生若木。重根增駕，流光旁燭。食之靈化，榮名仙錄。（中華道藏本。又見嚴本、張本）

崑崙丘

崑崙月精，水之靈府。惟帝下都，西羌之宇〔一〕。嶪然中峙，號曰天柱。（《藝文類聚》卷七。又見《緯略》卷十二、中華道藏本、嚴本、張本，文字稍異。）

〔校記〕

〔一〕羌，中華道藏本、張本作「老」。

神陸吾

肩吾得一〔一〕，以處崑崙。開明是對〔二〕，司帝之門。吐納靈氣，熊熊魂魂〔三〕。（中華道藏本。又見嚴本、張本，文字稍異。）

〔校記〕

〔一〕肩，張本作「堅」。

〔二〕開，張本作「門」。

〔三〕熊，張本作「□」。

土螻獸、欽原鳥

土螻食人，四角似羊。欽原類蜂，大如鴛鴦。觸物則斃，其銳難當。（中華道藏本。又見嚴本、張本）

鶋鳥、沙棠實、薈草

司帝百服，其鳥名鶋〔一〕。沙棠之實，惟果是珍。爰有奇荣，厥號曰薈。
（中華道藏本。又見嚴本、張本，文字稍異。）

〔校記〕
〔一〕名，張本作「多」。

沙棠

安得沙棠，製爲龍舟。汎彼滄海〔一〕，眇然遐遊。聊以逍遙，任彼去留〔二〕。
（中華道藏本。又見嚴本、張本，文字稍異。）

〔校記〕
〔一〕滄，張本作「弱」。
〔二〕彼，張本作「波」。

神長乘

九德之氣，是生長乘。人狀豹尾，其神則凝。妙物自潛，世無得稱。（中
華道藏本。又見嚴本、張本）

西王母

天帝之女，蓬髮虎顏〔一〕。穆王執贄，賦詩交歡。韻外之事，難以具言。
（中華道藏本。又見嚴本、張本，文字稍異。）

〔校記〕
〔一〕髮，張本作「頭」。

積石

積石之中，實出重河。夏后是導，石門涌波。珍物斯備，比奇崑阿。（中
華道藏本。又見嚴本、張本）

白帝少昊

少昊之帝，號曰金天。魂氏之宮，亦在此山。是司日入，其景則圓〔一〕。
（中華道藏本。又見嚴本、張本，文字稍異。）

〔校記〕
〔一〕則，張本作「惟」。圓，嚴本作「員」。

猙

章莪之山〔一〕，奇怪所宅。有獸似豹，厥色惟赤。五尾一角，鳴如擊石。（中華道藏本。又見嚴本、張本，文字稍異。）

〔校記〕

〔一〕莪，張本作「義」。

畢方

畢方赤文，離精是炳。旱則高翔，鼓翼陽景。集乃災流〔一〕，火不炎正。（中華道藏本。又見嚴本、張本，文字稍異。）

〔校記〕

〔一〕災流，張本作「流災」。

文貝

先民有作，龜貝爲貨。貴以文采〔一〕，賈以小大。簡則易資〔二〕，犯而不過。（《藝文類聚》卷八十四。又見中華道藏本、嚴本、張本，文字稍異。文貝，《爾雅》中亦存。）

〔校記〕

〔一〕此句，中華道藏本、嚴本、張本皆作「貝以文采」。

〔二〕資，中華道藏本、嚴本、張本作「從」。

天狗

乾麻不長，天狗不大。厥質雖小，攘災除害。氣之相王〔一〕，在乎食帶。（中華道藏本。又見嚴本、張本，文字稍異。）

〔校記〕

〔一〕王，張本作「生」。

青鳥

山名三危，青鳥所憩〔一〕。往來崑崙，王母是隸。穆王西征，旋軫斯地。（《藝文類聚》卷九十一。又見《太平御覽》卷九百二十七、中華道藏本、嚴本、張本，文字稍異。）

〔校記〕

〔一〕憩，張本作「解」。

江疑、獤狪獸、鵺鳥

江疑所居，風雲是潛。獸有獤狪，毛如披蓑〔一〕。鵺鳥一頭，厥身則兼。（中華道藏本。又見嚴本、張本，文字稍異。）

〔校記〕

〔一〕披蓑，張本作「被苫」。

神耆童

顓頊之子，嗣作火正。鏗鎗其鳴，聲如鍾磬。處於騩山，唯靈之盛。（中華道藏本。又見嚴本、張本）

帝江

質則混沌，神則旁通。自然靈照，聽不以聰。強爲之名，曰在帝江〔一〕。（中華道藏本。又見嚴本、張本，文字稍異。）

〔校記〕

〔一〕曰在，張本作「號曰」。

鵁鶄鳥、獂獸

鵁鶄三頭，獂獸三尾〔一〕。俱禦不祥，消凶辟眛。君子服之，不逢不躓。（中華道藏本。又見嚴本、張本，文字稍異。）

〔校記〕

〔一〕三，張本作「六」。

當扈

鳥飛以翼，當扈則鬚。廢多任少〔一〕，沛然有餘。輪運於轂，至用在無。（中華道藏本。又見嚴本、張本，文字稍異。）

〔校記〕

〔一〕多，張本作「彼」。

白狼

矯矯白狼，有道則遊。應符變質，乃銜靈鉤〔一〕。惟德是適，出殷見周〔二〕。（《藝文類聚》卷九十九。又見《太平御覽》卷九〇九、中華道藏本、嚴本、張本，文字稍異。）

〔校記〕

〔一〕《太平御覽》引至此句。

〔二〕見，張本作「出」。

白虎

魁（虎黑）之虎，仁而有猛。其質載皓，其文載炳。應德而擾，止我交境〔一〕。（中華道藏本。又見嚴本、張本，文字稍異。）

〔校記〕

〔一〕此句，張本作「少我邦境」。

駮

駮惟馬類，實畜之英。驤首騰旄〔一〕，嘘天雷鳴。氣無不凌〔二〕，吞虎辟兵。（《藝文類聚》卷九十五。又見《太平御覽》卷八百九十二、中華道藏本、嚴本、張本，文字稍異。）

〔校記〕

〔一〕此句，《太平御覽》作「騰髮驤首」，中華道藏本、張本作「騰髦驤首」，嚴本作「騰旄驤首」。

〔二〕不，中華道藏本作「馮」。

神媿、蠻蠻、鬌遺魚

其音如吟，一腳人面。鼠身鼈頭〔一〕，厥號曰蠻。目如馬耳，食厭妖變。（中華道藏本。又見嚴本、張本，文字稍異。）

〔校記〕

〔一〕鼈，張本作「鵞」。

欀木

欀之爲木，厥形似樿。若能長服，拔樹排山〔一〕。力則有之，壽則宜然。（中華道藏本。又見嚴本、張本，文字稍異。）

〔校記〕

〔一〕撥，張本作「扷」。

窮奇獸、羸魚、軏湖獸

窮奇如牛，蝟毛自表。濛水之羸〔一〕，匪魚伊鳥。軏湖之獸，見人則抱。（中華道藏本。又見嚴本、張本，文字稍異。）

〔校記〕

〔一〕濛，張本作「華」。

鳥鼠同穴山

鴾鼵二蟲，殊類同歸。聚不以方，或走或飛。不然之然，難以理推。（中華道藏本。又見嚴本、張本）

鰠魚

物以感應，亦有數動〔一〕。壯士挺劍，氣激江涌〔二〕。鰠魚潛淵，出則民悚〔三〕。（《太平御覽》卷九百三十九又見中華道藏本、巖本、張本，文字稍異。）

〔校記〕

〔一〕有，張本作「不」。

〔二〕江涌，中華道藏本、張本作「白虹」。

〔三〕民，中華道藏本、張本作「邑」。

絮紫魚

形如覆銚，苞玉含珠。有而不積，泄以尾閭。闇與道會，可謂奇魚。（《太平御覽》卷九百三十九。又見中華道藏本、巖本、張本）

丹木

爰有丹木，生彼淆盤〔一〕。厥實如瓜〔二〕，其味甘酸。蠲痾辟火，用奇桂蘭。（中華道藏本。又見巖本、張本，文字稍異。）

〔校記〕

〔一〕淆，巖本、張本作「洧」。

〔二〕實，張本作「貫」。

北山經

水馬

馬實龍精，爰出水類。渥洼之駿，是靈是瑞〔一〕。昔在夏后，亦有何駟。（中華道藏本。又見巖本、張本，文字稍異。）

〔校記〕

〔一〕此句，張本作「是勤是□」。

臛疏獸、鵸鵌鳥、何羅魚

厭火之獸，厥名臛疏〔一〕。有鳥自化，號曰鵸鵌。一頭十身，何羅之魚。（中華道藏本。又見巖本、張本，文字稍異。）

〔校記〕

〔一〕臛，張本作「臛」。

鯈魚

涸和損平〔一〕，莫慘於憂。詩詠萱草，帶山則鯈〔二〕。壑焉遺岱，聊以盤

遊。（中華道藏本。又見《太平御覽》卷九百三十七、《事類賦》卷二十九、《海錄碎事》卷二十二上、嚴本，文字稍異。）

〔校記〕

〔一〕此句，《太平御覽》作「泊和損乎」，《事類賦》、《海錄碎事》作「汩和損平」，嚴本作「泊和損平」。

〔二〕帶山，《太平御覽》、《事類賦》、《海錄碎事》、嚴本皆作「山經」。《太平御覽》、《事類賦》、《海錄碎事》皆引至此句。

孟槐

孟槐似貛，其豪則赤。列象畏獸，凶邪是辟。氣之相勝，莫見其跡。（中華道藏本。又見嚴本、張本）

鰼鰼魚

鼓翮一揮，十翼翩翻。厥鳴如鵲，鱗在羽端〔一〕。是謂怪魚，食之辟燔〔二〕。（中華道藏本。又見《太平御覽》卷九百三十九、嚴本、張本，文字稍異。）

〔校記〕

〔一〕《太平御覽》引至此句。

〔二〕辟，嚴本、張本作「避」。

橐駝

駝惟奇畜，肉鞍是被。迅鶩流沙，顯功絕地。潛識泉源，徵乎其智。（《初學記》卷二十九。又見《藝文類聚》卷九十四、《太平御覽》卷九〇一、中華道藏本、嚴本、張本）

寓鳥、孟極、足訾獸

鼠而傅翼，厥聲如羊。孟極似豹，或倚無良〔一〕。見人則呼，號曰足訾〔二〕。（中華道藏本。又見嚴本、張本，文字稍異。）

〔校記〕

〔一〕此句，張本作「或伏或倚」。

〔二〕足，張本作「白」。

耳鼠

蹠實以足，排虛以羽。翹尾飄飛，奇哉耳鼠。厥皮惟良，百毒是禦。（中華道藏本。又見嚴本、張本）

幽頞

　　幽頞似猴〔一〕，俾愚作智。觸物則笑〔二〕，見人佯睡〔三〕。好用小慧，終是嬰系。（中華道藏本。又見《太平御覽》卷九百一十三、嚴本、張本，文字稍異。）

　　〔校記〕

　　〔一〕猴，嚴本作「猿」。

　　〔二〕笑，張本作「突」。

　　〔三〕佯，張本作「則」。《太平御覽》引至此句。

鴆鳥

　　毛如雌雉，朋翔群下〔一〕。飛則籠日，集則蔽野。肉驗鍼石，不勞補寫。（中華道藏本。又見嚴本、張本，文字稍異。）

　　〔校記〕

　　〔一〕群，張本作「其」。

諸犍獸、白鵺、竦斯鳥

　　諸犍善吒，行則銜尾。白鵺竦斯，厥狀如雉。見人則跳，頭文如繡〔一〕。（中華道藏本。又見嚴本、張本，文字稍異。）

　　〔校記〕

　　〔一〕繡，張本作「繭」。

磁石

　　磁石吸鐵，琥珀取芥〔一〕。氣有潛通〔二〕，數亦冥會〔三〕。物之相感〔四〕，出乎意外〔五〕。（《藝文類聚》卷六。又見中華道藏本、嚴本、張本，文字稍異。）

　　〔校記〕

　　〔一〕琥珀，中華道藏本、張本作「瑂瑉」。

　　〔二〕通，中華道藏本作「感」。

　　〔三〕冥，張本作「宜」。

　　〔四〕感，中華道藏本、張本作「投」。

　　〔五〕乎，張本作「于」。

旄牛

　　牛充兵機〔一〕，兼之者旄。冠於旌鼓，爲軍之標。匪肉致災，亦毛之招。（中華道藏本。又見嚴本、張本，文字稍異。）

　　〔校記〕

　　〔一〕機，張本作「械」。

長蛇

長蛇百尋，厥鬣如彘。飛羣走類，靡不吞噬。極物之惡，盡毒之屬。(《藝文類聚》卷九十六。又見中華道藏本、嚴本、張本)

窦窳、諸懷獸、鰱魚、肥遺蛇

窦窳諸懷，是則害人。鰱之爲狀，羊鱗黑文〔一〕。肥遺之蛇，一頭兩身。(中華道藏本。又見嚴本、張本，文字稍異。)

〔校記〕

〔一〕此句，嚴本作「半鳥半鱗」，張本作「雞足鯉鱗」。

另存文字簡潔者，附於下：

鰱之爲狀，半鳥半鱗。(《太平御覽》卷九百三十九)

山猥

山猥之獸，見乃歡唬〔一〕。厥性善投〔二〕，行如矢激。是惟氣精，出則風作。(《太平御覽》卷九百一十二。又見中華道藏本、嚴本、張本，文字稍異。)

〔校記〕

〔一〕此句，中華道藏本、張本作「見人歡謔」。

〔二〕此句，中華道藏本作「性善厥投」，張本作「性善厥頭」。

狗、閭、騩馬、獨㹮

有獸如豹，厥文惟縟。閭善躍嶮，騩馬一角。虎狀馬尾，號曰獨㹮。(中華道藏本。又見嚴本、張本)

鮆魚

陽鑒動日，土蛇致宵。〔一〕微哉鮆魚，食則不驕。物在所感〔二〕，其用無標〔三〕。(中華道藏本。又見《太平御覽》卷九百三十九、嚴本、張本，文字稍異。)

〔校記〕

〔一〕首二句，《太平御覽》無。

〔二〕在，張本作「有」。

〔三〕標，《太平御覽》作「摽」。

狍鴞

狍鴞貪惏，其目在腋〔一〕。食人未盡，還自齗割〔二〕。圖形妙鼎〔三〕，是謂不若。(中華道藏本。又見嚴本、張本，文字稍異。)

〔校記〕
〔一〕腋，張本作「掖」。
〔二〕割，張本作「□」。
〔三〕妙，張本作「九」。

鸑鸖

禦暍之鳥，厥名鸑鸖。昏明是互〔一〕，晝隱夜覿。物貴應用，安事鸞鵠。（中華道藏本。又見嚴本、張本，文字稍異。）

〔校記〕
〔一〕互，張本作「反」。

居暨獸、䲵鳥、三桑

居暨豚鳴，如彙赤毛。四翼一目，其名曰䲵。三桑無枝，厥樹唯高。（中華道藏本。又見嚴本、張本）

驒獸

驒獸四角，馬尾有距。涉歷歸山，騰嶮躍岨。厥貌惟奇，如是旋舞。（中華道藏本。又見嚴本、張本）

鷞鸏、象蛇鳥、鮯父魚

有鳥善驚，名曰鷞鸏。象蛇似雊，自生子孫。〔一〕鮯父魚首，厥體如豚。（中華道藏本又見《太平御覽》卷九百三十九、嚴本、張本，文字稍異。）

〔校記〕
〔一〕以上四句，《太平御覽》無。

天馬

龍馮雲遊，騰蛇假霧。未若天馬，自然凌耆。有理懸運，天機潛御。（中華道藏本。又見嚴本、張本）

鸍居

鸍居如鳥，青身黃足。食之不飢，可以辟穀。內厥唯珍〔一〕，配彼丹木。（中華道藏本。又見嚴本、張本，文字稍異。）

〔校記〕
〔一〕此句，張本作「厥肉惟珍」。

飛鼠

或以尾翔，或以髯凌。飛鳴鼓翰〔一〕，焌然背騰〔二〕。固無常所〔三〕，唯神所憑〔四〕。（《初學記》卷二十九。又見《藝文類聚》卷九十五、《太平御覽》卷九百一十一、中華道藏本、嚴本、張本，文字稍異。）

〔校記〕

〔一〕鳴，中華大藏經、嚴本、張本作「鼠」。

〔二〕焌，中華道藏本、嚴本作「脩」。此句，《藝文類聚》作「鱅然皆騰」，張本作「脩然皆騰」。

〔三〕固，《藝文類聚》、嚴本、張本作「用」。此句，中華道藏本作「用無□□」。

〔四〕此句，《藝文類聚》作「唯神斯憑」，中華道藏本、嚴本、張本作「惟神是馮」。

酸與

景山有鳥，稟形殊類。厥狀如蛇〔一〕，腳二翼四〔二〕。見則邑恐〔三〕，食之不醉。（中華道藏本。又見嚴本、張本，文字稍異。）

〔校記〕

〔一〕如，張本作「委」。

〔二〕二，張本作「三」。

〔三〕邑，張本作「色」。

鴒鷈、黃鳥

鴒鷈之鳥，食之不瞧〔一〕。爰有黃鳥，其鳴自叫〔二〕。婦人是服，矯情易操。（中華道藏本。又見嚴本、張本，文字稍異。）

〔校記〕

〔一〕瞧，張本作「醮」。

〔二〕鳴，張本作「名」。

精衛

炎帝之女，化爲精衛。沉形東海，靈爽西邁。乃銜木石，以塡攸害〔一〕。（《藝文類聚》卷九十二。又見中華道藏本、嚴本、張本，文字稍異。）

〔校記〕

〔一〕攸，張本作「彼」。此句，中華道藏本作「以煙波海」。

辣辣、羆、九獸、大蛇

辣辣似羊，眼在耳後。竅生尾上，號曰羆九〔一〕。幽都之山〔二〕，大蛇牛响。（中華道藏本。又見嚴本、張本，文字稍異。）

〔校記〕

〔一〕此句，張本作「虓曰月羆」。

〔二〕此句，張本作「九幽都之」。

東山經

鱅鱅魚、猲猲獸、蜚鼠

魚號鱅鱅，如牛虎鮫〔一〕。猲猲之狀，似狗六腳。蜚鼠如雞，見則旱涸。（中華道藏本。又見《太平御覽》卷九百三十九、嚴本、張本，文字稍異。）

〔校記〕

〔一〕《太平御覽》引至此句。

堪㻮魚、軨軨獸

堪㻮軨軨，殊氣同占。見則洪水，天下昏墊〔一〕。豈伊妄降，亦應牒讖。（中華道藏本。又見嚴本、張本，文字稍異。）

〔校記〕

〔一〕昏，張本作「民」。

鯈鱅

鯈鱅蛇狀，振翼灑光。憑波騰逝〔一〕，出入江湘。見則歲旱，是維火祥。（中華道藏本。又見嚴本、張本，文字稍異。）

〔校記〕

〔一〕逝，張本作「遊」。

狪狪

蚌則含珠，獸胡不可。狪狪如豚，被褐懷禍。患難無由〔一〕，招之自我。（中華道藏本。又見嚴本、張本，文字稍異。）

〔校記〕

〔一〕由，張本作「苟」。

珠鱉魚

澧水之鮮〔一〕，形如浮肺。體兼三才〔二〕，以貨賈害〔三〕。厥用既多，何以自衛。（中華道藏本。又見《太平御覽》卷九百三十九、嚴本、張本，文字稍異。）

〔校記〕

〔一〕鮮，《太平御覽》、嚴本作「鱗」。

〔二〕體兼，張本作「體魚」。

〔三〕害，《太平御覽》作「客」，且引至此句。

犰狳

犰狳之獸，見人佯眠。與災協氣，出則無年。此豈能爲，歸之於天。（中華道藏本。又見嚴本、張本）

朱獳

朱獳無奇，見則邑駭。通感靡誠，維數所在。因事而作，未始無待〔一〕。（中華道藏本。又見嚴本、張本，文字稍異。）

〔校記〕

〔一〕無，張本作「有」。

狸力獸、鴟胡鳥

狸力鴟胡，或飛或伏。是惟土祥，出興功築。長城之役，同集秦域。（中華道藏本。又見嚴本、張本。按：狸力獸黨在《南山經》。）

獤獤、蠱蚔獸、絜鉤鳥

獤獤如狐，有翼不飛。九尾虎爪，號曰蠱蚔。絜鉤似鳧，見則民悲。（中華道藏本。又見嚴本、張本）

袯袯

治在得賢，亡由夫人〔一〕。袯袯之來〔二〕，乃致狡賓。歸之冥應〔三〕，誰見其津。（中華道藏本。又見嚴本、張本，文字稍異。）

〔校記〕

〔一〕夫，張本作「失」。

〔二〕袯袯，張本作「微微」。

〔三〕冥，張本作「宜」。

嬰胡、精精獸、鮯鮯魚

嬰胡之狀，似麋魚眼。精精如牛，以尾自辨。鮯鮯所潛，厥深無限。（中華道藏本。又見嚴本、張本）

蠵龜

水圓三方〔一〕，潛源溢沸。靈龜爰處，掉尾養氣。莊生是感，揮竿傲貴。（《初學記》卷三十。又見《玉靈聚義》卷一、中華道藏本、嚴本、張本，文字稍異。）

〔校記〕

〔一〕三方，中華道藏本作「四十」，張本作「□世」。

猰狙獸、鴂雀

猰狙狡獸〔一〕，鴂雀惡鳥。或狼其體，或虎其爪。安用甲兵，擾之以道。（中華道藏本。又見嚴本、張本，文字稍異。）

〔校記〕

〔一〕狙，張本作「猩」。

芑木

馬維剛駿，塗之芑汁〔一〕。不勞孫陽，自然閑習。厥術無方，理有潛執。（中華道藏本。又見嚴本、張本，文字稍異。）

〔校記〕

〔一〕塗，張本作「服」。

呲魚、薄魚

有魚十身，藥蕪其臭。食之和體，氣不下溜。薄之躍淵，是維災候〔一〕。（中華道藏本。又見嚴本、張本，文字稍異。）

〔校記〕

〔一〕維，張本作「爲」。

當康獸、鰩魚

當康如豚，見則歲穰〔一〕。鰩魚鳥翼，飛乃流光。同出殊應，或災或祥。（中華道藏本。又見嚴本、張本，文字稍異。）

〔校記〕

〔一〕穰，張本作「祥」。

合窳

豬身人面，號曰合窳。厥性貪殘，物爲不咀。至陰之精，見則水雨。（中華道藏本。又見嚴本、張本）

蜚

蜚則災獸，跂踵厲深〔一〕。會所經涉〔二〕，竭水槁林。稟氣自然，體此殃淫。（中華道藏本。又見嚴本、張本，文字稍異。）

〔校記〕

〔一〕深，張本作「禽」。

〔二〕此句，張本作「所經所涉」。

中山經

櫔木

弘羊心算，安世默識。爰有櫔木，食之洞記。觸問則應，動不勞思。（張本）

赤銅

昆吾之山，名銅所在。切玉如泥，火炎其采〔一〕。尸子所嘆〔二〕，驗之汲宰〔三〕。（《藝文類聚》卷八十五。又見中華道藏本、嚴本、張本，文字稍異。）

〔校記〕

〔一〕此句，中華道藏本作「火炙有采」。

〔二〕嘆，張本作「難」。

〔三〕汲，中華道藏本、張本作「彼」。

鬼草

焉得鬼草，是樹是蓺。服之不憂，樂天傲世。如彼浪舟，任波流滯〔一〕。（《太平御覽》卷四百六十九。又見嚴本、張本，文字稍異。）

〔校記〕

〔一〕流，張本作「住」。

鶹鳥

鶹之爲鳥，同羣相爲。疇類被侵〔一〕，雖死不避。毛飾武士，兼厲以義〔二〕。（《藝文類聚》卷九十。又見中華道藏本、嚴本、張本，文字稍異。）

〔校記〕

〔一〕疇，中華道藏本作「畸」。

〔二〕兼，張本作「魚」。

鳴蛇、化蛇

鳴化二蛇，同類異狀。拂翼俱遊，騰波漂浪〔一〕。見則并災，或淫或亢。（中華道藏本。又見嚴本、張本，文字稍異。）

〔校記〕

〔一〕漂，張本作「凜」。

馬腹獸、飛魚

馬腹之物〔一〕，人面似虎。〔二〕飛魚如豚，赤文無羽〔三〕。食之辟兵，不畏雷鼓〔四〕。（中華道藏本。又見《初學記》卷一、《藝文類聚》卷二、《太平御覽》卷九百三十九、嚴本，文字稍異。）

〔校記〕
〔一〕腹，張本作「腸」。
〔二〕以上二句，《初學記》、《藝文類聚》、《太平御覽》皆無。
〔三〕羽，《初學記》作「鱗」。此句下，《太平御覽》無。
〔四〕鼓，《初學記》作「音」，《藝文類聚》作「也」。

豪魚、飛魚

豪鱗除癬，天嬰已痊。飛魚如鮒，登雲游波。□朏之皮，終年行歌。（張本）

神薰池

泰逢虎尾，武羅人面。薰池之神，厥狀不見。爰有美玉，河林如蒨〔一〕。（中華道藏本。又見嚴本、張本，文字稍異。）

〔校記〕
〔一〕蒨，張本作「倩」。

神武羅

有神武羅，細腰白齒。聲如鳴佩，以鐻貫耳〔一〕。司帝密都，是宜女子。（中華道藏本。又見嚴本、張本，文字稍異。）

〔校記〕
〔一〕鐻，張本作「鍰」。

鵗鳥

鵗鳥似鳧，翠羽朱目。既麗其形〔一〕，亦奇其肉。婦女是食，子孫繁育。（中華道藏本。又見嚴本、張本，文字稍異。）

〔校記〕
〔一〕形，張本作「彩」。

荀草

荀草赤實，厥狀如菅。婦人服之，練色易顏。夏姬是豔，厥媚三還。（中華道藏本。又見嚴本、張本）

神泰逢

神號泰逢，好遊山陽〔一〕。濯足九州，出入流光。天氣是動，孔甲迷惶。（中華道藏本。又見嚴本、張本，文字稍異。）

〔校記〕

〔一〕山，張本作「少」。

麔、犀渠、獌

有獸八目，厥號曰麔。犀渠如牛，亦是啖人。獌若青狗，有鬐被鮮。（張本）

旋龜、人魚、修辟

聲如破木，號曰旋龜。修辟似䖘〔一〕，厥鳴如鴟。人魚類鯑，出於洛伊。（中華道藏本。又見嚴本、張本，文字稍異。）

〔校記〕

〔一〕修辟，張本作「循鱉」。

陽虛山

四目之帝，登於陽虛。下臨玄扈，神龜負書。所謂靈感，見於《河圖》。（張本）

猷鳥、領頸鳥

三眼有耳，厥狀如梟。鳥似山雞，名曰領頸。赤若丹火，所以辟妖。（張本）

鳴石

金石同類，潛響是韞。擊之雷駭，厥聲遠聞。苟以數通，氣無不運。（中華道藏本。又見嚴本、張本）

桃林

桃林之谷，實惟塞野。武王克商，休牛風馬〔一〕。阨越三途，作險西夏。（中華道藏本。又見嚴本、張本，文字稍異。）

〔校記〕

〔一〕風，張本作「歸」。

若華、烏酸草

療癘之草，厥實如瓜。烏酸之葉，三成黃華。可以爲毒，不畏蚖蛇。（中華道藏本。又見嚴本、張本）

帝臺棋

茫茫帝臺，維靈之貴。爰有石棋，五彩煥蔚。觴禱百神〔一〕，以和天氣。（中華道藏本。又見嚴本、張本，文字稍異。）

〔校記〕

〔一〕禱，張本作「祈」。

蓄草

蓄草黃華，實如菟絲。君子是佩，人服媚之。帝女所化，其理難思。（中華道藏本。又見嚴本、張本）

山膏獸、黃棘蚤

山膏如豚，厥性好罵。黃棘是食，匪子匪化。雖無貞操，理同不嫁。（中華道藏本。又見嚴本、張本，文字稍異。）

〔校記〕

〔一〕子，張本作「字」。

天楄、牛傷、文獸、鰧魚

牛傷鎮氣，天楄弭噎。文獸如蜂，枝尾反舌。鰧魚青斑，處於遠穴。（中華道藏本。又見嚴本、張本）

三足龜

造物維均，靡偏靡頗。少不爲短，長不爲多。贔能三足，何異黿鼉。（中華道藏本。又見嚴本、張本）

嘉榮

霆維天精，動心駭目。曷以御之，嘉榮是服。所正者神，用口腸腹〔一〕。（中華道藏本。又見嚴本、張本，文字稍異。）

〔校記〕

〔一〕此句，張本作「用□口腹」。

帝休

帝休之樹，厥枝交對。竦本少室，曾陰雲霧。君子服之，匪怒伊愛。（中華道藏本。又見嚴本、張本）

太室山

嵩惟嶽宗〔一〕，華岱恒衡。氣通元漠〔二〕，神洞幽明。嵬然中立〔三〕，眾山之英。（《藝文類聚》卷七。又見中華道藏本、嚴本、張本，文字稍異。太室山，《爾雅》亦存。）

〔校記〕

〔一〕惟，中華道藏本、嚴本、張本作「維」。

〔二〕元漠，中華道藏本、嚴本、張本作「天漢」。

〔三〕嵬，張本作「巍」。

栯木

爰有嘉樹，厥名曰栯。薄言採之，窈窕是服。君子維歡〔一〕，家無反目。（中華道藏本。又見嚴本、張本，文字稍異。）

〔校記〕

〔一〕維，嚴本、張本作「惟」。

蔄草

蔄草赤莖，實如蔞蕷。食之益智，忽不自覺。殆齊生知，功奇於學。（中華道藏本。又見嚴本、張本）

薊柏

薊柏白華，厥子如丹。實肥變氣〔一〕，食之忘寒。物隨所染，墨子所嘆。（中華道藏本。又見嚴本、張本，文字稍異。）

〔校記〕

〔一〕實肥，張本作「肥□」。

猿

大騩之山，爰有苹草〔一〕。青華白實，食之無夭。雖不增齡，可以窮老。（中華道藏本。又見嚴本、張本，文字稍異。）

〔校記〕

〔一〕苹，張本作「奇」。

橘柚

厥苞橘柚，精者曰柑〔一〕。實染繁霜〔二〕，葉鮮翠藍〔三〕。屈生嘉嘆〔四〕，以爲美談。（《藝文類聚》卷八十七。又見中華道藏本、嚴本、張本，文字稍異。橘柚，《爾雅》亦存。）

〔校記〕

〔一〕此句，中華道藏本、嚴本、張本作「奇者維甘」。
〔二〕此句，中華道藏本、嚴本、張本作「朱實金鮮」。
〔三〕鮮，中華道藏本、嚴本、張本作「蒨」。
〔四〕嘉嘆，中華道藏本、嚴本、張本作「是詠」。

鮫魚

魚之別屬〔一〕，厥號曰鮫。珠皮毒尾，匪鱗匪毛。可以錯角，兼飾劍刀〔二〕。（中華道藏本。又見嚴本、張本，文字稍異。）

〔校記〕

〔一〕此句，張本脱。
〔二〕此句，張本作「魚飾蓋勞」。

神蠱圍、計蒙、涉蠱

涉蠱三腳，蠱圍虎爪。〔一〕計蒙龍首，獨稟異表。陟降風雨，茫茫渺渺。（中華道藏本。又見嚴本、張本，文字稍異。）

〔校記〕

〔一〕以上二句，張本脱。

鴆鳥

蝮維毒魁，鴆鳥是噉。〔一〕拂翼鳴林，草瘁木慘〔二〕。羽行隱戮〔三〕，厥罰難犯〔四〕。（中華道藏本。又見嚴本、張本，文字稍異。）

〔校記〕

〔一〕以上二句，張本脱。
〔二〕瘁，張本作「萃」。
〔三〕此句，張本作「□行隱藏」。
〔四〕厥，張本作「□」。

椒

椒之灌植，實繁有榛。薰林烈薄，馞其芬辛。服之不已，洞見通神。（《藝文類聚》卷八十九）

又存文字差異較大者，錄於下：

椒之灌殖〔一〕，實繁有倫〔二〕。拂穎霑霜，朱實芬辛〔三〕。服之洞見〔四〕，可以通神。（中華道藏本。又見嚴本、張本，文字稍異。）

〔校記〕

〔一〕此句，張本脫。

〔二〕實，張本脫。

〔三〕辛，張本脫。

〔四〕服之，張本脫。

岷山

岷山之精，上絡東井。始出一勺，終致淼溟〔一〕。作紀南夏，天清地靜。（《藝文類聚》卷八。又見中華道藏本、嚴本、張本，文字稍異。）

〔校記〕

〔一〕淼溟，中華道藏本、嚴本作「森冥」。

夔牛

西南巨牛，出自江岷。體若垂雲，肉盈千鈞。雖有逸力，難以揮輪。（中華道藏本。又見嚴本、張本）

崍山

邛崍峻嶮，其坂九折。王陽逡巡，王尊逞節。殷有三仁，漢稱二哲。（中華道藏本。又見嚴本、張本）

狚狼、雍和、猰獸

狚狼之出，兵不外擊。雍和作恐，猰乃流疫。同惡殊災，氣各有適。（中華道藏本。又見嚴本、張本）

蜼

寓屬之才，莫過於蜼。雨則自懸〔一〕，塞鼻以尾。厥形雖隨，列象宗彝。（中華道藏本。又見嚴本、張本，文字稍異。）

〔校記〕

〔一〕雨，張本作「兩」。

熊穴

熊山有穴，神人是出。與彼石鼓，象殊應一。祥雖先見，厥事非吉。（中華道藏本。又見嚴本、張本）

跂踵

青耕禳疫，跂踵降災。物之相反〔一〕，各以氣來。見則民咎〔二〕，實爲病媒。（中華道藏本。又見嚴本、張本，文字稍異。）

〔校記〕

〔一〕之，張本作「□」。

〔二〕民，張本作「昏」。

蛟

匪蛇匪龍，鱗采暉煥〔一〕。騰躍濤波〔二〕，蜿蜒江漢。漢武飲羽，佽飛疊斷〔三〕。（《藝文類聚》卷九十六。又見中華道藏本、嚴本，文字稍異。按：蛇，《藝文類聚》原作「蛟」改之。）

〔校記〕

〔一〕采，中華道藏本作「彩」。暉，中華道藏本作「炳」。

〔二〕濤波，中華道藏本作「波濤」。

〔三〕佽飛，中華道藏本作「飛佽」。

神耕父

清泠之水，在乎山頂。耕父是遊，流光灑景。黔首祀榮，以弭災眚。（中華道藏本。又見嚴本）

九鐘

嶢崩涇竭，麟鬭日薄。九鐘將鳴，凌霜乃落。氣之相應，觸感而作。（中華道藏本。又見嚴本）

嬰勺

支離之山，有鳥似鵲。白身赤眼，厥尾如勺。維彼有斗，不可以酌。（中華道藏本。又見嚴本）

獜

有獸虎爪，厥號曰獜。好自跳撲，鼓甲振奮。若食其肉，不覺風迅。（中華道藏本。又見嚴本）

帝臺漿

帝臺之水，飲蠲心病。靈府是滌，和神養性。食可逍遙，濯髮浴泳。（中華道藏本。又見嚴本、張本，文字稍異。）

〔校記〕

〔一〕神，張本作「沖」。

狙如

狙如微蟲，厥體無害。見則師興，兩陣交會。物之所感，焉有小大。（中華道藏本。又見嚴本）

帝女桑

爰有洪桑，生濱淪潭〔一〕。厥圍五丈，枝相交參〔二〕。園客是采〔三〕，帝女所蠶。（《藝文類聚》卷八十八。又見中華道藏本、嚴本、張本，文字稍異。）

〔校記〕

〔一〕濱，中華道藏本、嚴本作「瀆」，張本作「□」。

〔二〕相，張本作「絭」。

〔三〕采，中華道藏本、嚴本、張本作「探」。

梁渠、狢即、聞獜獸、駅餘鳥

梁渠致兵，狢即起災。駅餘辟火，物各有能。聞獜之見，大風乃來。（中華道藏本。又見嚴本）

神于兒

于兒如人，蛇頭有兩。常遊江淵，見於洞廣。乍潛乍出，神光忽恍。（中華道藏本。又見嚴本）

飛蛇

騰蛇配龍，因霧而躍。雖欲昇天〔一〕，雲龍陸莫〔二〕。材非所任〔三〕，難以久託〔四〕。（《藝文類聚》卷九十六。又見中華道藏本，文字稍異。）

〔校記〕

〔一〕升，中華道藏本作「登」。

〔二〕此句，中華道藏本作「雲罷陸略」。

〔三〕此句，中華道藏本作「伏非啓體」。

〔四〕久，中華道藏本作「云」。

海外南經

自此山、來蟲為蛇、蛇號為魚

賤無定貢，貴無常珍。物不自物，自物由人〔一〕。萬事皆然，豈伊蛇鱗。（中華道藏本。又見嚴本、張本，文字稍異。）

〔校記〕

〔一〕自物，張本作「物物」。

羽民國

鳥喙長頰，羽生則卵。〔一〕矯翼而翔，龍飛不遠〔二〕。人維倮屬，何狀之反。（中華道藏本。又見嚴本、張本，文字稍異。）

〔校記〕

〔一〕以上二句，張本作「鳥喙被羽，厥生別卵」。

〔二〕龍，張本作「能」。

神人二八

羽民之東，有神司夜〔一〕。二八連臂，自相羈駕。晝隱宵出，詭時淪化。（中華道藏本。又見嚴本、張本，文字稍異。）

〔校記〕

〔一〕司，張本作「伺」。

讙頭國

讙國鳥喙，行則杖羽。潛於海濱，維食杞秬〔一〕。實維嘉穀，所謂濡黍〔二〕。（中華道藏本。又見嚴本、張本，文字稍異。）

〔校記〕

〔一〕秬，張本作「秅」。

〔二〕濡，張本作「瑞」。

厭火國

有人獸體，厥狀怪譎。吐納炎精〔一〕，火隨氣烈。推之無奇，理有不熱。（中華道藏本。又見嚴本、張本，文字稍異。）

〔校記〕

〔一〕炎，張本作「元」。

三珠樹

三珠所生，赤水之際。翹葉柏竦，美壯若慧。濯彩丹波，自相霞映〔一〕。（中華道藏本。又見嚴本、張本，文字稍異。）

〔校記〕

〔一〕霞映，張本作「映翳」。

載國

不蠶不絲〔一〕，不稼不穡。百獸率舞，群鳥拊翼。是號載民，自然衣食。（中華道藏本。又見嚴本、張本，文字稍異。）

〔校記〕

〔一〕此句，張本作「不績不經」。

貫匈、交脛、支舌國

鑠金洪爐，灑成萬品。造物無私，各任所稟。歸於曲成，是見兆朕。（中華道藏本。又見嚴本、張本）

不死國

有人爰處，員丘之上。赤泉駐年，神木養命。稟此遐齡，悠悠無竟。（中華道藏本。又見嚴本、張本）

鑿齒

鑿齒人類，實有傑牙。猛越九嬰，害過長蛇。堯乃命羿，斃之壽華。（中華道藏本。又見嚴本、張本）

三首國

雖云一氣，呼吸異道。觀則俱見，食則皆飽。物形自周，造化非巧。（中華道藏本。又見嚴本、張本）

焦僥國

羣籟舛吹，氣有萬殊。大人三丈，焦僥尺餘。混之一歸，此亦僑如。（中華道藏本。又見嚴本、張本）

長臂國

雙臂三丈〔一〕，體如中人。彼曷為者，長臂之人〔二〕。脩腳是負，捕魚海濱。（《初學記》卷十九。又見中華道藏本、嚴本、張本，文字稍異。）

〔校記〕

〔一〕此句，中華道藏本、嚴本、張本作「雙肱三尺」。

〔二〕人，中華道藏本、嚴本、張本作「民」。

狄山帝堯葬於陽帝嚳葬於陰

聖德廣被，物無不懷。爰乃殂落，封墓表哀。異類猶然，矧乃華黎。（中華道藏本。又見嚴本、張本）

視肉

聚肉有眼，而無腸胃。與彼馬勃〔一〕，頗相髣髴。奇在不盡，食人薄味。（中華道藏本。又見嚴本、張本，文字稍異。）

〔校記〕

〔一〕勃，張本作「渤」。

南方祝融

祝融火神，雲駕龍驂。氣御朱明，正陽是含。作配炎帝，列位於南。（中華道藏本。又見嚴本、張本。按：含，原作「舍」，改之。）

海外西經

滅蒙鳥、大運山、雄常樹

青質赤尾〔一〕，號曰滅蒙〔二〕。大運之山，百仞三重。雄常之樹，應德而通。（中華道藏本。又見嚴本、張本，文字稍異。）

〔校記〕

〔一〕質，張本作「鳥」。

〔二〕滅，張本作「戚」。

夏后啟

筮御飛龍，果舞九代。雲融是揮，玉璜是佩。對楊帝德〔一〕，稟天靈誨。（中華道藏本。又見嚴本、張本，文字稍異。）

〔校記〕

〔一〕楊，嚴本、張本作「揚」。

三身國、一臂國

品物流形，以散混沌。增不為多，減不為損。厥變難原，請尋其本。（中華道藏本。又見嚴本、張本）

奇肱國

妙哉工巧，奇肱之人。因風構思，製爲飛輪。凌頹遂軌，帝湯是賓。（中華道藏本。又見嚴本、張本）

形天

爭神不勝，爲帝所戮。遂厥形天〔一〕，臍口乳目〔二〕。仍揮干戚，雖化不服〔三〕。（中華道藏本。又見嚴本、張本，文字稍異。）

〔校記〕

〔一〕此句，張本作「遂成厥形」。

〔二〕臍口，張本作「口齊」。

〔三〕服，張本作「伏」。

女祭女戚

彼姝者子，誰氏二女。曷爲水間，操魚持俎。厥儷安在，離群逸處。（中華道藏本。又見嚴本、張本）

鶱鳥、鸇鳥

有鳥青黃，號曰鸇鶱。與妖會合〔一〕，所集會至〔二〕。類則梟鵬，厥狀難媚。（中華道藏本。又見嚴本、張本，文字稍異。）

〔校記〕

〔一〕與妖，張本作「□□」。

〔二〕會，張本作「禍」。

丈夫國

陰有偏化，陽無產理。丈夫之國，王孟是始。感靈所通，桑石無子。（中華道藏本。又見嚴本、張本）

女丑尸

十日並熯，女丑以斃。暴於山阿，揮袖自翳。彼美誰子，逢天之厲。（中華道藏本。又見嚴本、張本）

巫咸

群有十巫〔一〕，巫咸所統。經技是搜，術藝是綜。採藥靈山，隨時登降。（中華道藏本。又見嚴本、張本，文字稍異。）

〔校記〕

〔一〕此句，張本作「群醫有山」。

并封

龍過無頭，并封連載。物狀相乖，如驥分背。數得自通，尋之愈闃。（中華道藏本。又見嚴本、張本）

女子國

簡狄有吞，姜嫄有履。女子之國，浴於黃水。乃娠乃字，生男則死〔一〕。（中華道藏本。又見嚴本、張本，文字稍異。）

〔校記〕

〔一〕男，張本作「長」。

軒轅國

軒轅之人，承天之祐〔一〕。冬不襲衣，夏不扇暑。猶氣之和，家爲彭祖。（中華道藏本。又見嚴本、張本，文字稍異。）

〔校記〕

〔一〕祐，張本作「祐」。

龍魚

龍魚一角，似鯉居陵〔一〕。俟時而出，神靈攸乘。飛驚九域，乘雲上升〔三〕。（《藝文類聚》卷九十六。又見《太平御覽》卷九百四十、中華道藏本、嚴本、張本，文字稍異。）

〔校記〕

〔一〕居，中華道藏本、張本作「處」。

〔二〕攸，中華道藏本作「被」。

〔三〕雲，中華道藏本作「龍」。

乘黃

飛黃奇駿，乘之難老。揣角輕騰，忽若龍矯。實鑒有德〔一〕，乃集厥旱。（中華道藏本。又見嚴本、張本，文字稍異。）

〔校記〕

〔一〕鑒，張本作「監」。

西方蓐收

蓐收金神，白毛虎爪。珥蛇執鉞，專司無道。立號西阿〔一〕，恭行天討。（中華道藏本。又見嚴本、張本，文字稍異。）

〔校記〕

〔一〕阿，張本作「河」。

海外北經

無臂國

萬物相傳，非子則根。無臂因心，構肉生魂。所以能然，尊形者存。（中華道藏本。又見嚴本、張本）

燭龍

天缺西土〔一〕，龍銜火精〔二〕。氣爲寒暑，眼作昏明。身長千里，可謂至靈〔三〕。（《藝文類聚》卷九十六。又見中華道藏本、嚴本、張本，文字稍異。）

〔校記〕

〔一〕土，中華道藏本、張本作「北」。

〔二〕銜，中華道藏本作「衝」。

〔三〕靈，中華道藏本作「神」。

一目國

蒼四不多，此一不少。子野冥瞽〔一〕，洞見無表。形遊逆旅〔二〕，所貴維眇〔三〕。（中華道藏本。又見嚴本、張本，文字稍異。）

〔校記〕

〔一〕冥，張本作「名」。

〔二〕遊，張本作「猶」。

〔三〕眇，張本作「道」。

柔利國

柔利之人，曲腳反肘。子求之容〔一〕，方此無醜。所貴者神，形於何有。（中華道藏本。又見嚴本、張本，文字稍異。）

〔校記〕

〔一〕求，張本作「永」。

共工臣相柳

　　共工之臣，號曰相柳。稟此奇表，蛇身九首。恃力桀暴，終禽夏后〔一〕。（中華道藏本。又見嚴本、張本，文字稍異。）

　　〔校記〕

　　〔一〕終，張本作「見」。

深目國

　　深目類胡，但□絕縮〔一〕。軒轅道降〔二〕，款塞歸服。穿胸長腳，同會異族〔三〕。（中華道藏本。又見嚴本、張本，文字稍異。）

　　〔校記〕

　　〔一〕□，張本作「服」。

　　〔二〕降，張本作「隆」。

　　〔三〕族，張本作「域」。

無腸國

　　無腸之人，厥體維洞。心實靈府，餘則外用。得一自全，理無不共。（中華道藏本。又見嚴本、張本）

聶耳國

　　聶耳之國，海渚是縣。雕虎斯使，奇物畢見。形有相須，手不離面。（中華道藏本。又見嚴本、張本）

夸父

　　神哉夸父，難以理尋。傾河逐日，遯形鄧林。觸類而化，應無常心。（中華道藏本。又見嚴本、張本）

尋木

　　渺渺尋木，生於河邊。竦枝千里，上干雲天。垂陰四極，下蓋虞淵。（中華道藏本。又見嚴本、張本）

跂踵國

　　厥形雖大〔一〕，斯腳則企〔二〕。跳步雀踴〔三〕，踵不閡地。應德而臻，款塞歸義。（中華道藏本。又見嚴本、張本，文字稍異。）

　　〔校記〕

　　〔一〕雖，張本作「惟」。

〔二〕企，張本作「跂」。

〔三〕踦，張本作「躍」。

歐絲野

女子鮫人，體近蠶蚌。出珠非甲，吐絲匪蛹。化出無方，物豈有種。（中華道藏本。又見嚴本、張本）

平丘

兩山之間，丘號曰平。爰有遺玉，駿馬維青。視肉甘華，奇果所生。（中華道藏本。又見嚴本、張本）

駒駼

駒駼野駿，產自北域。交頸相摩，分背翹陸。雖有孫陽，終不在服〔一〕。（《藝文類聚》卷九十三。又見中華道藏本、嚴本、張本，文字稍異。）

〔校記〕

〔一〕在，張本作「能」。

北方禺彊

禺彊水神，面色犂黑〔一〕。乘龍踐蛇，凌雲附翼。靈一玄冥〔二〕，立於北極。（中華道藏本。又見嚴本、張本，文字稍異。）

〔校記〕

〔一〕此句，張本作「人面黑色」。

〔二〕此句，張本作「配靈玄宜」。

海外東經

君子國

東方氣仁，國有君子。薰華是食，雕虎是使。雅好禮讓，禮委論理〔一〕。（中華道藏本。又見嚴本、張本，文字稍異。）

〔校記〕

〔一〕禮，張本作「端」。

天吳

眈眈水伯，號曰谷神。八頭十尾，人面虎身。龍據兩川，威無不震。（中華道藏本。又見嚴本、張本）

豎亥

禹命豎亥，青丘之北。東盡太遠，西窮邠國。步履宇宙〔一〕，以明靈德。（中華道藏本。又見巖本、張本，文字稍異。）

〔校記〕

〔一〕步履，張本作「□經」。

九尾狐

青丘奇獸，九尾之狐。有道翔見〔一〕，出則銜書。作瑞周文〔二〕，以標靈符。（《初學記》卷二十九。又見《藝文類聚》卷九十五、《太平御覽》卷九〇九、中華道藏本、巖本、張本，文字稍異。）

〔校記〕

〔一〕翔，《藝文類聚》、《太平御覽》、巖本作「祥」，張本作「則」。

〔二〕此句，《藝文類聚》、《太平御覽》、巖本作「作瑞於周」。

黑齒國、雨師妾、玄股國、勞民國

陽谷之山，國號黑齒。雨師之妾〔一〕，以蛇挂耳。玄股食鷗〔二〕，勞民黑趾〔三〕。（中華道藏本。又見巖本、張本，文字稍異。）

〔校記〕

〔一〕雨，張本作「兩」。

〔二〕鷗，張本作「鷗」。

〔三〕趾，張本作「體」。

十日

十日并出，草木焦枯。羿乃控弦，仰落陽烏。可爲感動〔一〕，天人懸符。（《藝文類聚》卷一。又見中華道藏本、巖本、張本，文字稍異。）

〔校記〕

〔一〕感動，中華道藏本、巖本作「洞感」。

毛民國

牟悲海鳥，西子駭糜。或貴穴倮，或尊裳衣。物我相傾，孰了是非〔一〕。（中華道藏本。又見巖本、張本，文字稍異。）

〔校記〕

〔一〕了，張本作「辨」。

東方句芒

有神人面，身鳥素服。銜帝之命，錫齡秦穆。皇天無親，行善有福。（中華道藏本。又見嚴本、張本）

海內南經

禺禺

禺禺怪獸〔一〕，被髮操竹。獲人則笑，脣蓋其目〔二〕。終亦呼號〔三〕，反為我戮。（《太平御覽》卷九百八十。又見中華道藏本、嚴本、張本，文字稍異。）

〔校記〕

〔一〕禺禺，中華道藏本作「鬃鬃」。此句，張本作「鬃鬃怪萌」。

〔二〕蓋，中華道藏本、張本作「蔽」。

〔三〕呼號，中華道藏本作「號咷」。

狌狌

狌狌之狀，形乍如犬〔一〕。厥性識往，為物警辯。以酒招災，自貽纓胃〔二〕。（中華道藏本。又見嚴本、張本，文字稍異。）

〔校記〕

〔一〕此句，張本作「乍豚乍犬」。

〔二〕纓，張本作「嬰」。

夏后啟臣孟涂

孟涂司巴，聽訟是非。厥理有曲，血乃見衣。所請靈斷，嗚呼神微。（中華道藏本。又見嚴本、張本）

建木

爰有建木，黃實紫柯〔一〕。皮如蛇纓，葉有素羅。絕蔭弱水，義人則過。（中華道藏本。又見嚴本、張本，文字稍異。）

〔校記〕

〔一〕黃，張本作「黑」。

氐人

炎帝之苗，實生氐人。死則復蘇，厥身為鱗〔一〕。雲南是託，浮遊天津。（中華道藏本。又見嚴本、張本，文字稍異。）

〔校記〕

〔一〕身，張本作「半」。

巴蛇鈝

象實巨獸，有蛇吞之。越出其骨，三年爲期。厥大何如，屈生是疑〔一〕。（《藝文類聚》卷九十六。又見中華道藏本、嚴本、張本，文字稍異。）

〔校記〕

〔一〕是，張本作「所」。

海內西經

貳負臣危

漢擊磐石〔一〕，其中則危。劉生是識〔二〕，群臣莫知。可謂博物，山海乃奇〔三〕。（中華道藏本。又見嚴本、張本，文字稍異。）

〔校記〕

〔一〕磐，張本作「磻」。

〔二〕識，張本作「辨」。

〔三〕乃，張本作「是」。

窫窳

窫窳無罪，見害貳負〔一〕。帝命群巫，操藥夾守。遂淪溺淵，變爲龍首。（中華道藏本。又見嚴本、張本，文字稍異。）

〔校記〕

〔一〕害，張本作「危」。

大澤方百里

地號積羽，厥方百里〔一〕。群鳥雲集，鼓翅雷起。穆王旋軫，爰榮騄耳〔二〕。（中華道藏本。又見嚴本、張本，文字稍異。）

〔校記〕

〔一〕百，張本作「千」。

〔二〕榮，張本作「策」。

流黄酆氏國

城圍三百，連河比棟。動是塵昏，烝氣霧重〔一〕。焉得遊之，以敖以縱。（中華道藏本。又見嚴本、張本，文字稍異。）

〔校記〕

〔一〕烝，張本作「蒸」。

流沙

天限內外，分以流沙。經帶西極，頹溏委蛇〔一〕。注於黑水，永溺餘波。（中華道藏本。又見嚴本、張本，文字稍異。）

〔校記〕

〔一〕溏，嚴本、張本作「唐」。

木禾

崑崙之陽，鴻鷺之阿。爰有嘉穀，號曰木禾。匪植匪藝，自然靈播。（中華道藏本。又見嚴本、張本）

開明

開明天獸，稟茲金精。虎身人面，表此桀形。瞪視崑山，威懾百靈。（中華道藏本。又見嚴本、張本）

文玉、玕琪樹

文玉玕琪，方以類叢。翠葉猗萎，丹柯玲瓏。玉光爭煥，彩豔火龍。（中華道藏本。又見嚴本、張本）

不死樹

萬物暫見，人生如寄。不死之樹，壽蔽天地。請藥西姥〔一〕，焉得如羿〔二〕。（《藝文類聚》卷八十八。又見中華道藏本、嚴本、張本，文字稍異。）

〔校記〕

〔一〕姥，張本作「母」。

〔二〕焉，中華道藏本、嚴本作「烏」。

甘水聖木

醴泉睿木〔一〕，養齡盡性。增氣之和，去神之冥〔二〕。何必生知，然後爲聖。（《藝文類聚》卷八十八。又見中華道藏本、嚴本、張本，文字稍異。）

〔校記〕

〔一〕睿，中華道藏本、張本作「璿」。

〔二〕去，中華道藏本作「袪」。

服常琅玕樹

服常琅玕，崑山奇樹。丹實珠離，綠葉碧布。三頭是伺，遞望遞顧。（中華道藏本。又見嚴本、張本）

海內北經

蛇巫山、鬼神蜪犬、群帝臺、大蜂、朱蛾

蛇巫之山，有人操杯。鬼神蜪犬，主爲妖災。大蜂朱蛾，群帝之臺。（中華道藏本。又見嚴本、張本）

吉良

金精朱鬣，龍行駿跱。拾節鴻騖，塵下及起。是謂吉黃，釋聖牖里〔一〕。（中華道藏本。又見嚴本、張本，文字稍異。）

〔校記〕

〔一〕釋，張本作「拔」。

闟非、據比尸、袜、戎

人面獸身，是謂闟非。被髮折頸，據比之尸。戎三其角，袜豎其眉。（中華道藏本。又見嚴本、張本）

騶虞

怪獸五采〔一〕，尾參於身。矯足千里，儵忽若神。是謂騶虞，詩嘆其仁〔二〕。（《藝文類聚》卷九十九。又見中華道藏本、嚴本、張本，文字稍異。）

〔校記〕

〔一〕采，中華道藏本作「彩」。

〔二〕嘆，張本作「稱」。

馮夷

稟華之精，練食八石。乘龍隱淪，往來海若。是謂水仙，號曰河伯。（中華道藏本。又見嚴本、張本）

王予夜尸

予夜之尸，體分成七。離不爲疏，合不爲密。苟以神御，形歸於一。（中華道藏本。又見嚴本、張本）

宵明燭光

水有佳人，宵明燭光。流燿河湄〔一〕，稟此奇祥。維舜二女，別處一方。（中華道藏本。又見嚴本、張本，文字稍異。）

〔校記〕

〔一〕湄，嚴本、張本作「媚」。

列姑射山、大蟹、陵魚

姑射之山，實西神人〔一〕。大蟹千里，亦有陵鱗。曠哉溟海，含怪藏珍〔二〕。（中華道藏本。又見嚴本、張本，文字稍異。）

〔校記〕

〔一〕西，張本作「樓」。

〔二〕怪，張本作「性」。

蓬萊山

蓬萊之山，玉碧構林。金臺雲館，皜哉獸禽。實維靈府，玉主甘心〔一〕。（中華道藏本。又見嚴本、張本，文字稍異。）

〔校記〕

〔一〕玉，張本作「王」。

海內東經

豎沙、居繇、埻端璽、映國

豎沙居繇，埻端璽映。沙漠之鄉，絕地之館。或羈於秦，或賓於漢。（中華道藏本。又見嚴本、張本）

鬱州

南極之山，越處東海。不行而至，不動而改。維神所運，物無常在。（中華道藏本。又見嚴本、張本）

韓鴈、始鳩、雷澤神、琅邪臺

韓鴈始鳩，在海之州。雷澤之神，鼓腹優遊。琅邪嶕嶢〔一〕，邈若雲樓〔二〕。（中華道藏本。又見嚴本、張本，文字稍異。）

〔校記〕

〔一〕邪，嚴本、張本作「邪」。

〔二〕邈，張本作「屹」。

大江北江、南江、浙江、廬、淮、湘、漢、濛、溫、穎、汝、涇、渭、白、沅、贛、泗、鬱、肄、潢、洛、汾、沁、濟、潦、虖、池、漳水

川瀆綺錯〔一〕，渙瀾流帶〔二〕。潛潤旁通〔三〕，經管華外。殊出同歸〔四〕，混之東會。（《藝文類聚》卷八。又見中華道藏本、嚴本、張本，文字稍異。）

〔校記〕

〔一〕綺，中華道藏本、嚴本、張本皆作「交」。

〔二〕澳，張本作「澳」。

〔三〕此句，中華道藏本、嚴本作「通潛潤下」，張本作「潛旁潤通」。

〔四〕出，張本作「派」。

大荒東經

東海外大壑

雁益洞穴〔一〕，映昏龍燭。爰有大壑，號曰底谷〔二〕。(《北堂書鈔》卷一百五十八。又見、嚴本、張本，文字有異。)

〔校記〕

〔一〕雁益，張本作「寫溢」。

〔二〕此句，張本作「無底之谷」。此句下，張本有「流宗所灌，豁然滲漉」。

諍人

僬僥極麼〔一〕，諍人又小〔二〕。四體取足〔三〕，眉目纔了〔四〕。(《初學記》卷十九。又見《太平御覽》卷三百七十八、嚴本、張本，文字稍異。)

〔校記〕

〔一〕僬僥，張本作「焦嶤」。

〔二〕又，《太平御覽》作「唯」。

〔三〕取，《太平御覽》、張本作「具」。

〔四〕纔，張本作「財」。此句下，張本有「大人長臂，與之共狡」。

中容國、木食

鳩民噉面，出於二木。杪則石餘，桃榔百斛。中容所食，蓋亦此屬。(張本)

司幽國

魷以鳴風，白鶴瞪眸。感而遂通，亦有司幽。可以數盡，難以言求。(張本)

應龍

應龍禽翼，助黃弭患。用濟靈慶，南極是遷。像見兩集，□氣自然。(張本)

夔

剝夔□鼓，雷鼓作桴。聲震五百，響亥九州。神武以濟，堯炎平尤。(張本)

大荒南經

雙雙

赤水之東，獸有雙雙。厥體雖合，心實不同。動必方軀，走則齊蹤。（張本）

蒼梧之野

重華陟方，合體九疑。民用遺愛，南風是思。爰樹靈壇，百世祀之。（張本）

氾天山、岊山玄地四方淵

赤水所注，極乎氾天。帝藥八齊，越在岊山。司蛇之鳥，四達之淵。（張本）

蜮民國

蜩惟怪□，短狐災氣。南越是珍，蜮人斯貴。惟性所安，孰知正味。（張本）

因乎

人號因乎，風氣是宣。舜淵所在，重蔭之間。盜械爲楓，香液流連。（張本）

欒木

雲雨靈化，乃主欒木。群帝爰遊，洪蔭蓋嶽。昆吾之師，白淵是浴。（張本）

羲和國

混沌始制，羲和御日。消息晦明，察其出入。世異厥象，不替先術。（張本）

大荒西經

不周共工

共工赫怒，不周是觸。地虧巽維，天缺乾角。理外之言，難以語俗。（張本）

有神人十

女媧靈洞，變化無主。腸爲十神，中道橫處。尋之靡狀，誰者能睹。（張本）

太子長琴、靈山群巫

祝融光照，子號長琴。搖山是處，創樂理音。群巫爰集，採藥靈林。（張本）

沃民

爰有大野，厥號曰沃。鳳卵是吞，甘露是酌。所願自從，可謂至樂。（張本）

鳴鳥、神奄茲

有鳥五采，噓天凌風。奄茲之靈，人頰鳥躬。鼓翅海嶠，翻飛雲中。（張本）

白丹、赤丹

采雖殊號，丹則其質。考之神契，厥色非一。德及山陵，於是乎出。（張本）

神噓

腳屬於頭，人面無首。厥號曰噓，重黎其後。處連三光，以襲氣母。（張本）

天犬

鬫鬫天犬，光為飛星。所經邑滅，所下城傾。七國作變，吠過梁城。（張本）

弱水

弱出崑山，鴻毛是沉。北淪流沙，南映火林。惟水之奇，莫測其深。（《藝文類聚》卷八。又見嚴本、張本）

炎火山

木含陽氣〔一〕，精構則燃〔二〕。焚之無盡，是生火山。理見乎微，其妙在傳。（《藝文類聚》卷七。又見嚴本、張本，文字稍異。）

〔校記〕

〔一〕氣，張本作「精」。

〔二〕精，張本作「氣」。燃，張本作「然」。

壽麻國

壽麻之人，靡景靡響。受氣自然，稟之無象。玄俗是微，驗之於往。（張本）

三面人

稟形一軀，氣有存變。長體有益，無若三面。不勞傾睇，可以並見。（張本）

大荒北經

肅慎國

武王克商，肅慎納貢。在晉中興，越海自送。人事款塞，天應旁洞。（張本）

附隅丘、舜竹林、琴蟲

群珍所集，附隅之丘。舜林之竹，一節中舟。爰有琴蟲，蛇身獸頭。（張本）

青蛇

有蛇食塵，盤木千里。玁玁如熊，丹山霞起。九鳳軒翼，北極是跱。（張本）

強梁

仡仡強梁，虎頭四蹄。妖厲是御，唯鬼咀魖。銜蛇奮猛，畏獸之奇。（張本）

黃帝女魃

蚩尤作丘，從御風雨。帝命應龍，爰下天女。厥謀無方，所謂神武。（張本）

赤水女子獻

江有窈窕，水生豔濱。彼美靈獻，可以寤神。交甫喪佩，無思遠人。（張本）

犬戎

犬戎之先，出自白狗。厥育有二，自相配偶。實犬豕心，稟氣所受。（張本）

無骨子

無骨之人，一肉摶體。吸氣如鮮，民食不粒。偃王是裔，仁而有禮。（張本）

若木

若木之生，崑山是濱。朱華電照，碧葉玉津。食之靈智，爲力爲仁〔一〕。
（《藝文類聚》卷八十九。又見嚴本、張本，文字稍異。）

〔校記〕

〔一〕爲仁，張本作「於人」。

海內經

朝鮮

箕子避商，自竄朝鮮。□潛倭穢，靡化不善。賢者所在，豈有隱顯。（張本）

有鳥山、三水

三山之淵，珍物惟錯。爰有璿瑰，金沙丹礫。流光映煥，星布磊落。（張本）

柘高

子高恍惚，乘雲升霞。翱翔天際，下集嵩華。眇焉難希，求之誰家。（張本）

都廣之野

都廣之野，珍怪所聚。爰有羔穀〔一〕，鸞歌鳳舞〔二〕。后稷託終〔三〕，樂哉斯土。（《藝文類聚》卷六。又見嚴本、張本，文字稍異。）

〔校記〕

〔一〕羔，張本作「膏」。

〔二〕此句，張本作「鸞鳳歌舞」。

〔三〕託終，張本作「純絡」。

蜼蛇、鳥民、九丘

赤蛇食木，有夷鳥首。因川嬰帶，厥土惟九。聖賢所遊，群寶之藪。（張本）

封豕

有物貪婪，號曰封豕。荐食無厭，肆其殘毀。羿乃飲羽，獻帝效技〔一〕。（《藝文類聚》卷九十四。又見嚴本、張本，文字稍異。）

〔校記〕

〔一〕此句，張本作「獻商文伎」。

延維

委蛇霸祥，桓見治病。管子雅曉，窮理折命。吉凶由人，安有咎慶。（張本）

五采鳥、翳鳥、相顧之尸

五采之鳥，飛蔽一邑。翳惟鳳屬，有道翔集。盜械之尸，誰者所執。（張本）

幽都、玄丘

幽都玄丘，其上有國。倏虎蓬狐，群物盡黑。是讚委羽，窮海之北。（張本）

赤脛民

或黑其股，或赤其頸。形不虛授，皆循厥性。智周萬類，通之爲聖。（張本）

釘靈民

馬蹄之羌，揮鞭自策。厥步如馳，難與等跡。體無常形，惟理所適。（張本）

爰仲

爰仲作車，厥輪連推。周人與□，玉輅乘飛。巧心茲生，焉得無機。（張本）

盤為弓矢

飾角練金，以精弧矢。鋒加銖文，札亦犀兕。巧不可長，倕銜其指。（張本）

帝舜賜羿彤弓素矰

羿受弓矢，仰熠九日。馮夷殞明，風伯摧膝。豈伊控弦，其中有術。（張本）

鮌竊帝息壤

鮌切息土，以煙洪水。傲很違命，卒以殛死。化爲黃熊，作晉厲鬼。（張本）

《交廣記》 晉王隱

《交廣記》，晉王隱撰。王隱，生卒年不詳，字處叔，陳郡陳（今河南淮陽）人。《交廣記》，史志無著錄。今存佚文僅一則。西晉時王範有《交廣記》，此則可能是王範書之文。存疑。

滕修

吳後復置廣州〔一〕，以南陽滕修爲刺史。或語修，蝦鬚長一丈，修不信。其人後故至東海，取蝦鬚長四丈四尺，封以示修，修用服之。（《三國志‧吳書‧呂岱傳》裴松之注）

《晉地道記》 晉王隱

《晉書地道記》，一作《晉地道記》、《晉地道志》，又省稱作《地道記》，晉王隱撰。此書史志無著錄，其佚文較早爲《水經注》所徵引，南宋《玉海》所引存一則，且不出前書徵引，大約其時之佚。

過城

東萊掖縣有過鄉，北有過城，古過國者也。（《史記‧吳太伯世家》司馬貞索隱）

銅關

（汲）有銅關。（《後漢書‧郡國志》李賢等注）

堯城

（陽侯國）有堯城。（《後漢書‧郡國志》李賢等注）

襄陵

晉武公自曲沃徙此。（《後漢書‧郡國志》李賢等注）

伊水

伊東北入雒。（《後漢書‧郡國志》李賢等注）

華陰

潼關是也。（《後漢書‧郡國志》李賢等注。又見《續後漢書‧音義》）

華山

山在縣西南。（《後漢書‧郡國志》李賢等注）

陽翟

去雒陽二百八十六里，屬河南。（《後漢書‧郡國志》李賢等注）

潁水

潁水出陽乾山。（《後漢書‧郡國志》李賢等注）

瑣陽城

縣南有瑣陽城。（《後漢書‧郡國志》李賢等注）

石塞、三公塞

（常山國）有石塞、三公塞。（《後漢書‧郡國志》李賢等注）

礫塞、中谷塞

（鄉侯國）有礫塞中谷塞。（《後漢書‧郡國志》李賢等注）

望都

有馬安關。（《後漢書‧郡國志》李賢等注）

飛狐口

自縣北行四百二十五里，恒多山坂，名飛狐口。(《後漢書·郡國志》李賢等注)

蒲水

有陽安關。陽城蒲陽山，蒲水出也。(《後漢書·郡國志》李賢等注)

石門塞、燒梁關

（襄國）有石門塞燒梁關(《後漢書·郡國志》李賢等注)

浚儀

儀封人此縣也。(《後漢書·郡國志》李賢等注)

金山

縣多山，所治名金山。山北有鑿石為冢，深十餘丈，隧長三十丈，傍卻入為堂，三方。云：得白兔，不葬，更葬南山，鑿而得金，故曰金山。故冢今在。或云漢昌邑所作，或云秦時。(《後漢書·郡國志》李賢等注)

嶢關

關當上洛縣西北。(《水經注》卷十九)

梁州

梁州南至桓水，西抵黑水，東限扞關。今漢中、巴郡、汶山、蜀郡、漢嘉、江陽、朱提、涪陵、陰平、廣漢、新都、梓潼、犍為、武都、上庸、魏興、新城，皆古梁州之地。(《水經注》卷十九)

清河國

清河國，凡領清河等六縣。(《初學記》卷八)

宜春美酒

宜春縣出美酒，隨歲貢上。(《初學記》卷八。又見《太平寰宇記》卷一○九。末句下，又有「供刺史親付計吏」句。)

博浪沙

陽武、滎陽有博浪沙，張良為韓刺秦始皇處。(《太平寰宇記》卷二。又見《太平御覽》卷一百五十九。刺，其作「擊」。)

桃林

漢弘農，本函谷關〔一〕，有桃林也〔二〕。（《太平寰宇記》卷六。又見《通鑒地理通釋》卷十一，文字稍異。）

〔校記〕

〔一〕本，《通鑒地理通釋》無。

〔二〕也，《通鑒地理通釋》無。

鈞臺陂

鈞臺下有陂，俗謂之鈞臺陂。（《太平寰宇記》卷七）

淮陽城

陳城西南角有淮陽城，漢淮陽縣國城也。（《太平寰宇記》卷十）

併郡

省纍以併郡。（《太平寰宇記》卷二十七）

蓮勺縣

蓮勺縣屬馮翊。（《太平寰宇記》卷二十九）

另存文字差異較大者，錄於下：

古蓮芍城，本屬馮翊。漢張禹自河內徙家於此。（《類要》卷六）

汧縣

汧縣屬秦國。故城在今縣南。漢置隴關，西當戎翟，今名大震關，在今縣西。（《太平寰宇記》卷三十二）

另存文字簡略者，附於下：

汧縣屬秦國。（《初學記》卷八）

楊

楊，故楊侯國，晉滅之，以賜大夫羊舌肸。漢以爲縣，屬河東郡。後漢同。魏晉平陽郡，楊縣屬焉。（《太平寰宇記》卷四十三）

夷儀

樂平東南有夷儀，道通襄國。夷儀山，在城北故塞。（《太平寰宇記》卷五十九）

鴻頭

鴻上關。(《太平寰宇記》卷六十二)

故安縣

屬范陽國。(《太平寰宇記》卷六十七)

幽州

舜以冀州南北廣大,分燕地北爲幽州〔一〕。夏、殷省幽併冀,又爲冀州之域。周復置幽州。(《太平寰宇記》卷六十九。又見《太平御覽》卷一百六十二,文字稍異。)

〔校記〕

〔一〕此句下,《太平御覽》無。

另存文字簡潔者,附於下:

幽州,因幽都以爲名。(《太平寰宇記》卷六十九。又見《太平御覽》卷一百六十二)

長垣

長垣,故衛故匡城地。孔子所厄處也。(《太平御覽》卷一百五十八)

尋陽

尋陽陸通五嶺,北導長江,遠行岷漢,亦一都會也。(《太平御覽》卷一百七十。又見《輿地紀勝》卷三十、《方輿勝覽》卷二十二)

江夏縣

縣楚減邾徙其君於此,因以爲名。(《續後漢書·音義》)

厭次

厭次屬平原郡,後屬樂陵國。(《通鑒綱目》卷十九)

廣縣

廣縣在東莞郡。(《通鑒綱目》卷二十)

司竹都尉

司竹都尉,治鄠縣。其園周百里,以供國周。(《長安志》卷十八)

大坂

漢陽有大坂，名曰隴坻，亦曰隴山。（《太平寰宇記》卷一百五十。又見《類要》卷六。按：二者所引皆爲「《地道記》」，且佚名，姑且置於此。）

朝歌

本沬邑也。《詩》云：「爰采唐矣，沬之鄉矣。」殷王武丁始遷居之，爲殷都也。紂都在《禹貢》冀州大陸之野，即此矣。有糟丘、酒池之事焉，有新聲靡樂，號邑朝歌。（《水經注》卷九）

另存文字簡潔者，附於下：

朝歌城，本沬邑。武乙始遷居之，爲殷都。（《詩地理考》卷一）

濟

濟自大伾入河，與河水鬭，南泆爲滎澤。（《水經注》卷七）

另存文字差異較大者，錄於下：

濟自大伾入河，與河水鬭。（《初學記》卷六。又見《太平御覽》卷六十二。末句下，《太平御覽》又有「溢出爲滎水，東流過陽武及封丘縣。又東過冤朐縣，南至定陶縣南。又東北流，與荷水會。東至乘氏縣，西分而爲二。其一東北流入鉅野澤，過壽張西，與汶水合。又北過穀城縣西，又東北過盧縣北，經齊郡、東萊郡而入海也。《尚書》稱導沇水東流爲濟，河水所在也。又東北會於汶，又東北入於海是也」數句。）

京縣

京有大索、小索亭。（《水經注》卷七）

上洛郡

郡在洛上，故以爲名。（《水經注》卷二十）

上谷郡

郡在谷之頭，故因以上谷名焉。（《水經注》卷十二。又見《資治通鑒》卷六胡三省注）

梁城

（楊）有梁城，去縣五十里，叔向邑也。（《後漢書·郡國志》李賢等注）

詹嘉處瑕

《左傳》文十三年「詹嘉處瑕」，在（猗氏）縣東北。(《後漢書·郡國志》李賢等注)

雷首山

雷首山，一名滌山。(《初學記》卷八)

巫咸山

巫咸山在南。(《後漢書·郡國志》李賢等注)

揚

揚，侯國。(《路史》卷二十八)

訾城

在（鞏）縣之東。(《後漢書·郡國志》李賢等注、《資治通鑒》卷九十四胡三省注)

蒯鄉

在（河南）縣西南，有蒯亭。(《後漢書·郡國志》李賢等注)

畢

畢在杜南，與畢陌別，俱在長安西北。(《尚書注疏》卷十八)

召亭

河東郡垣縣有召亭，周則未聞，今爲召州是也。(《毛詩注疏》詩譜序。又見玉海卷一百七十五、詩地理考卷一)

中水縣

中水縣屬河間。(《史記·項羽本紀》司馬貞索隱。又見《路史》卷三十)

大夏縣

縣有禹廟，禹所出也。(《水經注》卷二)

湖縣

胡縣也。漢武帝改作湖。俗云，黃帝自此乘龍上天也。(《水經注》卷四)

曹陽亭

亭在弘農縣東十三里。（《水經注》卷四）

晉水

晉水出龍山，一名結紬山。（《水經注》卷六）

丹溪

（高都）縣有太行關，丹溪爲關之東谷，途自此去，不復由關矣。（《水經注》卷九。又見《資治通鑒》卷一百五十四胡三省注）

肥鄉縣

太康中立，以隸廣平也。（《水經注》卷十）

鴻山

鴻上關者也。（《水經注》卷十一）

馬溺關

望都縣有馬溺關。（《水經注》卷十一）

陽安關

蒲陰縣有陽安關，蓋陽安關都尉治，世俗名斯川爲陽安壙。（《水經注》卷十一）

坎欿

在鞏西。（《水經注》卷十五）

新興縣

南安之屬縣也。（《水經注》卷十七）

雍縣

西虢地也。（《水經注》卷十八）

天水

天水，始昌縣故城西也。亦曰清崖峽。（《水經注》卷二十）

襄城縣

楚靈王築。（《水經注》卷二十一）

故沙

（陳陵）城北有故沙，名之爲死沙，而今水流津通，漕運所由矣。（《水經注》卷二十二）

廩丘

廩丘者，《春秋》之所謂齊邑矣，實表東海者也。（《水經注》卷二十四）

仲虺城

仲虺城，在薛城西三十里。（《水經注》卷二十五）

義陽郡

義陽郡，以南陽屬縣爲名。（《水經注》卷三十）

雩婁縣

在安豐縣之西南，即其界也。（《水經注》卷三十二）

陶朱冢

陶朱冢在華容縣，樹碑云是越之范蠡。（《水經注》卷三十二）

安豐縣

安豐郡之屬縣也，俗名之曰安城矣。（《水經注》卷三十二）

睢陽

梁孝王築城十二里，小鼓唱節枡下而和之，稱《睢陽曲》。（《後漢書·郡國志》李賢等注）

橫亭

昭二十一年「禦諸橫」，橫亭在（睢陽）縣南。（《後漢書·郡國志》李賢等注）

公路城

（項縣）有公路城，袁術所築。（《後漢書·郡國志》李賢等注）

汝陰縣

有陶丘鄉。《詩》所謂「汝墳」。（《後漢書·郡國志》李賢等注）

吳城

（吳房縣）有吳城。（《後漢書·郡國志》李賢等注）

長社縣

社中樹暴長，漢改名。（《後漢書·郡國志》李賢等注）

高陵山

高陵山，汝水所出。（《後漢書·郡國志》李賢等注）

大呂亭

故呂侯國。《左傳》昭四年，吳伐楚，入櫟。杜預曰縣東北有櫟亭。（《後漢書·郡國志》李賢等注）

沛

有許城，《左傳》定八年，鄭伐許。（《後漢書·郡國志》李賢等注）

豐

去國二百六十，州六百，雒千二十五里。（《後漢書·郡國志》李賢等注）

龍亢

《左傳》隱二年入向城，在縣東南。（《後漢書·郡國志》李賢等注）

大蒐于紅

《左傳》昭八年「大蒐于紅」。（《後漢書·郡國志》李賢等注）

平城

（苦縣）城南三十里有平城。（《後漢書·郡國志》李賢等注）

浦陰

有陽安關、陽城。蒲陽山，蒲水出也。（《後漢書·郡國志》李賢等注）

馬安關

（望都）有馬安關。（《後漢書·郡國志》李賢等注）

鳴犢河

（俞）有鳴犢河。（《後漢書·郡國志》李賢等注）

篤馬河

（平原）有篤馬河。（《後漢書‧郡國志》李賢等注）

新樂縣

樂陵國有新樂縣。（《水經注》卷九）

恆山

恒山在上曲陽縣西北百四十里，北行四百五十里得恒山岅，號飛狐口，北則代郡也。（《史記‧趙世家》張守節正義。又見《資治通鑒》卷十胡三省注）

另存文字簡潔者，附於下：

自（上曲陽）縣北行四百二十五里，恒多山坂，名飛狐口。（《後漢書‧郡國志》李賢等注）

中陽城

西河有中陽城。（《水經注》卷六）

鬱夷

鬱夷省併郿，蓋因王莽之亂。鬱夷之人，權寄理郿界，因併於郿。（《太平寰宇記》卷三十二）

藍田

有虎候山。（《後漢書‧郡國志》李賢等注）

巀嶭山、鬼谷

（池陽）有巀嶭山，在北。有鬼谷，生三所氏。（《後漢書‧郡國志》李賢等注）

霸水

（秦王子嬰降於軹道旁）霸水西。（《後漢書‧郡國志》李賢等注）

華山

山在（華陰）縣西南。（《後漢書‧郡國志》李賢等注）

烏枝

烏水出。（《後漢書‧郡國志》李賢等注）

蒯

在北地。(《路史》卷三十)

翟

伐衛懿公者，賈逵云，處北地，後爲晉所滅。(《路史》卷二十四)

三危

(首陽) 有三危，三苗所處。(《後漢書·郡國志》李賢等注)

鳥鼠同穴，西有三危山，三苗所處是也。(《路史》卷二十五)

泉街水

(河池) 有泉街水。(《後漢書·郡國志》李賢等注)

涼州

涼州城東西三里，南北七里。本匈奴所築。及張氏之世，又增築四城，箱各千步。東城命曰講武場，北城命曰元武圃，皆植園果，有宮殿。廣夏門、洪範門，皆中城門也。(《資治通鑒》卷一百一十一胡三省注)

穀水

南山，穀水所出。(《後漢書·郡國志》李賢等注)

松陝水

南山，松陝水所出。(《後漢書·郡國志》李賢等注)

泥水

泥水出鬱郅北蠻中。(《後漢書·郡國志》李賢等注)

安樂縣

晉封劉禪爲公國。(《水經注》卷十四)

孤竹君

遼西人見遼水有浮棺，欲破之。語曰：「我孤竹君也，汝破我何爲！」因爲立祠焉。(《水經注》卷十四)

孤竹

在肥如南十二里，秦之離支縣，漢今支也。營州皆其地。(《路史》卷二十四)

衛懿公

狄伐衛懿公。（《後漢書·郡國志》李賢等注）

鄑城

鄑城在（都昌）縣西。（《後漢書·郡國志》李賢等注）

渠丘城

（安丘）有渠丘城。（《後漢書·郡國志》李賢等注）

羌頭山

（東安平）有羌頭山。（《後漢書·郡國志》李賢等注）

碑

（黃）縣東二百三十里至海中，連岑有土道。秦始皇登此山，列二碑。東二百三十里有始皇、武帝二碑。（《後漢書·郡國志》李賢等注）

百枝萊君祠

（牟平）有百枝萊君祠。（《後漢書·郡國志》李賢等注）

孔子

葬孔子於魯城北泗水上。（《水經注》卷二十五）

承匡城

（承匡城）在（襄邑）縣西。《左傳》文十一年會晉郤缺於承匡。有桐門亭，有黃門亭。襄元年會鄶。杜預曰：縣東南有鄶城。（《後漢書·郡國志》李賢等注）

蚩尤祠、狗城

（壽張）有蚩尤祠、狗城。（《後漢書·郡國志》李賢等注）

金山

（金鄉）縣多山，所治名金山。山北有鑿石爲冢，深十餘丈，隧長三十丈，傍卻入爲堂三方，云得白兔不葬，更葬南山，鑿而得金，故曰金山，故冢今在。或云漢昌邑所作，或云秦時。（《後漢書·郡國志》李賢等注）

五父衢

在（魯國）城東。(《後漢書・郡國志》李賢等注)

奚仲墓

夏車正奚仲所封，冢在（薛）城南二十里山上。(《後漢書・郡國志》李賢等注)

秅城

（成武）有秅城。(《後漢書・郡國志》李賢等注)

陽都

屬臨淮。(《路史》卷三十)

博支湖

（陽都）有博支湖。(《後漢書・郡國志》李賢等注)

秦始皇碑

海中去岸百五十步，有秦始皇碑。長一丈八尺〔一〕，廣五尺〔二〕，厚八尺三寸〔三〕，一行十二字。潮水至加其上三丈，去則三尺見也。(《後漢書・郡國志》李賢等注。又見《初學記》卷八，文字稍異。)

〔校記〕

〔一〕此句，《初學記》無。

〔二〕廣，《初學記》作「闊」。

〔三〕八尺三寸，《初學記》作「三尺八寸」，且引至此。

邾

楚滅邾，徙其君此城。(《後漢書・郡國志》李賢等注)

梁州

魏咸熙元年克蜀，分廣漢、巴、涪陵以北七郡爲梁州。(《輿地紀勝》卷一百八十三。此則冠以「王隱《晉書》云」，當爲省稱。)

陽翟

陽翟，本櫟也，故潁川郡治也。城西有郭奉孝碑，水側有九山祠碑，叢柏猶茂，北枕川流也。(《水經注》卷二十二。此則冠以「王隱曰」，或爲《晉書地道記》省稱，暫錄於此。)

古梁州

梁州南至桓水，西抵黑水，東限扞關。今漢中、巴郡、汶山、蜀郡、漢嘉、江陽、朱提、涪陵、陰平、廣漢、新都、梓潼、犍爲、武都、上庸、魏興、新城，皆古梁州之地。(《水經注》卷三十六)

漢寧郡

孝武太元十五年，梁州刺史周瓊表立。(《宋書·州郡志》)

平州

屬巴郡。(《路史》卷三十)

紫巖山

(緜竹) 有紫巖山，緜水之所出焉。(《後漢書·郡國志》李賢等注)

五婦山

(梓潼) 五婦山，馳水出。建安二十二年，劉備以爲郡。(《後漢書·郡國志》李賢等注)

漢德縣

(梓潼郡) 有漢德縣。(《宋書·州郡志》)

溫縣

(劉禪建興三年，分牂柯置興古郡) 治溫縣。(《水經注》卷三十六)

沅水

故且蘭有沅水。(《後漢書·郡國志》李賢等注)

不狼山

不狼山，鱉水所出。(《後漢書·郡國志》李賢等注)

麋水

麋水，西受徼外，東至麋泠，入尙龍谿。(《後漢書·郡國志》李賢等注)

鹽池澤

鹽池澤在 (姑復) 南。(《後漢書·郡國志》李賢等注)

毋棳

有橋水，出橋山。(《後漢書·郡國志》李賢等注)

烏山

(賁古) 南烏山，出錫。(《後漢書·郡國志》李賢等注)

銅虜山

銅虜山，米水所出。(《後漢書·郡國志》李賢等注)

連山

連山，無血水所出。(《後漢書·郡國志》李賢等注)

羸䣛

南越侯織在此。(《後漢書·郡國志》李賢等注)

臨賀縣

屬南海。(《宋書·州郡志》)

龍山

龍山，合水所出。(《後漢書·郡國志》李賢等注)

湯口石

入湯口四十三里有石，煮以爲鹽。石大者如升，小者如拳，煮之水竭鹽成。蓋蜀火井之倫，水火相得，乃佳矣。(《水經注》卷三十三)

另存文字簡潔者，附於下：

入湯口四十三里有石，煮以爲鹽，水竭鹽成。(《玉海》卷一百八十一)

西陽縣

弦子國也。(《水經注》卷三十五)

興古郡

治此 (溫縣)。(《水經注》卷三十六)

日南郡

郡去盧容浦口二百里，故秦象郡象林縣治也。(《水經注》卷三十六)

浦陽縣

九德郡有浦陽縣。（《水經注》卷三十六）

九德縣

九德郡有九德縣。（《水經注》卷三十六）

南陵縣

九德郡有南陵縣，晉置也。（《水經注》卷三十六）

松原縣

九眞郡有松原縣。（《水經注》卷三十六）

朱吾縣

朱吾縣屬日南郡，去郡二百里。此縣民，漢時不堪二千石長吏，調求引屈都乾爲國。（《水經注》卷三十六）

香茅

（零陵）縣有香茅，氣甚芬香，言貢之以縮酒也〔一〕。（《水經注》卷三十八。又見《太平御覽》卷九百九十六，文字稍異。）

〔校記〕

〔一〕此句，《太平御覽》作「古貢之以縮酒」。

阜城

改阜邑爲阜城。（《太平寰宇記》卷六十三）

元氏縣

改屬趙國。其常山郡移理於眞定縣。（《太平寰宇記》卷六十一）

河南城

河南城，去雒城四十里。（《通鑒地理通釋》卷四）

費亭城

山陽郡湖陸縣西有費亭城，魏武帝初所封。（《後漢書·郡國志》李賢等注）

存疑

以下諸條，不見明代以前著述徵引，暫存疑。

嶢關

嶢關〔一〕，當上洛西北〔二〕。（《資治通鑒補》卷八。又見《資治通鑒補》卷九十九，文字稍異。）

〔校記〕

〔一〕嶢關：《資治通鑒補》卷九十九作「關」。

〔二〕「洛」下，《資治通鑒補》有「縣」字。

雩婁

雩婁，在安豐縣西南。（《資治通鑒補》卷六十六）

隴山

漢陽大阪，名曰「隴山」，亦名「隴坻」。漢於汧縣置隴關，名大震關。（《御定淵鑒類函》卷二十三）

濟

濟自大伾入河，與河水鬪，南軼爲滎澤。（《御定淵鑒類函》卷三十八）

五都尉

并州部太原六部。又有護匈奴中郎、左部、右部、中部、南部、北部五都尉。（《御定淵鑒類函》卷三百三十五）

宜春美酒

宜春縣出美酒，隨歲貢上。（《御定淵鑒類函》卷三百三十五）

《蜀記》　晉王隱

《蜀記》，晉王隱撰。此書史志不著錄，今存佚文皆出自《三國志》裴松之注文。

鍾會

鍾會平蜀，前後鼓吹，迎德屍喪還葬鄴，冢中身首如生。(《三國志·魏書·龐惠傳》裴松之注)

鄧艾

艾報書云：「王綱失道，群英並起，龍戰虎爭，終歸眞主，此蓋天命去就之道也。自古聖帝，爰逮漢、魏，受命而王者，莫不在乎中土。河出《圖》，洛出《書》，聖人則之，以興洪業，其不由此，未有不顚覆者也。隗囂憑隴而亡，公孫述據蜀而滅，此皆前世覆車之鑒也。聖上明哲，宰相忠賢，將比隆黃軒，俟功往代。銜命來征，思嘉響，果煩來使，告以德音，此非人事，豈天啓哉！昔微子歸周，實爲上賓，君子豹變，義存《大易》，來辭謙沖，以禮與櫬，皆前哲歸命典也。全國爲上，破國次之，自非通明智達，何以見王者之義乎！」禪又遣太常張峻、益州別駕汝超受節度，遣太僕蔣顯有命敕姜維。又遣尚書郎李虎送士民簿領戶二十八，男女口九十四萬，帶四將士十萬二千，吏四萬人，米四十餘萬斛，金銀各二千斤，錦綺綵絹各二十萬匹，餘物稱此。(《三國志·蜀書·後主傳》裴松之注)

《交州記》　晉劉欣期

《交州記》，晉劉欣期撰。劉欣期，生卒年、里籍不詳。丁國鈞、文廷式、秦榮光、黃逢元諸《補晉書藝文志》并錄：「《交州記》，劉欣期」。其佚文較早爲《齊民要術》所引。《御定淵鑒類函》徵引一則，冠以「劉欣期《廣州記》」，應爲《交州記》之訛誤。

蠶

一歲八蠶繭，出日南也。(《文選·吳都賦》李善注)

浮石山

浮石山，在海中獨峙，〔一〕高數十丈〔二〕，浮在水中〔三〕。(《北堂書鈔》卷一百六十。又見《藝文類聚》卷八、《太平寰宇記》卷一百七十、《太平御覽》卷四十九，文字稍異。)

〔校記〕

〔一〕在海中獨峙：《藝文類聚》作「海中而峙」。「浮石山」二句，《太平寰宇記》作「海中有浮石山」，《太平御覽》作「海中有浮石山而峙」。

〔二〕「高」上，《太平寰宇記》有「峙而」二字。此句下，《太平寰宇記》、《太平御覽》有「去永平營百餘里」。

〔三〕此句，《藝文類聚》、《太平寰宇記》、《太平御覽》作「浮在水上」。此句下，《太平御覽》有「昔李遜征朱崖，欲審其實否，牽長索於山底洞過」三句。

另存文字差異較大者，錄於下：

有浮石山在海中，虛輕，可以磨腳，煮飲之止渴。(《太平御覽》卷五十二)

浮石，体虛而輕，煮飲止渴。(《太平御覽》卷七百四十三)

一山

有一山〔一〕，神功刻鏤，若射堋〔二〕。去石堂口百步〔三〕，夜常聞射聲〔四〕。(《北堂書鈔》卷一百六十。又見《藝文類聚》卷八、《白孔六帖》卷五，文字稍異。)

〔校記〕

〔一〕此句，《白孔六帖》作「又有一石」。

〔二〕此句，《白孔六帖》作「似若射」。

〔三〕「百」下，《白孔六帖》有「許」字。

〔四〕「聞」下，《白孔六帖》有「有」字。

一物

九眞太守陶璜築郡城〔一〕，於土穴中得一物〔二〕。白色，形似蠶蛹〔三〕，無頭，長數十丈〔四〕，大十餘圍〔五〕，軟軟動〔六〕，莫能名〔七〕。剖腹有肉〔八〕，如豬肪〔九〕。遂以爲臛羹〔十〕，甚香〔十一〕。璜啖一杯，三軍盡食〔十二〕。(《北堂書鈔》卷一百四十四。又見《太平寰宇記》卷一百七十一、《太平御覽》卷八百六十一、宛委山堂本《說郛》卷六十一，文字稍異。)

〔校記〕

〔一〕築郡城：《太平御覽》、《說郛》作「立郡築城」。此句，《太平寰宇記》作「陶橫築城」。橫、潢，應爲「璜」之形訛，下同。

〔二〕物，《說郛》無。

〔三〕似：《太平寰宇記》作「如」。

〔四〕數十丈：《太平寰宇記》作「數丈」。

〔五〕十餘圍：《太平寰宇記》作「十圍」，《太平御覽》、《說郛》作「餘圍」。

〔六〕此句，《太平寰宇記》作「軟軟能動」。

〔七〕此句，《太平寰宇記》無。

〔八〕此句，《太平寰宇記》作「割腹肉」，《說郛》作「割腹有肉」。

〔九〕豬肪：《太平寰宇記》作「豬脂」，《說郛》作「豬㹠」。

〔十〕羹，《太平寰宇記》、《太平御覽》、《說郛》無。

〔十一〕此句，《太平寰宇記》作「香美」，《太平御覽》、《說郛》作「甚香美」。

〔十二〕此句，《太平寰宇記》作「於是三軍皆食焉」。

一湖

有一湖〔一〕，去合流北四十里〔二〕。至陰日，百姓樵捕，見銅船出水上，又有水牛在湖之中。（《北堂書鈔》卷一百五十九。又見《初學記》卷七、《古今合璧事類備要》卷八，文字稍異。）

〔校記〕

〔一〕「有」上，《古今合璧事類備要》有「交州」二字。

〔二〕北，《古今合璧事類備要》無。

另存文字差異較大者，錄於下：

九眞有一湖〔一〕，去合浦四十里。至陰雨日〔二〕，百姓見有銅船出水上〔三〕，又有一牛出湖中〔四〕。以雞、酒爲祭，便獲魚倍常〔五〕，若不設此杷〔六〕，則漁得牛糞而已〔七〕。（《太平寰宇記》一百七十一。又見《太平御覽》卷六十六、《記纂淵海》卷七，文字稍異。）

〔校記〕

〔一〕此句，《太平御覽》作「有一湖」，《記纂淵海》作「交州有湖」。

〔二〕至：《太平御覽》、《記纂淵海》作「每」。

〔三〕百姓，《記纂淵海》無。

〔四〕出：《太平御覽》作「在」。此句，《記纂淵海》無。

〔五〕此句，《太平御覽》、《記纂淵海》作「便大獲魚」。

〔六〕此句，《太平御覽》、《記纂淵海》作「若此禮不設」。

〔七〕此句，《太平御覽》作「唯得牛糞而已」，《記纂淵海》作「唯得牛糞」。

犀

犀〔一〕，其毛如豕，蹄有三甲，頭如馬，有三角，鼻上角短〔二〕，額上、頭上角長〔三〕。（《後漢書·肅宗孝章帝紀》李賢等注。《太平御覽》卷八百九十、《資治通鑑》卷二十八，文字稍異。）

〔校記〕

〔一〕此句下，《太平御覽》有「出九德縣」句。

〔二〕短：《太平御覽》作「長」。

〔三〕此句，《太平御覽》作「額上角短」。

另存文字差異較大者，錄於下：

有犀角，通天向水輒開。(《太平御覽》卷八百九十)

犀有二角，鼻上角長，額上角短。或曰：三角者，水犀也；二角者，山犀也。在頂者，謂之頂犀；在鼻者，謂之鼻犀。犀有四輩。其文或如桑椹，或如狗鼻者，上。黔犀無文，螺犀文旋，牸犀文細，牯犀文大而勻。(《資治通鑒》卷二百五十七)

兕

兕，出九德，有一角，角長二尺餘，形如馬鞭柄。(《太平御覽》卷三百五十九)

風母

風母〔一〕，出九德穴〔二〕，似猨〔三〕，見人若憗〔四〕，屈頭。〔五〕打殺〔六〕，得風還活〔七〕。(《北堂書鈔》卷一百五十一。又見《藝文類聚》卷一、《編珠》卷一、《太平寰宇記》卷一百七十一、《太平御覽》卷九，文字稍異。)

〔校記〕

〔一〕風母：《太平寰宇記》作「居風母」。

〔二〕此句，《藝文類聚》、《編珠》、《太平御覽》作「出九德縣」。《太平寰宇記》無此句。

〔三〕「似」上，《太平御覽》有「風母」二字。猨：《藝文類聚》、《編珠》、《太平寰宇記》、《太平御覽》作「猿」。猨，同「猿」。

〔四〕憗：《藝文類聚》作「慚」。憗，同「慚」。

〔五〕頭，《藝文類聚》、《編珠》作「頸」。「見人」二句，《太平御覽》作「見人若慚而屈頸」。

〔六〕打殺：《編珠》作「打死」。此句，《太平御覽》作「若打殺之」。

〔七〕此句，《太平寰宇記》作「得風便還活」。

鮫魚

鮫魚出合浦，長三尺〔一〕。背上有甲，珠文。堅強可以飾刀口，又可以鑢物。(《初學記》卷三十。又見《太平廣記》卷四百六十四，文字稍異。)

〔校記〕

〔一〕三尺：《太平廣記》作「三丈」。

泥黎城

（泥黎城）其城在安定縣東南，隔水七里。阿育王所造塔、講堂尚在，有採薪者時見金像。（《太平寰宇記》卷一百七十）

藿香

藿香似蘇。（《藝文類聚》卷八十一。又見《太平御覽》卷九百八十二。「蘇」下，《太平御覽》有「合」。）

大貝

大貝出日南，如酒杯。小貝，貝齒也，善治毒，俱有紫色。（《藝文類聚》卷八十四。又見《太平御覽》卷八〇七）

合浦杉

合浦東一百里〔一〕，有一杉樹，葉落，隨風入洛陽城內〔二〕。漢時〔三〕，善相者云：「此休征，當出王者。」故遣二人伐樹〔四〕，役夫多死。三百人坐株上食〔五〕，過足相容。（《藝文類聚》卷八十九。又見《太平御覽》卷九百五十七、宛委山堂本《說郛》卷六十一，文字稍異。）

〔校記〕
〔一〕一百里：《太平御覽》、《說郛》作「二百里」。
〔二〕此句，《說郛》作「風飄入洛陽城內」。
〔三〕此句，《說郛》作「漢」。
〔四〕二：《太平御覽》、《說郛》作「千」。
〔五〕「株」上，《太平御覽》、《說郛》有「斷」字。

另存記述簡潔者，附於下：
合浦葉隨風入洛陽城。（《輿地紀勝》卷一百二十）

鑿南塘

鑿南塘者，九眞路之所經也〔一〕，去州五百里，建武十九年，馬援所開。〔二〕（《水經注》卷三十六。又見《太平御覽》卷七十四，文字有異。）

〔校記〕
〔一〕也，《太平御覽》無。
〔二〕「建武」二句，《太平御覽》作「馬援積石爲塘，以通於海，達於象浦，建標爲南極之界」。「馬」，原作「焉」，今改。

俗好鼓琴

俗好鼓琴，牧豎於野澤，乘牛唱遼遼之歌，僮隸於月下撫掌發烈謠。（《太平御覽》卷五百七十二）

金牛

居風山〔一〕，去郡四里。夷人從太守裴庠求市此山，云出金。既不許，〔二〕尋有一嫗行田〔三〕，見金牛出食，斫得鼻鎖，長丈餘。人後往往見牛夜出〔四〕，其色光耀數十里〔五〕。（《太平御覽》卷六百四十四。又見《太平御覽》卷九〇〇，文字稍異。）

〔校記〕

〔一〕「居風山」上，《太平御覽》有「九眞」二字。

〔二〕「去郡」四句，《太平御覽》無。

〔三〕此句，《太平御覽》作「夷人與一嫗向田」。

〔四〕人後，《太平御覽》卷九〇〇作「後人」。

〔五〕此句，《太平御覽》作「光曜數十里也」。

另存文字稍異較大者，錄於下：

居風山在郡西四里，又南接射堋山，夜靜恒聞射聲。其山出金，昔有一嫗見金牛出食，斫得鼻鎖焉。（《太平寰宇記》一百七十一）

居風有山，出金牛，往往夜見，光耀十里。山有風門，常有風。（《資治通鑒》卷四十三）

趙嫗

趙嫗者，九眞軍安縣女子也〔一〕。乳長數尺，不嫁〔二〕，入山聚群盜〔三〕，遂攻郡〔四〕。常著金擒蹝屐，〔五〕戰退輒張帷幕。與少男通，數十侍側。刺史吳郡陸胤平之〔六〕。（《太平御覽》卷三百七十一。又見《太平御覽》卷四百九十九、六百九十八、八百一十一、宛委山堂本《說郛》卷六十一，文字稍異。）

〔校記〕

〔一〕也，《太平御覽》卷六百九十八、《說郛》無。此句，《太平御覽》卷八百一十一作「九眞人」，《太平御覽》卷四百九十九無。

〔二〕嫁：《說郛》作「家」。《太平御覽》卷八百一十一無此句。

〔三〕群：《說郛》作「羣」，《太平御覽》卷八百一十一無。

〔四〕此句，《太平御覽》卷四百九十九作「遂北郡」，《太平御覽》卷六百九十八、《說郛》無。

〔五〕此句，《太平御覽》卷四百九十九作「常著金蹋踶」。《太平御覽》卷六百九十八、《說郛》作「常著金擿踶屐」，《太平御覽》卷八百一十一作「常著金擒提屐」。《太平御覽》卷六百九十八、八百一十一、《說郛》引至此。

〔六〕吳郡，《太平御覽》卷四百九十九無。

竹風鼠

竹風鼠〔一〕，如小狗子〔二〕，食竹根。出封溪縣。（《太平御覽》卷九百一十一。又見宛委山堂本《說郛》卷六十一，文字稍異。）

〔校記〕

〔一〕竹風鼠：《說郛》作「竹鼠」。

〔二〕此句，《說郛》作「如小貓大」。

古度樹

古度樹，不花而實。實從皮中出，大如安石榴，正赤〔一〕，可食。其實中如有「蒲梨」者，取之數日〔二〕，不煮〔三〕，皆化成蟲，如蟻，有翼，穿皮飛出。著屋正黑。（《齊民要術》卷十。又見宛委山堂本《說郛》卷六十一，文字稍異。）

〔校記〕

〔一〕正赤：《說郛》作「色赤」。

〔二〕「取之」下，《說郛》有「爲粽」二字。

〔三〕煮：《說郛》作「𤋎」。𤋎，同「煮」。

多感子

多感子，黃色，圍一寸。（宛委山堂本《說郛》卷六十一）

椰子

椰子有漿。截花〔一〕，以竹筒承其汁〔二〕，作酒，飲之，亦醉也〔三〕。（《齊民要術》卷十。又見《太平御覽》卷九百七十二、宛委山堂本《說郛》卷六十一，文字稍異。）

〔校記〕

〔一〕花：《說郛》作「之」。

〔二〕其，《太平御覽》作「取」。

〔三〕也，《太平御覽》無。

另存文字差異較大者，錄於下：

（椰子）生南海，狀若海棕〔一〕。實名椰子，大如碗許大，〔二〕外有粗皮，

如大腹子、豆蔲之類。內有漿似酒〔三〕，飲之不醉〔四〕。（中華道藏本《圖經衍義本草》卷二十五。又見《資治通鑑》卷九十五，文字稍異。）

〔校記〕

〔一〕若，《資治通鑑》作「如」。

〔二〕「實如」二句，《資治通鑑》作「子大如椀」。

〔三〕內，《資治通鑑》作「中」。

〔四〕不，《資治通鑑》作「得」。

另存文字簡潔者，附於下：

椰子中有漿，飲之得醉。（《增修埤雅廣要》卷二十六。又見《證類本草》卷十四）

鱟魚

鱟魚，其形如龜，十二足，子如麻子，可爲醬。色黑，足似蟹在腹。雌負雄而行。南方作炙，噉之。（宛委山堂本《說郛》卷六十一）

交趾人

南定縣人〔一〕，足骨無節，身有毛。臥者，更扶始得起〔二〕，故曰「交趾」〔三〕。（《太平寰宇記》一百七十。又見《太平御覽》卷一百七十二、《資治通鑑》卷二十，文字稍異。）

〔校記〕

〔一〕此句，《資治通鑑》作「交趾之人出南定縣」。

〔二〕始：《資治通鑑》作「乃」。此句以下，《資治通鑑》無。

〔三〕此句，《太平御覽》作「故《山海經》云：『交脛國人，腳脛曲戾相交，所以謂之交趾。』」。

風山

風山，在九眞〔一〕。風門在山頂，常吐長風〔二〕。（《編珠》卷一。又見《太平御覽》卷九、《事類賦》卷二，文字稍異。）

〔校記〕

〔一〕其下，《太平御覽》、《事類賦》有「郡」字。

〔二〕此句，《太平御覽》、《事類賦》作「上常有風」。

另存文字簡潔者，附於下：

山有風門，常有風。（《資治通鑑》卷五十四）

左飛

龍編縣功曹左飛，曾化爲虎，數月，還作吏。(《水經注》卷三十七)

桶子

桶子，如桃。(《齊民要術》卷十。又見《太平御覽》卷九百七十二)

豆蔻

豆蔻，似杬樹〔一〕。(《齊民要術》卷十。又見《太平御覽》卷九百七十一，文字稍異。)

〔校記〕

〔一〕此句下，《太平御覽》有「味辛。堪綜合檳榔嚼，治斷齒」三句。

都勾樹

都勾樹，似栟櫚〔一〕。木中出屑如麵，可啖。(《齊民要術》卷十。又見《太平御覽》卷九百六十一，文字稍異。)

〔校記〕

〔一〕此句，《太平御覽》無。

金華

金有華〔一〕，出珠崖〔二〕，謂金華采者也。雪山，在新昌南。人曾於山中得金塊如升，迷失道。還置本處，乃得出。(《太平御覽》卷八百一十一。又見《文選》卷三十四，文字稍異。)

〔校記〕

〔一〕有，《文選》無。

〔二〕《文選》引至此。

儋耳

儋耳之東〔一〕，人臂一骨〔二〕。(《太平御覽》卷三百六十九。又見《白孔六帖》卷三十，文字稍異。)

〔校記〕

〔一〕之東：《白孔六帖》作「國東」。此句以下，《白孔六帖》有「有一臂國」句。

〔二〕此句，《白孔六帖》作「人皆一臂也」。

陶璜

刺史陶璜晝臥，覺〔一〕，見一女子枕其臂，始欲捉之〔二〕，以爪搯其手，

痛不可忍。放之，遂飛去。(《太平御覽》卷三百七十。又見《晉書斠注》卷五十七，文字手稍異。)

〔校記〕
〔一〕覺，《晉書斠注》無。
〔二〕捉：《晉書斠注》作「投」。

糠頭山

合浦海口有糠頭山〔一〕。傳云：越王舂米于此，積糠而成〔二〕。(《北堂書鈔》卷一百四十七。又見《太平御覽》卷八百二十九、八百五十四，文字稍異。)

〔校記〕
〔一〕此句，《太平御覽》卷八百二十九作「糠頭山在合浦海口」。
〔二〕而：《太平御覽》卷八百二十九作「所」。

長鳴雞

長鳴雞，出日南。(《太平御覽》卷九百一十八)

孔雀

孔雀，色青，尾長六七尺。能舒舞，足爲節。出諸處。(《太平御覽》卷九百二十四)

黃魚

武寧縣秋九月，黃魚上化爲鶉鳥。(《太平御覽》卷九百二十四。又見《太平御覽》卷九百四十)

鸂鶒

鸂鶒，黃喙二尺餘。南人以爲酒爵。(《太平御覽》卷九百二十八)

蚜蟥

蚜蟥，似玳瑁，龜頭鱉身蝦尾，色班似錦文，大如笠，四足漫湖，無指甲，前有黑珠，可以飾物。(《太平御覽》卷九百四十三)

大吳公

大吳公出徐聞縣界。取其皮，可以冠鼓。(《太平御覽》卷九百四十六)

大蚰蜓

大和中，人有至武嶺，穴中有大蚰蜓，甚大。(《太平御覽》卷九百四十七)

君遷樹

君遷樹，子如馬乳。(《太平御覽》卷九百六十)

另存文字差異較大者，錄於下：

有君遷樹，有朝漢臺，尉佗望海所築。(《方輿胜覽》卷三十四。又見《輿地紀勝》卷八十九)

枸櫞

枸櫞如柚，核細。(《太平御覽》卷九百七十二)

含水藤

含水藤，破之得水。行者資以止渴。(《齊民要術》卷十。又見《太平御覽》卷九百九十五)

長風

長風終日蕭瑟。(《北堂書鈔》卷一百五十一)

要荒之地

俗好鼓琴，牧豎於野澤，乘牛唱遼遼之歌。(《北堂書鈔》卷一〇六)

另存文字簡潔者，附於下：

堯流之地，俗好鼓瑟。(《北堂書鈔》卷一〇九)

越王銅船

安定縣有越王銅船，以潮退則見。(《北堂書鈔》卷一百三十七)

《南中八郡志》 晉魏完

《南中八郡志》，史志無著錄。清代姚振宗、章宗源兩種《隋書經籍志考證》認爲，《南中志》、《南中八郡志》爲一書。文廷式《補晉書藝文志》別爲二書，今劉偉毅《漢唐方志輯佚》亦從之。然據王叔武《雲南古佚書鈔》考證，再將二者佚文詳加比對，二者確爲一書，《南中志》實爲《南中八郡志》之省稱。另，後人在徵引過程中，本書名稱往往出現簡化或訛誤，或作《南中八郡異物志》(《太平御覽》卷九百二十四、《南北八郡志》《路

史》卷二十九、《太平寰宇記》卷七十四等）、《南中八部志》（《太平御覽》
卷八百八十四、《蜀中廣記》卷三十四、六十七等）、《南征八郡志》、《南州
八郡志》（《齊民要術》卷十、《太平御覽》卷三百五十三等）、《南中八郡記》
（《箋注簡齋詩集》卷二十八）、《南中八志》（《文選》卷二十六注等）。左
思《蜀都賦》注文所引《南中志》冠以「魏完」，但其生平無考。據《太平
寰宇記》、《唐會要》載，《南中八郡志》爲「魏、晉間」作品。王叔武根據
現存佚文中所涉及八郡的建制沿革，推斷《南中八郡志》應成書於晉太康
二年至太安二年間（公元 281-303 年）。其判斷與《太平寰宇記》及《唐會
要》所載大致吻合，今從之。又較早爲《齊民要術》所徵引，大約在唐代
亡佚。

銀窟

雲南舊有銀窟數十。劉禪時，歲常納貢。亡破以來，時往採取，銀化爲
銅，不復中用。（《太平御覽》卷八百十三）

另存文字簡潔者，附於下：
舊有銀窟數處。（《後漢書·郡國志》李賢等注）

橘

交趾特出好橘〔一〕，大且甘，而不可多噉，令人下痢。（《齊民要術》卷十。
又見《樹藝篇》卷六，文字稍異。）

〔校記〕

〔一〕交趾，《樹藝篇》作「交阯」。阯，同「趾」。

神鹿

有神鹿兩頭，主食毒草，名之食毒鹿，出雲南郡。（《文選·蜀都賦》李善注）

翠鳥

翠大如鷰，腹背純赤，民捕食之，不知貴其毛羽也。（《太平御覽》卷九百
二十四）

大蛇

麋冷縣深山中有大蛇，長數丈，圍三尺，於樹上。野鹿過便低頭繞之，

鹿於是有頃而死。先含水濡之令濡，乃合頭角並吞之。訖便不能動。至數日，鹿乃消盡，蛇自繞樹，鹿角骨悉鑽皮出。養瘡得一月乃愈。（《太平御覽》卷九〇六）

堂狼山

（朱提）縣有大淵池水，名千頃池。西南二里有堂狼山，多毒草，盛夏之月，飛鳥過之不能得去。（《後漢書‧郡國志》李賢等注）

莎樹

莎樹，大四五圍，長十餘丈。樹皮能出麵，〔一〕大者百斛，色黃。鳩民部落而就食之〔二〕。（《太平御覽》卷九百六十。又見《證類本草》卷十四，文字稍異。）

〔校記〕

〔一〕「莎樹」四句，《證類本草》作「莎木皮出麵」。

〔二〕此句，《證類本草》做「鳩人部落食之」。

枇杷

南安縣出好枇杷。（《太平御覽》卷九百七十一）

檳榔

檳榔，大如棗，色青，似蓮子。〔一〕彼人以爲貴異〔二〕，婚族好客，輒先逞此物；〔三〕若邂逅不設，用相嫌恨。（《齊民要術》卷十。又見《藝文類聚》卷八十七、《太平御覽》卷九百七十一，文字稍異。）

〔校記〕

〔一〕「大如棗」二句，《藝文類聚》無。

〔二〕此句，《藝文類聚》作「土人以爲貴」，《太平御覽》作「彼人以爲異」。

〔三〕逞，《太平御覽》作「進」。「婚族」二句，《藝文類聚》作「婚族客必先進」。

荔枝

犍爲僰道縣出荔支。（《藝文類聚》卷八十七。又見《古文苑》卷四）

甘蔗

交趾有甘蔗，圍數寸，長丈餘，頗似竹。斷而食之〔一〕，甚甘。笮取汁，曝數時成飴〔二〕，入口消釋〔三〕，彼人謂之「石蜜」。（《藝文類聚》卷八十七。又見《類雋》卷二十八，文字稍異。）

〔校記〕

〔一〕斷，《類雋》作「扼」。

〔二〕飴，《類雋》作「膏」。

〔三〕《類雋》引至此句。

大竹

麓冷縣有大竹，數圍〔一〕，實中，任屋梁柱〔二〕。覆用之，則當瓦。〔三〕（《初學記》卷八。又見《太平寰宇記》卷一百七十，文字稍異。）

〔校記〕

〔一〕「數」上，《太平闓宇記》有「大」字。

〔二〕任，《太平寰宇記》作「作」。

〔一〕「覆用之」二句，《太平寰宇記》作「覆之即當瓦」。此句下，《太平寰宇記》有「可庇風雨」句。

搖牛

移風故縣有搖牛，生壑裏，時時共鬭，則海沸。或出岸上，家牛見則恐怖。人或遮捕，即霹靂隨至。俗號曰「神女牛」。又多潛牛，每登岸鬭，角軟，還入水復堅。（《太平寰宇記》卷一百七十一）

永昌

永昌，古哀牢國也。傳聞：永昌西南三千里，有驃國。君臣、父子，長幼有序。（《太平寰宇記》卷一百七十七。又見《唐會要》卷一〇〇）

另存文字差異較大者，錄於下：

宋昌郡西南三千里，有剽國，以金爲刀戟。（《太平御覽》卷三百五十三。按：宋昌郡，當爲「永昌郡」。）

果然

交趾有果然，白面黑身，毛彩班闌。（《太平御覽》卷九百一十）

黃魚

江出黃魚，魚形頗似鱸，骨如蔥，可食。（《太平御覽》卷九百四十）

滇池

池周二百五十里。（《後漢書·郡國志》李賢等注）

大河

（勝休）有大河，從廣百四十里，深十丈。（《後漢書·郡國志》李賢等注）

鬼彈

永昌郡有禁水。水有惡，毒氣中物則有聲，中樹木則折，名曰「鬼彈」〔一〕。中人則奄然青爛。(《太平御覽》卷十五。又見《太平御覽》卷八百八十四，文字稍異。)

〔校記〕

〔一〕曰，《太平御覽》卷八百八十四無。

周式

下邳周式，嘗至東海，道逢一使，持一卷書，求寄載。行十餘里，謂式曰：「吾暫有所過，留書寄船中，慎勿發之。」去後，式盜發視書，皆諸死人錄，下條有式名。湏，吏使還。式首道視書。吏怒曰：「故以相告而勿視之。」式叩頭流血。吏良久曰：「感卿遠相載。此書不可除卿，今日已去，還家三年勿出門，可度也，勿道見吾書。」式還，不出已二年餘，家皆怪之。鄰人卒，父怒使吊之。式不得已，適出門，便見此吏。吏曰：「吾令汝三年勿出，今而奈何？吾求汝不見，連相爲得鞭杖。今已見汝，無可奈何。三日中，當相取也。」式還，涕泣具道如此。父故不信，母晝夜與相守涕泣。至三日，日中時即死。(《太平御覽》卷八百八十四)

貊

貊〔一〕，大如驢，狀頗似熊，多力，食鐵，所觸無不拉。(《後漢書·南蠻西南夷列傳》李賢等注。又見《通志》卷一百九十七，文字稍異。)

〔校記〕

〔一〕貊，《通志》作「貊」。

另存文字差異較大者，錄於下：

貊獸，毛黑白臆，似熊而小，以舌舐鐵，須臾便數十斤，出建寧郡也。(《文選·蜀都賦》李善注)

虺

嶠多虺，其毒殺人，有冷石可以解之，屑著瘡內即活。(《太平寰宇記》一百六十六。又見《輿地紀勝》卷一百十一)

鳥道

交阯郡，治龍編縣，自興古鳥道四百里。(《文選·暫使下都夜發新林至京邑贈西府同僚》李善注)

猩猩

　　猩猩在山谷中，行無常路〔一〕，百數爲羣。土人以酒若糟設於路，又喜屬子，土人織草爲屬，數十量相連結〔二〕。猩猩在山谷見酒及屬，知其設張者，即知張者先祖名字，乃呼其名而罵云：「奴欲張我。」捨之而去，去而又還，相呼試共嘗酒。初嘗少許，又取屬子著之。若進兩三升〔三〕，便大醉。人出收之，屬子相連不得去。執還內牢中〔四〕。人欲取者〔五〕，到牢邊語云：「猩猩，汝可自相推肥者出之。」既擇肥，竟相對而泣。即左思賦云「猩猩啼而就禽」者也。昔有人以猩猩餉封溪令，令問餉何物。猩猩自於籠中曰：「但有酒及僕耳，無它飲食〔六〕。」（《後漢書・南蠻西南夷列傳》李賢等注。又見《通志》卷一百九十七，文字稍異。）

　　〔校記〕
　　〔一〕路：《通志》作「語」。
　　〔二〕量：《通志》作「兩」。
　　〔三〕此句，《通志》作「若進酒三升」。
　　〔四〕中，《通志》無。
　　〔五〕「人」上，《通志》有「土」字。
　　〔六〕它：《通志》作「他」。

彭望山

　　（武陽）縣南二十里彭望山。（《後漢書・郡國志》李賢等注）

不津江

　　（談指）有不津江。江有瘴氣。（《後漢書・郡國志》李賢等注）

盤江

　　（宛溫）縣北三百里有盤江，廣數百步，深十餘丈。此江有毒氣。（《後漢書・郡國志》李賢等注）

雲南縣

　　（雲南）縣西高山相連，有大泉水，周旋萬步，名馮河。〔一〕縣西北百數十里有山。眾山之中，特高大，狀如扶風太一，鬱然高峻，與雲氣相連結，因視之不見其山，固陰沍寒，雖五月盛暑不熱。（《後漢書・郡國志》李賢等注。又見《水經注》卷三十七，文字稍異。）

〔校記〕

〔一〕《水經注》引至此句。

魚涪津

漁涪津〔一〕，廣數百步〔二〕。(《後漢書‧吳蓋陳臧列傳》李賢等注。又見《路史》卷二十九、《太平寰宇記》卷七十四，文字稍異。)

〔校記〕

〔一〕此句，《路史》、《太平寰宇記》作「犍爲有魚梟津」。

〔二〕廣，《路史》、《太平寰宇記》無。

《齊地記》　　晉伏琛

《齊地記》，一名《齊記》，晉伏琛撰。伏琛，生卒年、里籍未詳。此書《隋志》未著錄，佚文較早爲《水經注》所徵引。

勃碣

勃海郡東有碣石〔一〕，謂之勃碣也〔二〕。(《文選‧江賦》李善注。又見《海錄碎事》卷三下，文字稍異。)

〔校記〕

〔一〕勃海：《海錄碎事》作「渤海」。《海錄碎事》無「郡」字。

〔二〕勃碣：《海錄碎事》作「渤碣」。

雹都泉

安丘城南三十里雹都泉〔一〕，其雹或出或否〔二〕，亦不爲災異。(《初學記》卷二。又見《太平御覽》卷十四，文字稍異。)

〔校記〕

〔一〕「三十里」下，《太平御覽》有「有」字。雹都泉：《太平御覽》作「雹都淵」。

〔二〕《太平御覽》無「或否」二字。

琅邪臺

秦始皇二十八年，至琅邪，大樂之，留三月，作琅邪臺。臺亦孤山也，然高顯出於眾山之上。(《藝文類聚》卷六十二)

大勞山、小勞山

不其城南二十里，有大勞山、小勞山，在海側。（《太平御覽》卷四十二）

銅冶峴、半車峴

萊蕪谷有銅冶峴，古鑄銅處。朱虛城西有山峴遠而峻，今名半車峴。（《太平御覽》卷五十六）

溫泉

曲城東七十里有溫水，水如湯沸，可療百病，煮物無不熟也。（《太平御覽》卷七十一。又見《御定淵鑒類函》卷三十一）

梧臺里

臨淄有梧臺里。（《太平御覽》卷一百五十七）

望海臺

平壽城西北八十里〔一〕，有平望亭，亦古縣也。或云秦始皇爲望海臺〔二〕。（《初學記》卷二十四。又見《太平御覽》卷一百七十八、一百九十四，文字稍異。）

〔校記〕

〔一〕平壽城：《太平御覽》卷一百七十八作「平業城」。《太平御覽》卷一百九十四無「八十里」三字。

〔二〕「爲」上，《太平御覽》卷一百九十四有「因」字。

另存文字差異較大者，錄於下：

始皇欲渡海，立石標之爲記。（《太平寰宇記》卷二十）

望海臺，秦始皇所造。（《類要》卷四）

晏嬰冢

臨淄小城北門東二百餘步，有晏嬰冢。（《太平御覽》卷五百六十）

齊桓公冢、仲父冢

齊桓公冢在牛山。山西八里，有仲父冢，葬於牛山之阿。（《北堂書鈔》卷九十四）

另存文字差異較大者，錄於下：

齊桓公冢，齊城之南東十五里，在牛山。桓公冢西南八里，有仲父冢，葬於牛山之阿。（《太平御覽》卷五百六十）

朱虎城

朱虎城東二十里有柴阜，其西南隅有魏獨行君子管寧墓，石碑猶存。城東北三十里柴阜東頭有魏徵士邴原墓，石碑猶存。(《太平御覽》卷五百六十)

孫賓墓

牛山西南二里有孫賓墓，石碑猶存。(《太平御覽》卷五百六十)

並山

平昌郡有並山，峰高障日。(《編珠》卷一)

南、北二城

博昌城西北五十里有南、北二城，相去三十里，隔時、濟二水。(《水經注》卷八)

勝火木

東武城東南有盧水，水側有勝火木。〔一〕方俗音曰「樫子」〔二〕，其木經野火燒死〔三〕，炭不滅〔四〕，故東方朔云不灰之木者也〔五〕。(《水經注》卷二十六。又見《太平寰宇記》卷二十四、《太平御覽》卷八百七十一、九百六十，文字稍異。)

〔校記〕

〔一〕「東武城」二句，《太平寰宇記》作「東武城盧水側有勝火木」。《太平御覽》卷八百七十一作「東南盧水水側有勝火木」，《太平御覽》卷九百六十作「東武城東南有勝火木」。

〔二〕此句，《太平寰宇記》作「方俗多為『鋌子』」，《太平御覽》卷八百七十一作「方人俗音曰『挺木』」，《太平御覽》卷九百六十作「方俗音曰『挺子』」。

〔三〕此句，《太平寰宇記》作「燒之」，《太平御覽》卷八百七十一作「經野火燒之不死」。《太平御覽》卷九百六十無「死」字。

〔四〕此句，《太平寰宇記》作「成炭而不灰」，《太平御覽》卷八百七十一作「炭亦不滅」。

〔五〕此句，《太平寰宇記》作「東方朔曰不灰之木」，《太平御覽》卷八百七十一作「東方有不灰之木」，《太平御覽》卷九百六十作「故東方朔謂為不灰之木」。

另存文字差異較大者，錄於下：

東武有火生木，燒之不死，亦不損也。(《太平御覽》卷八百六十八)

始皇造橋

秦始皇作石橋,欲渡海觀日出處〔一〕。舊說始皇以術召石,石自行。至今皆東首,隱軫似鞭撻瘢,勢似馳逐。〔二〕(《初學記》卷七。又見《太平御覽》卷七十三、《事文類聚》續集卷十、《古今合璧事類備要》別集卷七,文字稍異。)

〔校記〕

〔一〕渡:《事文類聚》作「過」,《古今合璧事類備要》作「通」。

〔二〕勢:《太平御覽》作「言」。「舊說」五句,《事文類聚》作「有神人能驅山石下海,去不速,神鞭之流血」,《古今合璧事類備要》作「有神人能驅山石下海,去不速,鞭之流血」。

另存記述文字詳細者,錄於下:

始皇造橋欲渡海觀日出處,海神爲之驅石豎柱。始皇感其惠,通敬於神,求與相見。神曰:「我醜,莫圖我形,當與帝會。」始皇從石橋入海四十里,與神相見,帝左右有巧者,潛以足畫神形。神怒,曰:「帝負約,可速去。」始皇轉馬,馬之前腳猶立,後腳隨崩,僅得登岸。今驗成山東入海道可廣二十步,時有豎石,往往相望,似橋柱狀。海中又有石橋柱二所,乍出乍入,俗云漢武帝所作也。(《太平寰宇記》卷二十)

委粟山

委粟山,孤立如聚粟也。(《太平寰宇記》卷二十三)

大豁口

盧鄉城東南有豁口,故曰大豁口。(《太平寰宇記》卷二十)

明堂山

盧鄉城東三十里有明堂山,與巨青山連,出烏頭、天雄。(《太平寰宇記》卷二十。又見《(至元)齊乘》卷一)

穆陵山

昔賜履南至於穆陵者,泰山南、龜山北穆陵山是也。(《太平寰宇記》卷二十三)

以堯名者

(山名)堯山,水名堯水,地名堯溝,以堯名者不一。(《齊乘》卷一)

劉寵

山極靈，劉寵微時途由此石，犬吠之，後爲太尉。（《太平寰宇記》卷二十。按，此則冠作「伏氏記」，應爲省稱。）

東、西丹水

此山南有二水，名東、西丹水也。（《太平寰宇記》卷十八）

莒渠丘亭

莒渠丘亭，在安丘城東北十里。（《水經注》卷六）

東陽城

東陽城既在澠水之陽。（《水經注》卷二十六）

蕭承之

宋濟南太守蕭承之立祠於山上。（《太平寰宇記》卷十九。按：此則乃爲後世所增。）

龍盤山

宋濟南太守蕭承之，立祠山上。其妻亦學履，而產齊帝。（《齊乘》卷一。按：此則乃爲後世所增。郭緣生《述征記》已有相似記述。）

萊蕪谷

萊蕪谷有銅冶峴，古鑄銅之處也。（《北堂書鈔》卷一百五十七）

《三齊略記》 晉伏琛

《三齊略記》，又作《三齊記》、《三齊記略》、《三齊要略》，晉伏琛撰。此書《隋志》無著錄，其佚文較早爲《水經注》所引。

堯山

堯山在廣固城西七里〔一〕，堯巡守所登，遂以爲名〔二〕，山頂立祠，祠邊有柏樹，枯而復生，不知幾代樹也〔三〕。（《藝文類聚》卷三十九。又見《太平寰宇記》卷十八、《太平御覽》卷五百三十七、涵芬樓本《說郛》卷四，文字稍異。）

〔校記〕

〔一〕七里，涵芬樓本《說郛》作「七十里」。此句，《太平寰宇記》無。

〔二〕《太平寰宇記》引至此。

〔三〕此句以下，《太平御覽》有「又石上有堯跡，於今猶存」二句。

另存文字差異較大者，錄於下：

堯山者，堯巡狩所登山。山頂有祠，祠邊有栢，栢枯而復生，不知幾世。石上有堯跡，東有堯水。（《編珠》卷一）

堯山祠旁有柏樹，枯而復生，不知幾世。（《太平御覽》卷九百五十四）

蒲臺

鬲城東南有蒲臺〔一〕，秦始皇東遊海上〔二〕，於臺上蟠蒲繫馬〔三〕，至今每歲蒲生〔四〕，縈委若有繫狀〔五〕，似水楊，〔六〕可以爲箭〔七〕。（《水經注》卷五。又見《藝文類聚》卷六十、八十九、《太平御覽》卷三百五十、九百五十七、九百九十九，文字有異。）

〔校記〕

〔一〕此句上，《太平御覽》卷三百五十有「富平城，孝明帝時改爲厭次」二句。此句，《藝文類聚》卷六十作「城東南五十里有蒲臺」，《藝文類聚》卷八十九作「臺城東南有蒲臺」，《太平御覽》卷三百五十作「此城東南五十里有蒲臺」。此句下，《藝文類聚》、《太平御覽》卷九百五十七有「高八丈」句，《太平御覽》卷三百五十有「高丈八」句。

〔二〕此句，《藝文類聚》卷六十、《太平御覽》卷三百五十作「秦始皇所頓處」，《藝文類聚》卷八十九、《太平御覽》卷九百五十七作「始皇所頓處」。

〔三〕此句，《藝文類聚》卷六十、《太平御覽》卷三百五十作「時在臺下縈蒲繫馬」，《藝文類聚》卷八十九、《太平御覽》卷九百五十七作「在臺下縈馬」，《太平御覽》卷九百九十九作「於臺下繙蒲繫馬」。此句下，《藝文類聚》卷六十、《太平御覽》卷三百五十有「夾道數百步」句。

〔四〕此句，《藝文類聚》作「至今蒲生猶縈」，《太平御覽》卷九百五十七作「至今蒲生」，《太平御覽》卷三百五十作「到今蒲生」，《太平御覽》卷九百九十九作「至今歲歲蒲生」。

〔五〕縈：《太平御覽》卷九百九十九作「榮」。「若」上，《太平御覽》卷九百九十九有「猶」字。此句，《藝文類聚》、《太平御覽》卷三百五十作「猶縈馬」。

〔六〕似水楊：《太平御覽》卷三百五十作「蒲似水楊而勁」，《事類賦》作「蒲似水揚而勁」。「縈委」二句，《太平御覽》卷九百五十七作「猶榮似水楊」，《藝文類聚》卷六十作「蒲似水楊而勁」。

〔七〕此句，《藝文類聚》卷六十作「堪爲箭也」，《藝文類聚》卷八十九、《太平御覽》卷九百五十七作「而堪爲箭」，《太平御覽》卷三百五十作「堪爲箭」。

另存文字簡潔者，附於下：

城南有蒲臺，高八十尺。秦始皇所頓處，在臺下縈蒲繫馬。今蒲猶縈者。（《後漢書·郡國志》李賢等注）

海側有臺，高八丈。秦始皇於臺下縈蒲繫馬，因名蒲臺。（《初學記》卷八）

蒲臺高十八尺，始皇所頓處。臺下縈蒲繫馬，今蒲猶縈也。（《太平御覽》卷一百六十二）

蒲臺在城南，始皇所頓處，在臺下縈蒲繫馬，今蒲猶有縈者。（《海錄碎事》卷五）

秦始皇東遊，於臺下縈蒲繫馬，今蒲生猶有縈者。（《齊乘》卷三）

陽城山

陽城山，石盡起立，嶷嶷東傾，狀如相隨行，青翠可掬也。海上蜃氣時，結樓臺，名「海市」。（宛委山堂本《說郛》卷六十一）

不夜城

不夜城，在陽廷東南。蓋古有日夜出此城，以「不夜」名，異之也。（宛委山堂本《說郛》卷六十一）

秦始皇作石橋

始皇於海中作石橋〔一〕，海神爲之豎柱〔二〕。始皇求與相見〔三〕，神曰〔四〕：「我形醜，莫圖我形〔五〕，當與帝相見〔六〕。」乃入海四十里，見海神，〔七〕左右莫動手，工人潛以腳畫其狀。〔八〕神怒曰〔九〕：「帝負約〔十〕，速去〔十一〕。」始皇轉馬還〔十二〕，前腳猶立〔十三〕，後腳隨崩〔十四〕，僅得登岸〔十五〕，畫者溺死於海〔十六〕，眾山之石皆傾注〔十七〕。（《水經注》卷十四。又見《藝文類聚》卷七十九、《太平廣記》卷二百九十一、《太平御覽》卷七百五十、八百八十二，文字有異。）

〔校記〕

〔一〕此句，《太平廣記》作「秦始皇作石橋」。《太平御覽》卷七百五十無此句。此句下，《藝文類聚》有「非人功所建」句，《太平廣記》有「欲過海，觀日所出處。傳云：時有神能驅石下海。陽城十一山，今盡起立，嶷嶷東傾，如相隨行狀。又云：石去不速，神人輒鞭之皆流血，石莫不悉赤，至今猶爾。秦始皇於海中作石橋。或云：非人功所建」十六句。

〔二〕《太平御覽》卷七百五十無此句。

〔三〕此句，《藝文類聚》作「始皇感其惠，通敬其神，求與相見」，《太平廣記》作「始皇感其惠，乃通敬於神，求與相見」，《太平御覽》卷七百五十作「秦始皇求與海神相見」，《太平御覽》卷八百八十二作「始皇感其惠，求與相見」。

〔四〕神曰：《藝文類聚》作「海神答曰」，《太平廣記》、《太平御覽》卷七百五十作「神云」，《太平御覽》卷八百八十二作「海神答云」。

〔五〕「莫」上，《太平廣記》、《太平御覽》卷七百五十有「約」字。此句，《太平御覽》卷八百八十二作「約莫圖我」。

〔六〕此句，《藝文類聚》、《太平廣記》、《太平御覽》卷七百五十作「當與帝會」。《太平御覽》卷八百八十二無此句。

〔七〕「乃入海」二句，《藝文類聚》作「乃從石塘上入海三十餘里相見」，《太平廣記》作「始皇乃從石橋入三十里，與神相見」，《太平御覽》卷七百五十作「始皇入海三十里，與神相見」，《太平御覽》卷八百八十二作「乃從石塘三十里相見」。

〔八〕工人：《藝文類聚》作「巧人」。「左右」二句，《太平廣記》作「帝左右有巧者，潛以腳畫」，《太平御覽》卷七百五十作「左右有巧者，潛以腳畫神形」，《太平御覽》卷八百八十二作「左右巧人以腳畫其狀」。

〔九〕《太平御覽》卷七百五十無「曰」字。

〔十〕「負」上，《藝文類聚》、《太平御覽》卷八百八十二有「我」字。

〔十一〕「速」上，《太平廣記》有「可」字。此句，《太平御覽》卷七百五十作「乃令帝速去」。

〔十二〕此句，《太平廣記》作「始皇即轉馬」，《太平御覽》卷七百五十作「始皇即馬」。

〔十三〕前腳：《太平御覽》卷八百八十二作「馬腳」。

〔十四〕崩：《太平御覽》卷七百五十作「陷」。

〔十五〕「僅」上，《太平御覽》卷七百五十有「步」字。此句以下，《太平廣記》無。

〔十六〕此句，《藝文類聚》作「畫者溺於海」，《太平御覽》卷七百五十作「畫者溺死」，《太平御覽》卷八百八十二作「腳畫者溺於海死」。此句以下，《太平御覽》無。

〔十七〕皆傾注：《藝文類聚》作「眾山之石皆住」。此句下，《藝文類聚》有「今猶岌岌，無不東趣」二句。

另存文字差異較大者，錄於下：

秦始皇作石橋於海上〔一〕，欲過海看日出處〔二〕。有神人驅石〔三〕，去不速〔四〕，神人鞭之〔五〕，皆流血〔六〕。今石橋猶赤色也〔七〕。（《北堂書鈔》卷一百四十九。又見《藝文類聚》卷六、《初學記》卷五、《太平寰宇記》卷二十、《太平御覽》卷四、五十一、《錦繡萬花谷》後集卷二十六、《風雅翼》卷十一，文字有異。）

〔校記〕

〔一〕此句，《藝文類聚》作「始皇作石塘」，《初學記》、《錦繡萬花谷》作「秦始皇作石橋」，《太平寰宇記》作「始皇造石橋」，《太平御覽》卷五十一作「始皇作石塘」，《風雅翼》作「始皇作橋」。

〔二〕看，《錦繡萬花谷》作「觀」。此句，《太平寰宇記》作「渡海觀日出處」。

〔三〕此句，《藝文類聚》作「時有神人能驅石下海」，《初學記》、《風雅翼》作「有神人能驅石下海」，《太平寰宇記》作「有神人召石下」，《太平御覽》卷五十一作「時有神人驅石下海」，《錦繡萬花谷》作「有神人能驅石」。此句下，《太平寰宇記》有「城陽一十三山石，遣東下，炭炭相隨如行狀」三句，《風雅翼》有「陽城十一山石，今盡起立，嶷嶷東傾如相隨行狀」。

〔四〕「去」上，《藝文類聚》、《太平御覽》卷五十一、《風雅翼》有「石」字。此句，《初學記》作「石去不下速」，《太平寰宇記》作「石去不駛」，《錦繡萬花谷》作「石去不疾」。

〔五〕此句，《藝文類聚》、《初學記》、《太平御覽》卷五十一、《錦繡萬花谷》、《風雅翼》作「神輒鞭之」。此句下，《錦繡萬花谷》有「驅石下海」句。

〔六〕此句，《太平寰宇記》作「皆見血」，《錦繡萬花谷》、《風雅翼》作「石皆流血」。此句以下，《初學記》、《錦繡萬花谷》、《風雅翼》無。

〔七〕《太平御覽》卷四無「也」字。此句，《藝文類聚》作「至今悉赤」，《太平寰宇記》作「今驗召石山之色，其下石色盡赤焉」。《太平御覽》卷五十一作「至今石悉赤」。此句以下，《藝文類聚》有「陽城山石盡起立，嶷嶷東傾，狀如相隨行」三句，《太平御覽》卷五十一有「陽城山盡起立，嶷嶷東傾，狀如相隨行」三句。

另存記述文字順序差異較大者，附於下：

始皇作石橋，欲過海觀日出處。於時有神人能驅石下海。城陽一山石，盡起立，嶷嶷東傾，狀似相隨而去。云石去不速，神人輒鞭之，盡流血〔一〕，石莫不悉赤。至今猶爾。（《藝文類聚》卷七十九。又見《太平御覽》卷八百八十二，文字稍異。）

〔校記〕

〔一〕盡：《太平御覽》作「皆」。

另存記述簡潔者，附於下：

秦始皇造石橋，渡海觀日出處。海神為之驅石豎柱。（《類要》卷四）

萬歲水

不其城西南方〔一〕，有萬歲水。水北有萬歲亭，是漢武帝造〔二〕。（《編珠》卷一。又見《太平御覽》卷一百九十四、《玉海》卷一百五十六、宛委山堂本《說郛》卷六十一，文字稍異。）

〔校記〕

〔一〕此句，《太平御覽》、《玉海》、《說郛》作「曲城齊城東」。

〔二〕是，《太平御覽》、《玉海》無。《說郛》無此句。

書帶草

不其城東有鄭玄教授山〔一〕，山下生草如薤葉〔二〕，長尺餘〔三〕，堅刃異常〔四〕。土人名作「康成書帶」〔五〕。（《太平御覽》卷九百九十四。又見《後漢書‧郡國志》李賢等注、《太平寰宇記》卷二十、《增修埤雅廣要》卷三十一，文字稍異。）

〔校記〕

〔一〕此句，《後漢書》作「鄭玄教授不其山」。《太平寰宇記》作「鄭玄教授於不其山」。

〔二〕此句，《後漢書》、《太平寰宇記》作「山下有草大如薤」。

〔三〕此句，《後漢書》、《太平寰宇記》作「葉長一尺餘」，《增修埤雅廣要》無。

〔四〕此句，《增修埤雅廣要》無。

〔五〕名作，《後漢書》、《太平寰宇記》作「名曰」。此句，《增修埤雅廣要》作「土人名『康成書帶草』」。

另存文字差異較大者，錄於下：

鄭玄教學處有草，如薤而細，俗謂「康成書帶」。（《白氏六帖事類集》卷三十、《海錄碎事》卷二十二下）

鄭玄刊注《詩》、《書》〔一〕，棲遲於此山〔二〕，上有古井不竭〔三〕，獨生細草〔四〕，葉形似薤〔五〕，俗謂「鄭公書帶草」〔六〕。（《太平寰宇記》卷十九。又見《太平御覽》卷四十二、《類要》卷四，文字稍異。）

〔校記〕

〔一〕《太平御覽》無「《書》」字。

〔二〕「棲遲」上，《類要》有「日」字。此句，《太平御覽》作「善棲鷖」。

〔三〕古井，《類要》作「古井」。此句，《太平御覽》作「今山有古井不竭」。

〔四〕獨，《太平御覽》作「猶」。此句，《類要》作「潤生細草」。

〔五〕薤，《太平御覽》作「韭」。

〔六〕此句，《太平御覽》作「俗稱『鄭公書帶』」。

鄭司農常居不其城南，山中教授。黃巾亂，乃避遣生徒崔琰、王經諸賢於此，揮涕而散。所居山下，草如薤，葉長尺餘許，堅韌異常，時人名作「康成書帶」。（《太平廣記》卷四○八）

鄭康成山下，生草如大韭，一葉尺餘，土人名爲「康成書帶草」。（《類説》卷四十）

鄭玄教授此山，草生如薤，長尺餘，堅韌異常，號「康成書帶」。（《齊乘》卷一）

青城山

青城山〔一〕，秦始皇登此山，〔二〕築城造石橋〔三〕，入海三十里〔四〕。（《初學記》卷六。又見《太平御覽》卷一百九十二、卷九百三十六、《事類賦》卷二十九，文字稍異。）

〔校記〕

〔一〕此句，《太平御覽》卷一百九十二作「陽庭城東西二百五十里青城山」。

〔二〕「秦」，《太平御覽》卷九百三十六無。登，《太平御覽》卷九百三十六作「祭」。「青城山」二句，《事類賦》作「始皇祭青城山」。

〔三〕此句，《太平御覽》卷一百九十二作「造石城」，《太平御覽》卷九百三十六、《事類賦》作「筑石城」。

〔四〕入海，《太平御覽》卷一百九十二作「入河」。「三十里」下，《太平御覽》卷九百三十六、《事類賦》有「射魚」二字。此句以下，《太平御覽》卷一百九十二有「臨海射魚，方四百里水變血色，今猶爾也」，《太平御覽》卷九百三十六有「水四里變赤如血，於今猶爾」，《事類賦》有「水變色如血者數里，於今猶爾」。

龍臺城

平昌門內有臺〔一〕，高六丈〔二〕，神龍出入於其中〔三〕，故名龍臺城。（《初學記》卷八。又見《太平寰宇記》卷二十四，文字稍異。）

〔校記〕

〔一〕門，《太平寰宇記》作「城」。

〔二〕此句下，《太平寰宇記》有「臺上有井，井與荊水通，失物於井，或得於荊水」四句。

〔三〕此句，《太平寰宇記》作「有神龍出入其中」。

浯水堰

昔者，堰浯水南入荊水，灌田數萬頃。（《元和郡縣志》卷十二。又見《太平寰宇記》卷二十四）

寧戚叩角

齊桓公夜出迎客，甯戚叩牛角，歌曰：短布單衣適至骭，終朝飯牛至夜半。（《北堂書鈔》卷一百二十八）

另存文字差異較大者，錄於下：

康浪水，在濟城西南。甯戚扣牛角，歌曰：康浪之水白石粲，中有鯉魚長尺半。穀布單衣裁至骭，清朝飯牛至夜半。黃犢上坡且休息，吾將捨汝相齊國。（《北堂書鈔》卷一〇六）

其歌曰：「南山矸，白石爛，生不遭堯与舜禪，短布單衣适至骭，從昏飯牛薄夜半，長夜漫漫何時旦！」（《後漢書·蔡邕列傳》李賢等注）

甯戚俟齊桓公出，扣牛角，歌曰：南山燦，白石爛，生不遭堯與舜禪。短布衣單襤至骭，從昏飯牛至夜半，長夜漫漫何時旦！桓公召之，因以爲相。（《記纂淵海》卷八十四）

康浪水

康浪水在齊城西南十五里康衢，則甯戚扣牛角歌於此也。（《太平御覽》卷五十九）

厄井

滎陽有厄井〔一〕。漢沛公避項羽追，逃於井中，有雙鳩集其上。人云：「沛公逃入井。」羽曰：「井有人〔二〕，鳩不集其人。」遂不追〔三〕，沛公遂免難。後漢元日放鳩〔四〕，蓋爲此也。（《北堂書鈔》卷一百五十五。又見《太平御覽》卷二十九，文字稍異。）

〔校記〕
〔一〕厄井，《太平御覽》作「免井」。
〔二〕此句，《太平御覽》作「井中有人」。
〔三〕此句，《太平御覽》作「遂下道」。
〔四〕後漢，《太平御覽》作「後漢世」。

三壯士冢

田開強、公孫接、古冶子三壯士冢，在齊城東南三百步陽陰里中。（《太平御覽》卷五百五十九）

平望亭

平望亭在平壽縣故城西北八十里古縣。（《水經注》卷二十六。按：此則，《水經注》作「伏琛以爲」，當爲《齊地記》或《三齊略記》省稱。）

淄、澠之水

淄、澠之水合於皮丘坑西。（《水經注》卷二十六。按：此則，《水經注》作「伏琛言」，當爲《齊地記》或《三齊略記》省稱。）

堯水

堯嘗頓駕於此，故受名焉。(《水經注》卷二十六。按：此則，《水經注》作「伏琛言」，當爲《齊地記》或《三齊略記》省稱。)

汶水

水出（朱虛）縣東南崛山，山在小泰山東者也。(《水經注》卷二十六。按：此則，《水經注》作「伏琛言」，當爲《齊地記》或《三齊略記》省稱。)

障日山

山上障日，故名障日山也。(《水經注》卷二十六。按：此則，《水經注》作「伏琛曰」，當爲《齊地記》或《三齊略記》省稱。)

《洛陽記》　晉楊佺期

《洛陽記》，又作《洛縣記》、《洛城記》、《洛城圖》、《洛陽圖》，東晉楊佺期撰。楊佺期（？-399），弘農華陰（今陝西華陰東）人，官歷廣威將軍、河南太守，後進號龍驤將軍，故有「楊龍驤」之名。《洛陽記》應成書於其爲河南太守期間。《隋書·經籍志》、《舊唐書·經籍志》、《新唐書·藝文志》、《通志·藝文略》均著錄一卷。元代諸書無著錄，則應在其時亡佚。

伊水

洛水之南，名曰伊水。(《文選·閑居賦》李善注)

洛水

城南七里，名曰洛水。(《文選·閑居賦》李善注)

千金堰

千金堰在洛陽城西，去城三十五里，堰上有谷水塢。(《文選·三月三日率爾成篇》李善注)

北山

北山連嶺，修亙四百餘里，實古今東洛九原之地也。(《太平御覽》卷四十二。又見《太平寰宇記》卷三)

河東鹽池

河東鹽池，長七十里，廣七里，水氣紫色〔一〕，有別御鹽，四面刻如印齒文章，字妙不可述。（《後漢書・郡國志》李賢等注。又見《資治通鑒》卷四十七，文字稍異。）

〔校記〕

〔一〕《資治通鑒》引至此。

陵雲台

陵雲臺〔一〕，高二十三丈，登之見孟津。（《藝文類聚》卷六十二。又見《太平御覽》卷一百七十七，文字稍異。）

〔校記〕

〔一〕陵：《太平御覽》作「凌」。

雲氣殿

顯陽殿北有雲氣殿。（《藝文類聚》卷六十二。又見《太平御覽》卷一百七十五）

避雷室

顯陽殿北有避雷室，西有御龍室。（《藝文類聚》卷六十四，又見《太平御覽》卷一百七十四）

鳳陽門

鳳陽門五層樓，去地三十丈，安金鳳皇二頭。石虎將衰，一頭飛入漳河。今日清朗，見於水中。（《藝文類聚》卷九十）

石牛

石牛一頭，在城西北九重里。耆舊傳說者云：〔一〕石虎當襄國〔二〕，石牛夜喚，聲三十里〔三〕。事奏虎，虎遣人打落牛兩耳及尾，以鐵釘釘四腳，今見存〔四〕。（《太平御覽》卷七百六十七。又見《太平御覽》卷九〇〇，文字稍異。）

〔校記〕

〔一〕「石牛」三句，《太平御覽》卷九〇〇作「石牛在城西」。

〔二〕此句，《太平御覽》卷九〇〇作「石虎當衰」。

〔三〕「聲」下，《太平御覽》卷九〇〇。

〔四〕現：《太平御覽》卷九〇〇作「具」。

鐵鑊

鐵鑊，合一百八十枚也。（《太平御覽》卷七百五十七）

朱超石

朱超石與兄書云：「石經文都似碑，高一丈許，廣四尺，駢羅相接。」（《文獻通考》卷一百七十四）

元圃園

東宮之北曰元圃园，內有宣猷堂。（《河南志》卷二）

《洛陽記》　晉華延儁

《洛陽記》，晉華延儁撰。華延儁，生卒年、里籍不詳。《隋志》未著錄，其佚文較早爲《編珠》所徵引。

太谷

太谷，洛城南五十里，〔一〕舊名通谷。（《文選·東京賦》李善注。又見《文選·洛神賦》李善注，文字稍異。按：此則《文選·洛神賦》李善注冠作「華延《洛陽記》」，當脫。）

〔校記〕

〔一〕「太谷」二句，《文選·洛神賦》李善注作「城南五十里有大谷」。

車馬橋

城西車馬橋，去城十三里。（《初學記》卷七）

銅駝

兩銅駝在宮之南街〔一〕，東西相向〔二〕，高九尺〔三〕。（《初學記》卷八。又見《太平御覽》卷一百九十五，文字稍異。）

〔校記〕

〔一〕宮：《太平御覽》作「官」，應爲「宮」之形訛。

〔二〕相向：《太平御覽》作「相對」。

〔三〕此句下，《太平御覽》有「漢時所謂銅駝街。洛陽又有香街」。

香街

洛陽又有香街。（《河南志》卷二）

謬門

即漢之宮門。(《太平寰宇記》卷三)

十八觀

洛陽城十八觀,皆施玄檻鐵籠〔一〕,疏雲母幌〔二〕。(《藝文類聚》卷六十三。又見《太平御覽》卷一百七十九、六百九十九,文字稍異。)

〔校記〕

〔一〕《太平御覽》卷六百九十九無「施玄檻鐵籠」五字。

〔二〕此句,《太平御覽》卷一百七十九作「疏雲母幌」,《太平御覽》卷六百九十九作「皆籠雲母幌」。

金墉城

金墉城西南角有昌都觀,東北有百尺樓,魏都水使者陳熙造。(《太平御覽》卷一百七十九)

金銅柱

太極殿有四金銅柱。(《太平御覽》卷一百八十七)

堂皇宮殿

堂皇宮殿皆石玉瑙、龍桷、藻梲。(《太平御覽》卷一百八十八)

二十四亭

城內都亭、華林、奉常、廣世、昌益、廣莫、定陽、遮要、暴室、廣陽、西明、萬歲、文陽、東明、視中、東因、建奉、止奸、德宮、東陽、千秋、安眾、孝敬、清明二十四亭。河陰界東出,戶鄉亭、南泉亭、街郵亭。(《太平御覽》卷一百九十四)

洛陽門

洛陽有千秋門、萬春門。(《編珠》卷二)

三市

大市名金市,在城中;南市在城之南;馬市在大城之東。(《河南志》卷二)

洛陽

洛陽,蓋周敬王所都之地,所謂東周也。(《河南志》卷二)

宮殿臺觀府藏寺舍

城內宮殿、臺觀、府藏、寺舍，凡有一萬一千二百一十九門。自劉曜入洛，元帝渡，江官寺裏閣鞠爲茂草。（《河南志》卷二）

平君門

平君門，漢小苑南門也。（《河南志》卷二）

大鐘

端門內有大鐘，上作羣獅子交鈕。遇正朝大會，擊之，與鼓吹相應，聲聞二十里。（《北堂書鈔》卷一〇八。按：此則，冠以「子華氏《洛陽記》」，應爲華延儁之《洛陽記》。）

《南方記》 晉徐衷

《南方記》，又作《南州記》，晉徐衷撰。徐衷，生卒年、里籍均不詳。衷，一作裏、哀、袤等，皆爲「衷」之形訛。一說，《南方記》即《南方草物狀》，證據暫且不足，別爲二書。史志無著錄。應在唐前亡佚。

馬軻贏

馬軻贏，大者圍九寸，長四寸；細者圍七寸，長三寸。（《太平御覽》卷九百四十一。又見《記纂淵海》卷九十九）

班貝贏

班貝贏大者，圍之得六寸〔一〕，小者圍之得五寸，在於海邊。捕魚時時有得之者。〔二〕大貝出諸薄巨延州〔三〕，土地採賣之，以易絳青。（《藝文類聚》卷八十四。又見《太平御覽》卷八〇七，文字稍異。）

〔校記〕
〔一〕寸：《太平御覽》作「十」。下同。當是「寸」之形訛。
〔二〕此句，《太平御覽》作「捕魚人時有得之者」。
〔三〕薄：《太平御覽》作「簿」。

珠蚌

珠蚌〔一〕，殼長三寸〔二〕，在漲海中〔三〕。(《藝文類聚》卷九十七。又見《太平御覽》卷九百四十一，文字稍異。)

〔校記〕

〔一〕珠蚌：《太平御覽》作「白珠蚌」。

〔二〕「三寸」下，《太平御覽》有「半」字。

〔三〕在，《太平御覽》無。此句以下，《太平御覽》有「深六七丈，去岸四五十里」二句。

州樹

州樹，野生。三月花色，仍連著實，五六及握，煮如李子。五月熟。剝核，滋味甜。出武平。(《齊民要術》卷十。又見《天中記》卷五十三)

國樹

國樹，子如鴈卵，野生。三月花色，連著實。九月熟。曝乾訖，剝殼取食之，味似栗。出交阯。(《齊民要術》卷十。又見《天中記》卷五十三)

前樹

前樹，野生。二月花色，連著實，如手指，長三寸。五六月熟。以湯滴之，削去核食。以糟、鹽藏之，味辛可食。出交阯。(《齊民要術》卷十)

石南樹

石南樹，野生。二月花色，仍連著實。實如燕卵，七八月熟。人採之，取核，乾其皮，中作肥魚羹，和之尤美。出九眞。(《齊民要術》卷十)

竹狟

竹狟，野生，長一尺三寸，在土穴中，常食竹根。味如鴨肉。(《太平御覽》卷九百一十三)

夫漏樹

夫漏樹，野生，三月華，五六月成子，如術。有煮著豬肉雞鴨羹中，好可食，亦中鹽藏。(《太平御覽》卷九百六十)

都桶樹

都桶樹，二月花，仍連實，七月熟，如卵。(《太平御覽》卷九百六十)

都咸樹

都咸樹，子大如指。取子及樹皮曝乾，作飲芳香。(《太平御覽》卷九百六十)

乙樹

乙樹，生山中。取葉，搗之訖，〔一〕，和繻葉汁煮之，再沸，止〔二〕。味辛。曝乾，投魚、肉羹中〔三〕。出武平、興古。(《齊民要術》卷十。又見《太平御覽》卷九百六十一，文字稍異。)

〔校記〕

〔一〕「乙樹」四句，《太平御覽》作「乙樹葉搗之」。

〔二〕此句，《太平御覽》無。

〔三〕此句，《太平御覽》作「可投魚羹中」。《太平御覽》引至此。

楓香樹

楓香樹，子如鴨卵，爆乾可燒。(《太平御覽》卷九百八十二)

青木香

青木香，出天竺國，不知其形。(《太平御覽》卷九百八十二)

楮樹

楮樹，子似桃實。二月花色，連著實。七八月熟。鹽藏之，味辛。出交阯。(《齊民要術》卷十)

橙樹

橙樹，子如桃，實長寸餘，二月花色，連著實，五月熟，色黃。鹽藏，味酸似白梅。出九眞。(《齊民要術》卷十。又見《廣博物志》卷四十三)

通草

生廣州山谷。(中華道藏本《圖經衍義本草》卷十二。按：此內容作者冠作「徐表」。表，當爲「衷」之形訛。以下七則皆同。)

蓽撥

本出海南，長一指，赤褐色爲上。復有蓽撥，短小黑，味不堪。(中華道藏本《圖經衍義本草》卷十四)

降真香

生南海山。（中華道藏本《圖經衍義本草》卷二十一）

另存文字有異者，錄於下：

生大秦國。（中華道藏本《圖經衍義本草》卷二十一）

海紅豆

生南海人家園圃中，大樹而生，葉圓，有英，微寒，有小毒。主人黑皮黚（黑曾）花癬，頭面遊風，宜入面藥及藻豆，近右蜀中種亦成也。（《證類本草》卷十二）

落雁木

生南海山野中。藤蔓而生，四面如刀削，代州雁門亦有。籐蘿高丈餘，雁過皆綴其中，故曰落雁木。又云：雁銜至代州雁門，皆放落而生，以此爲名。蜀中雅州亦出。（《證類本草》卷十二。又見中華道藏本《圖經衍義本草》卷二十一）

沒藥

生波斯國，是彼處松脂也。（《證類本草》卷十三。又見中華道藏本《圖經衍義本草》卷二十三）

胡椒

生南海諸國。（《證類本草》卷十四。又見中華道藏本《圖經衍義本草》卷二十四）

蘇方木

生海畔。（《證類本草》卷十四。又見中華道藏本《圖經衍義本草》卷二十四。按：此則內容冠作「徐表《南海記》」，當是訛誤。）

存疑

以下數則，不見明代以前著述徵引，姑且存疑。

無名木

無名木，生嶺南山谷，其實狀如榛子。波斯呼爲「阿月渾子」。（《御定佩文齋廣群芳譜》卷五十九）

都桷子

都桷子，生廣南山谷，樹高丈餘，二月開花，連著實，大如雞卵，七月熟。(《御定佩文齋廣群芳譜》卷六十七)

白附子

白附子，生東海新羅國及遼東。苗與子相似。(《御定佩文齋廣群芳譜》卷九十七)

《南方草物狀》　　晉徐衷

《南方草物狀》，晉徐衷撰。衷，一作裏、哀、裒等，皆爲「衷」之形訛。文廷式《補晉書藝文志》：「徐衷《南方草物狀》」。似在唐前已經亡佚。

劉樹

劉樹，子大如李實，三月花色，仍連著實，七、八月熟，其色黃，其味酢，煮，蜜藏之，仍甘好。(《齊民要術》卷十)

另存文字差異較大者，錄於下：

劉，三月華，七月、八月熟，其色黃，其味酢。出交趾、武平、興古、九眞。(《太平御覽》卷九百七十三)

甘藷

甘藷，二月種，至十月乃成卵。大如鵝卵，小者如鴨卵。掘食，蒸食，其味甘甜。經久得風，乃淡泊。出交趾武平九眞興古也。(《齊民要術》卷十)

橄欖子

橄欖子，大如棗，大如雞子。二月華色，仍連著實。八月、九月熟。生食味酢，蜜藏仍甜。(《齊民要術》卷十)

豆蔻

豆蔻樹，大如李。二月花色，仍連著實，子相連累。其核根芬芳，成殼。七月、八月熟。曝乾，剝食，核味辛香，五味。出興古。(《齊民要術》卷十)

檳榔

檳榔〔一〕，三月花色〔二〕，仍連著實，實大如卵〔三〕。十二月熟〔四〕，其色黃；剝其子，肥強可不食，唯種作子。青其子，並殼取實，曝乾之，以扶留藤、古賁灰合食之，食之即滑美。亦可生食，最快好。交阯、武平、興古、九眞有之也。（《齊民要術》卷十。又見《太平御覽》卷九百七十一，文字稍異。）

〔校記〕

〔一〕檳榔：《太平御覽》作「檳榔樹」。

〔二〕此句，《太平御覽》作「三月開花」。

〔三〕此句，《太平御覽》作「大如雞卵」。

〔四〕十二月：《太平御覽》作「十一月」。此句下，《太平御覽》無。

椰

椰，二月花色〔一〕，仍連著實〔二〕；房相連累，房三十或二十七八子。十一月、十二月熟，其樹黃實〔三〕，俗名之爲「丹」也〔四〕。橫破之，可作椀；或微長如栝蔞子〔五〕，從破之，可爲爵。（《齊民要術》卷十。又見《太平御覽》卷九百七十二，文字稍異。）

〔校記〕

〔一〕《太平御覽》無「色」字。

〔二〕「仍」上，《太平御覽》有「花」字。

〔三〕《太平御覽》無「實」字。

〔四〕此句，《太平御覽》作「俗名爲丹」。

〔五〕此句，《太平御覽》作「子長如栝樓子」，以下無。

優殿

合浦有菜名「優殿」，以豆醬汁茹食之〔一〕，甚香美〔二〕，可食〔三〕。（《齊民要術》卷十。又見《太平御覽》卷九百八十，文字稍異。）

〔校記〕

〔一〕《太平御覽》無「之」字。

〔二〕此句，《太平御覽》作「芳好」。

〔三〕「可食」下，《太平御覽》有「胡餅」二字。

都咸樹

都咸樹，野生。如手指大，長三寸，其色正黑。三月生花色，仍連著實。七八月熟。里民噉子，及柯皮乾作飲，芳香。出日南。（《齊民要術》卷十）

夫編樹

夫編樹，野生。三月花色，仍連著實。五六月成子，及握。煮投下魚、雞、鴨羹中，好。亦中鹽藏。出交阯、武平。(《齊民要術》卷十)

都昆樹

都昆樹，野生。二月花色，仍連著實。八九月熟，如雞卵，里民取食之，皮核滋味醋。出九眞、交阯。(《齊民要術》卷十)

鬼目樹

鬼目樹，大者如李〔一〕，小者如鴨子。二月花色，仍連著實。七八月熟〔二〕。其色黃，味酸〔三〕；以蜜煮之，滋味柔嘉。交阯、武平、興古、九眞有之也〔四〕。(《齊民要術》卷十。又見《太平御覽》卷九百七十四，文字稍異。)

〔校記〕

〔一〕此句，《太平御覽》作「大者如木子」。

〔二〕此句，《太平御覽》作「七月、八月熟」。

〔三〕此句，《太平御覽》作「其味酸」。

〔四〕「之」下，《太平御覽》無「也」字。

沈藤

沈藤〔一〕，生子大如齊甌〔二〕。正月華色〔三〕，仍連著實。十月、臘月熟，色赤。生食之，甜酢。生交阯〔四〕。(《齊民要術》卷十。又見《太平御覽》卷九百九十五，文字稍異。)

〔校記〕

〔一〕沈藤：《太平御覽》作「沉藤」。

〔二〕齊：《太平御覽》作「齏」。

〔三〕此句，《太平御覽》作「正月華苞」。

〔四〕交阯：《太平御覽》作「交趾」。「交阯」下，《太平御覽》有「九眞」二字。

藺子藤

藺子藤〔一〕，生緣樹木。正月、二月華色〔二〕，四月、五月熟〔三〕。實如梨，赤如雄雞冠，核如魚鱗。取，生食之，淡泊無甘苦〔四〕。出交阯、合浦〔五〕。(《齊民要術》卷十。又見《太平御覽》卷九百九十五，文字稍異。)

〔校記〕

〔一〕藺子藤：《太平御覽》作「簡子藤」。

〔二〕《太平御覽》無「色」字。

〔三〕此句,《太平御覽》作「四五月熟」。

〔四〕此句,《太平御覽》作「味淡泊,無甘苦」。

〔五〕交阯:《太平御覽》作「交趾」。

野聚藤

野聚藤,緣樹木。二月華色〔一〕,仍連著實。五六月熟。子大如羹甌。里民煮食。其味甜酢。出蒼梧。(《齊民要術》卷十。又見《太平御覽》卷九百九十五,文字稍異。)

〔校記〕

〔三〕此句,《太平御覽》作「二月華苞」。

椒藤

椒藤〔一〕,生金封山。烏滸人往往賣之。其色赤〔二〕。又云,以草染之。出興古。(《齊民要術》卷十。又見《太平御覽》卷九百九十五,文字稍異。)

〔校記〕

〔一〕椒藤:《太平御覽》作「科藤」。

〔二〕此句,《太平御覽》作「其色正赤」。

桶子

桶子,大如雞卵〔一〕。三月花色〔二〕,仍連著實〔三〕。八九月熟〔四〕。採取,鹽、酸漚之,〔五〕其味酸酢〔六〕;以蜜藏〔七〕,滋味甜美。出交阯〔八〕。(《齊民要術》卷十。又見《太平御覽》卷九百七十二,文字稍異。)

〔校記〕

〔一〕大:《太平御覽》作「木」,應為「大」之形訛。

〔二〕此句,《太平御覽》作「三月華」。

〔三〕此句,《太平御覽》無。

〔四〕此句,《太平御覽》作「八月、九月熟」。

〔五〕「采取」二句,《太平御覽》無。

〔六〕此句,《太平御覽》作「味酸酢」。

〔七〕「以」上,《太平御覽》有「或」字。

〔八〕交阯:《太平御覽》作「交趾」。

由梧竹

由梧竹,吏民家種之。長三四丈,圍一尺八九寸,作屋柱。出交阯。(《齊

民要術》卷十。又見《太平御覽》卷九百六十三。按：此則，《太平御覽》冠作「南方草木狀」，應誤。）

耗藤

耗藤〔一〕，生山中，大小如蘋蒿，蔓衍生〔二〕。人採取〔三〕，剝之以作耗；然不多。出合浦、興古〔四〕。（《齊民要術》卷十。又見《太平御覽》卷九百九十五，文字稍異。）

〔校記〕

〔一〕耗藤，《太平御覽》作「耗至藤」。

〔二〕生，《太平御覽》無。

〔三〕人，《太平御覽》作「居民」。

〔四〕合浦、興古，《太平御覽》作「興古、合浦」。

都桷樹

都桷樹，野生。二月花色，仍連著實。八九月熟。一如雞卵。里民取食。（《齊民要術》卷十）

藤類

浮沉藤，生子大如罋甌，正月華色，仍連著實，十月臘月熟，色赤。生食之甜酢。生交阯、九眞。含蘭子藤，生緣樹木，正二月花色，四五月熟，實如蔾。赤如雄雞冠，取生食之，味淡泊，出交阯合浦。野聚藤，緣樹木，二月花色，仍連著實，五六月熟，子大如羹甌。俚民煮食，其味甜酢，出蒼梧。菽藤，生金封山。俚人往往賣之。其色正赤，出興古。（《藝文類聚》卷八十二）

益智

益智，子如筆毫，長七八分。二月華色，仍連著實〔一〕。五六月熟。味辛，雜五味，中芬芳，亦可鹽曝〔二〕。（《齊民要術》卷十。又見《藝文類聚》卷八十七，文字稍異。）

〔校記〕

〔一〕此句，《藝文類聚》，作「似蓮著實」。似，「仍」之形訛；蓮，「連」之形訛。

〔二〕此句下，《藝文類聚》有「出交趾、合浦」句。

蕉樹

蕉樹子房相連累，甜美，亦可蜜藏。（《藝文類聚》卷八十七）

珠

凡採珠，常三月，用五牲祈禱。若祠祭有失，則風攪海水。或有大魚在蚌左右。白蚌珠，長三寸半〔一〕，在漲海中。其一寸五分，有光色，一旁小形似覆釜〔二〕，爲第一；瑠珠凡三品，其一寸三分，雖有光色，形不圓正〔三〕，爲第二；滑珠凡三品。（《初學記》卷二十七。又見《太平御覽》卷八〇三，文字稍異。按：白，《太平御覽》原作「自」，當誤，今改之。）

〔校記〕
〔一〕三：《太平御覽》作「二」。
〔二〕「小」下，《太平御覽》有「平」字。
〔三〕圓：《太平御覽》作「員」。

猩猩

猩猩之獸，生在野中。狀如狏子，民人捕取。交阯、武平、興古有之。（《太平御覽》卷九〇八）

水牏魚

水牏魚，似豬形。（《初學記》卷三十）

另存文字差異較大者，錄於下：
水牏魚，隨海潮博岸邊食人。人乘船刺之，大者圍九尺，長二三尺，似豬形。（《太平御覽》卷九百三十九）

黃屑

黃屑在山中，藤生蔓延，緣著樹木。以九月中刮取根皮，乾暴。日南黃屑最黃好，歲以獻。（《太平御覽》卷七百六十六）

鐵

鐵出耽蘭州，裸夷莊船載鐵至扶南賣之。（《太平御覽》卷八百一十三）

果然獸

果然獸生在山林上，民人以毒箭射之，剝取皮。皮文青赤白色，縫相連作席。出九眞、日南郡。（《太平御覽》卷九百一十）

番鳩

番鳩，生海邊土穴中，里民常以臘月、正月捕食，味如蟹。得過十餘，不可復食。合浦、交阯、九眞有之。（《太平御覽》卷九百二十一）

短頭細黃魚

短頭細黃魚〔一〕，以九月中因秋風而變成鶉〔二〕。上園吏民捕取〔三〕，鹽炙食〔四〕，滋味肥美〔五〕。出交趾、合浦郡。（《太平御覽》卷九百二十四。又見《太平御覽》卷九百四十，文字稍異。）

〔校記〕

〔一〕此句，《太平御覽》卷九百四十作「短細黃魚」。

〔二〕以，《太平御覽》卷九百四十無。

〔三〕此句，《太平御覽》卷九百四十作「上園吏捕取」。

〔四〕此句，《太平御覽》卷九百四十作「炙食」。

〔五〕《太平御覽》卷九百四十引至此。

越王鳥

有鳥或名越王鳥，大如孔雀。喙長尺八九寸，黃白黑色，狀如人畫，光飾似漆，瑩磨尤益鮮明，多持以飲酒。出交趾、九眞。（《太平御覽》卷九百二十八。按：此則冠以「《南方草物志》」，應爲訛誤。）

孔貴

孔貴如小母雞。（《太平御覽》卷九百二十八）

金吉鳥

金吉鳥，其大如小母雞。（《太平御覽》卷九百二十八）

羽鳥

羽鳥，毛羽青黑色，小於鳩。（《太平御覽》卷九百二十八）

白鱓

白鱓，生溪邊土穴中，長五尺所，大三寸。里民刺取細槿二寸，苦酒煮食之，滋味如黃鱓味。交趾、九眞有之。（《太平御覽》卷九百三十七）

海中有魚

海中有魚，狀似馬，或黃或黑，海中民人名作水馬。捕魚得之，不可啖食。曝乾熇之，婦人產難，使握持之；亦可燒飲。（《太平御覽》卷九百五十）

《吳興山墟名》 晉張玄之

《吳興山墟名》，一作《山墟名》，晉張玄之撰。諸書徵引往往誤作「張元之」。玄之，字希祖，吳郡（今江蘇蘇州）人，少以學顯，歷吏部尚書、吳興太守。此記，《隋書·經籍志》未著錄，明代諸書所引皆不出其前，約在元代亡佚。

荊山

昔漢荊王賈登此山〔一〕，因以爲名〔二〕。（《緯略》卷十。又見《苕溪漁隱叢話前後集》後集卷一、《太平寰宇記》卷九十四、《輿地紀勝》卷四，文字稍異。）

〔校記〕

〔一〕漢，《輿地紀勝》無。

〔二〕此句，《太平寰宇記》作「名之」，《輿地紀勝》作「因以名之」。

三山

三山在太湖中，白波四合，三點黛色。（《太平寰宇記》卷九十四。又見《（嘉泰）吳興志》卷四。按：《（嘉泰）吳興志》卷四存二則。）

金山

金山上石〔一〕，悉作丹絳之色〔二〕，夜照數里不假燭，以其光彩類金而名焉〔三〕。（《太平寰宇記》卷九十四。又見《（嘉泰）吳興志》卷二十、《輿地紀勝》卷四，文字稍異。）

〔校記〕

〔一〕此句，《（嘉泰）吳興志》、《輿地紀勝》作「金山土石」。

〔二〕此句，《（嘉泰）吳興志》、《輿地紀勝》作「悉作絳色」。《（嘉泰）吳興志》引至此句。

〔三〕此句，《輿地紀勝》作「以其光彩類金故名」。

石城山

昔烏程豪族嚴白虎於山下壘石爲城〔一〕，與呂蒙戰所〔二〕。今山上有弩臺、烽火樓之跡猶存焉〔三〕。（《太平寰宇記》卷九十四。又見《（嘉泰）吳興志》卷四、《輿地紀勝》卷四，文字稍異。）

〔校記〕

〔一〕壘，《輿地紀勝》作「累」。此句，《（嘉泰）吳興志》作「昔烏程人嚴白虎於此累石爲城」。

〔二〕所，《（嘉泰）吳興志》無。

〔三〕此句，《（嘉泰）吳興志》作「至今山上有弩臺、烽樓、走馬埒基猶存」。

杼山

昔夏后杼巡狩之所。今山上有古城避蛇城。(《太平寰宇記》卷九十四)

金鵝山

漢海昬侯沈戎葬於此。上有池，深五尺，其水多夏不竭。時吳帝見山上金鵝翔集，或風清雨霽，樵夫耕叟聞山上鵝鳴。(《太平寰宇記》卷九十四。又見《（嘉泰）吳興志》卷四)

几山

几山形似几〔一〕，因爲名焉。亦作己山。(《太平寰宇記》卷九十四。又見《（嘉泰）吳興志》卷四，文字稍異。)

〔校記〕

〔一〕似，《（嘉泰）吳興志》作「如」。

另存文字簡潔者，附於下：

山形如几。(《（嘉泰）吳興志》卷四)

七里嶠

七里嶠山頂有石橋，長一丈六尺，甚峻滑，一名石橋，一名石頭山〔一〕。(《太平寰宇記》卷九十四。又見《輿地紀勝》卷四，文字稍異。)

〔校記〕

〔一〕此句，《輿地紀勝》無。

另存文字差異較大者，錄於下：

山頂有石嶠，長一丈六尺，闊八尺，甚峻滑。山下有石嶠村。(《（嘉泰）吳興志》卷四)

餘英溪

每春，夾岸花開〔一〕，通夏不歇〔二〕。(《太平寰宇記》卷九十四。又見《（嘉泰）吳興志》卷五，文字稍異。)

〔校記〕

〔一〕此句下，《（嘉泰）吳興志》有「落英滿道」句。

〔二〕此句下，《（嘉泰）吳興志》有「因以爲名」句。

夏駕山

昔帝杼南巡至於此山，因而名之。山上有石鼓，高一丈，下有盤石爲足，諺曰：石鼓鳴，則三吳有兵。(《太平寰宇記》卷九十四)

另存文字簡潔者，附於下：

帝杼南巡至此，因而名之。(《(嘉泰) 吳興志》卷四)

飛雲山

飛雲山南有風穴，故雲霧不得靉鬱於其間〔一〕。其上多產楓、櫟等〔二〕。宋元徽五年置飛雲寺。有石泉、沙渚、松門、苦竹巖也〔三〕。(《太平寰宇記》卷九十四。又見《(嘉泰) 吳興志》卷四、《輿地紀勝》卷四，文字稍異。按：此條內容涉及南朝劉宋時期之事，應爲後世補入。)

〔校記〕

〔一〕其間，《輿地紀勝》作「間」。

〔二〕此句，《(嘉泰) 吳興志》、《輿地紀勝》無。

〔三〕也，《(嘉泰) 吳興志》、《輿地紀勝》無。

白鶴山

昔姚紾得仙於此山，化爲白鶴飛去，因名之。(《太平寰宇記》卷九十四)

九龍山

九龍山，其山有九隴，悉作龍形〔一〕。山頂有古石城，城西北角有石竇，因名石郭〔二〕。(《太平寰宇記》卷九十四。又見《(嘉泰) 吳興志》卷四、《輿地紀勝》卷四，文字稍異。)

〔校記〕

〔一〕《輿地紀勝》引至此句。

〔二〕石郭，《(嘉泰) 吳興志》無。

青山

青山有石竇通洞庭，冬夏常暖，山如黛色〔一〕。(《太平寰宇記》卷九十四。又見《(嘉泰) 吳興志》卷四，文字稍異。)

〔校記〕

〔一〕此句下，《(嘉泰) 吳興志》有「因名」句。

藝香山

藝香山，昔西施種香之所。（《太平寰宇記》卷九十四。又見《（嘉泰）吳興志》卷四，文字稍異。）

〔校記〕

〔一〕昔，《（嘉泰）吳興志》無。

西顧山

西顧山，昔吳王闔盧登姑蘇〔一〕，望五湖，望見此山，因名之〔二〕。（《太平寰宇記》卷九十四。又見《（嘉泰）吳興志》卷四、《輿地紀勝》卷四，文字稍異。）

〔校記〕

〔一〕闔盧，《（嘉泰）吳興志》作「闔閭」。

〔二〕此句，《（嘉泰）吳興志》作「因名山」，《輿地紀勝》作「因以名之」。

雉山

以形類雉。（《太平寰宇記》卷九十四。又見《（嘉泰）吳興志》卷四、《輿地紀勝》卷四，文字稍異。）

〔校記〕

〔一〕「形」上，《（嘉泰）吳興志》有「山」字。雉，《輿地紀勝》無。

西噎山

西噎山，泉澗北流而西向峻狹，以其聲鳴咽而名之〔一〕。（《太平寰宇記》卷九十四。又見《（嘉泰）吳興志》卷四，文字稍異。）

〔校記〕

〔一〕此句，《（嘉泰）吳興志》作「以其鳴咽而名」。

龍目峴

龍目峴，山石巖間有二目，〔一〕光彩照人，因而謂之龍目峴〔二〕。（《太平寰宇記》卷九十四。又見《（嘉泰）吳興志》卷四、《輿地紀勝》卷四，文字稍異。）

〔校記〕

〔一〕以上二句，《（嘉泰）吳興志》、《輿地紀勝》作「龍目峴上石巖間有二目」。

〔二〕此句，《（嘉泰）吳興志》作「謂之龍目」。

南峴山

昔西施種香之所〔一〕。上有蘭苣畹。（《太平寰宇記》卷九十四。又見《（嘉泰）吳興志》卷四，文字稍異。）

〔校記〕

〔一〕昔，《（嘉泰）吳興志》無。

另存文字有異者，錄於下：

南嶼山有蘭芷畹，西施種香之所。（《（嘉泰）吳興志》卷二十）

西湖

西湖，一名吳城湖〔一〕。昔吳王闔盧築吳城〔二〕，使百姓輦土於此，浸而爲湖。闔盧弟夫槩因而創之。（《太平寰宇記》卷九十四。又見《（嘉泰）吳興志》卷五，文字稍異。）

〔校記〕

〔一〕吳城湖，《（嘉泰）吳興志》作「吳越湖」。

〔二〕闔盧，《（嘉泰）吳興志》作「闔閭」。

金山、金潭、金塘、金渠

金山、金潭、金塘、金渠，悉漢樓船將軍金曼倩居之〔一〕。（《太平寰宇記》卷九十四。又見《（嘉泰）吳興志》卷五，文字稍異。）

〔校記〕

〔一〕此句，《（嘉泰）吳興志》作「皆漢樓船將軍曼倩之居，故名」。

紫花澗

紫花澗兩岸芳蕪之中出紫苑〔一〕，長薄之下生珠藤〔二〕，至三月，紫花滿澗，一名花瀨。（《太平寰宇記》卷九十四。又見《（嘉泰）吳興志》卷五，文字稍異。）

〔校記〕

〔一〕此句，《（嘉泰）吳興志》作「（紫花澗）兩岸荒蕪之中出紫花」。

〔二〕生，《（嘉泰）吳興志》作「出」。

另存文字簡潔者，附於下：

紫花澗之下生朱藤，三月間，紫花滿澗。（《（嘉泰）吳興志》卷二十）

顧渚

昔吳王夫槩顧其渚次〔一〕，原隰平衍，爲都邑之所〔二〕。（《太平寰宇記》卷九十四。又見《（嘉泰）吳興志》卷五、《輿地紀勝》卷四，文字稍異。）

〔校記〕

〔一〕吳王夫槩，《（嘉泰）吳興志》作「吳夫槩」，《輿地紀勝》作「吳大槩王」。

〔二〕此句，《（嘉泰）吳興志》作「可爲都邑之地」。

苧溪

苧溪，以貢苧爲名〔一〕。(《太平寰宇記》卷九十四。又見《(嘉泰)吳興志》卷五，文字稍異。)

〔校記〕

〔一〕爲，《(嘉泰)吳興志》作「得」。

匡瞻山

臨安匡瞻山，青松蓋嶺，餘無雜木，望之可愛，時人呼爲安國山。(《咸淳臨安志》卷二十五)

走馬垺、飲馬池

卞山有項王走馬垺、飲馬池〔一〕。(《(嘉泰)吳興志》卷二。又見(嘉泰)吳興志》卷十八、二十，文字稍異。)

〔校記〕

〔一〕飲馬池，《(嘉泰)吳興志》卷二十作「洗馬池」。

卞山

卞山峻極，非清秋爽月，不見其頂。(《(嘉泰)吳興志》卷四)

九乳山

山有九峰，狀似乳形〔一〕。(《(嘉泰)吳興志》卷四。又見《輿地紀勝》卷四，文字稍異。)

〔校記〕

〔一〕形，《輿地紀勝》無。

含山

震澤東望，蒼然菱葦，煙蔚之中，高巖卓絕，因以名焉。山有淨慈院，其巔有浮屠。(《(嘉泰)吳興志》卷四)

方山

以其頂方，故名。(《(嘉泰)吳興志》卷四。又見同卷。故名，其作「名之」。)

堯市山

堯時洪水，居民於此山作市。今山上有池，可廣一畝。(《(嘉泰)吳興志》卷四)

烏瞻山

昔有青烏子瞻望此山，曰：此山可以避難。養道隱者所居，故名。（《（嘉泰）吳興志》卷四）

鳳亭山

昔有鳳棲山，上多產栲櫟。（《（嘉泰）吳興志》卷四）

鳳亭山多產栲櫟。（《（嘉泰）吳興志》卷二十）

呂山

吳將呂蒙築營於此山，因名。（《（嘉泰）吳興志》卷四）

吳山

吳王送女至此。（《（嘉泰）吳興志》卷四）

戍山

吳夫槩於此築戍城。山多產青松、白茅。（《（嘉泰）吳興志》卷四）

四安山

以其山四面平廣也。（《（嘉泰）吳興志》卷四）

俎中山

葅淹藏菜也。昔吳王於山中種蔬，爲軍人多食之備。（《（嘉泰）吳興志》卷四）

懸臼山

山有懸石，若臼形。（《（嘉泰）吳興志》卷四）

銅峴山

銅峴，前溪之發源。吳王採銅之所，俗號銅嶺。（《（嘉泰）吳興志》卷四）

另存文字簡潔者附於下：

銅峴山，即吳王採銅之所。（《（嘉泰）吳興志》卷二十）

崵山

昔有崵氏居此山。（《（嘉泰）吳興志》卷四）

計峴山

范蠡之師計然居此，因名。（《（嘉泰）吳興志》卷四）

深峴山

山下有水深數十丈，因名。（《（嘉泰）吳興志》卷四）

箬峴山

山多產箭箬，俗呼箬嶺。（《（嘉泰）吳興志》卷四）

（箬峴）多產箭箬。（《（嘉泰）吳興志》卷四）

箬峴山，以產箬爲名。（《（嘉泰）吳興志》卷二十）

黃隴山

昔黃初平得道之所。（《（嘉泰）吳興志》卷四）

下坦山

以其山平坦也。（《（嘉泰）吳興志》卷四）

德清山

昔有烏巾者，其家善釀美酒，居此山。（《（嘉泰）吳興志》卷四）

敢三山

敢三山者，以其三峰在敢邨南，則吳丞相闞澤所居也。（《（嘉泰）吳興志》卷四）

懸腳嶺

以嶺腳下懸爲名，多產箭竹、茶茗，一名芳巖，箬水出焉。（《（嘉泰）吳興志》卷四）

啄木嶺

其山萬木，叢薄多鳥，故名啄木。（《（嘉泰）吳興志》卷四）

另存文字有異者，錄於下：

叢薄中多啄木鳥，故名。（《（嘉泰）吳興志》卷二十）

池子嶺

嶺上有小池，雖焦草爍石之時，水不耗竭。（《（嘉泰）吳興志》卷四）

白峴嶺

多產櫧、茗、箭、箬，佇霜停雪，藹然不凋。（《（嘉泰）吳興志》卷四）

佛子峴

昔傳其上嘗有白光，人謂有金寶。掘之，得石佛子，長數寸，因以名焉。（《（嘉泰）吳興志》卷四）

忻湖

分溪帶峰，蓮菱之下，鴛鴻所集，所以浮泳，寫人憂恨，故名。（《（嘉泰）吳興志》卷五）

另存文字有異者，錄於下：

長興忻湖蓮菱之下，鵷鵃所集，使人忻悅。（《（嘉泰）吳興志》卷二十）

伏翼澗

澗中多產伏翼，有素翼赤腹千載倒掛者。（《（嘉泰）吳興志》卷五。又見《（嘉泰）吳興志》卷二十）

赭石澗

崖岸礧礫，望之虓然。遊者皆若昇絳霄。（《（嘉泰）吳興志》卷五）

石圻水

圻水岸以其多石故名。（《（嘉泰）吳興志》卷五）

皋塘

吳高士皋伯通所築。（《（嘉泰）吳興志》卷十九）

荊塘

漢荊王賈所築。（《（嘉泰）吳興志》卷十九）

孫塘

孫皓封烏程侯時所築。（《（嘉泰）吳興志》卷十九）

盤塘

方塘、盤塘，皆以形言。（《（嘉泰）吳興志》卷十九）

赭石山

長興有赭石山，多產刺榆。（《（嘉泰）吳興志》卷二十）

貴峴山

貴峴山多產櫧。（《（嘉泰）吳興志》卷二十）

蠡塘

昔越相范蠡所築。（《輿地紀勝》卷四）

胥塘

昔伍子胥所築。（《輿地紀勝》卷四）

《會稽記》　　晉賀循

《會稽記》，晉賀循撰。賀循（260-319），字彥先。會稽山陰（今浙江紹興）人，官太常。《隋書·經籍志》：「《會稽記》一卷，賀循撰」，宋代諸書無著錄，蓋在宋代已經亡佚。

越國

少康，其少子號曰於越〔一〕，越國之稱始此〔二〕。（《史記·越王勾踐世家》張守節正義。又見《（寶慶）會稽續志》卷一，文字稍異。）

〔校記〕

〔一〕「其」上，《（寶慶）會稽續志》有「封」字。

〔二〕始，《（寶慶）會稽續志》作「始於」。

上虞南鄉

順帝永建四年，分上虞南鄉立。（《宋書·州群志》。按，此條，《宋書》言出賀續《會稽記》，「續」，當爲「循」之誤。）

石簣山

山形似匱，在宛委山上。（《太平寰宇記》卷九十六）

刑塘

防風氏，身三丈。刑者不及，乃築高塘臨之，故曰「刑塘」。（王十朋《會稽三賦·會稽風俗賦》注。又見《嘉泰會稽志》卷十）

禹井

會稽山有禹井，去禹穴二十五步，謂禹穿鑿，故因名之。(《會稽三賦·會稽風俗賦》注。)

存疑

以下二則，不見明代以前著述徵引，存疑。

夫椒山

夫椒山，在太湖中，洞庭山西北。(《姑蘇志》卷九。又見《肇域志》卷七)

五湖

勾踐逆吳，戰於五湖中，大敗而退，今夫椒山在太湖中洞庭山西北。(《(紹定)吳郡志》卷第四十八。按，此條，《(紹定)吳郡志》言《史記正義》引自賀循《會稽記》，檢《史記》武英殿本及四庫全書本，皆無此條。不知爲版本不一所致還是《吳郡志》作者誤輯。)